权威·前沿·原创

皮书系列为
"十二五""十三五"国家重点图书出版规划项目

BLUE BOOK

智库成果出版与传播平台

叙利亚蓝皮书

BLUE BOOK OF
SYRIA

叙利亚发展报告
（2020）

ANNUAL REPORT ON DEVELOPMENT OF SYRIA
(2020)

西北大学叙利亚研究中心
王新刚／主　编
王　晋／副主编

社会科学文献出版社
SOCIAL SCIENCES ACADEMIC PRESS（CHINA）

图书在版编目（CIP）数据

叙利亚发展报告 . 2020 / 王新刚主编 . -- 北京：
社会科学文献出版社，2021.3
（叙利亚蓝皮书）
ISBN 978 - 7 - 5201 - 7921 - 8

Ⅰ.①叙⋯ Ⅱ.①王⋯ Ⅲ.①经济发展 - 研究报告 -
叙利亚 - 2020②社会发展 - 研究报告 - 叙利亚 - 2020
Ⅳ.①F137.64

中国版本图书馆 CIP 数据核字（2021）第 025478 号

叙利亚蓝皮书

叙利亚发展报告（2020）

主　　编／王新刚
副 主 编／王　晋

出 版 人／王利民
组稿编辑／张晓莉
责任编辑／叶　娟　李明伟

出　　版／社会科学文献出版社·国别区域分社（010）59367078
　　　　　地址：北京市北三环中路甲 29 号院华龙大厦　邮编：100029
　　　　　网址：www.ssap.com.cn
发　　行／市场营销中心（010）59367081　59367083
印　　装／天津千鹤文化传播有限公司

规　　格／开本：787mm × 1092mm　1/16
　　　　　印张：15.75　字数：232 千字
版　　次／2021 年 3 月第 1 版　2021 年 3 月第 1 次印刷
书　　号／ISBN 978 - 7 - 5201 - 7921 - 8
定　　价／148.00 元

叙利亚蓝皮书编委会

主要编撰者简介

王新刚　博士，西北大学历史学院教授，博士生导师，教育部重大攻关课题首席专家，陕西省翻译协会副会长，教育部（备案）国别区域研究中心西北大学叙利亚研究中心主任。美国南半球研究会终身会员，中国中东学会常务理事。长期从事世界史、国际关系史、中东政治与国际关系及国际政治学理论科研、教学工作。先后主持国家社科基金重大、专项、重点、一般课题等18项，发表学术论文100余篇。先后出版《现代叙利亚国家与政治》等专著3部、合著5部。著作获得教育部人文社科优秀成果二等奖、陕西省哲学社会科学优秀成果一等奖和二等奖，以及陕西省高等学校人文社会科学研究优秀成果一等奖等。先后在巴基斯坦真纳大学、叙利亚大马士革大学、以色列特拉维夫大学、英国威尔士大学、英国伦敦大学亚非学院、日本福冈大学、美国印第安纳大学等留学访学。

王　晋　教育部（备案）国别区域研究中心西北大学叙利亚研究中心特约研究员，西北大学中东研究所副教授，以色列海法大学政治科学学院博士。在《中国社会科学内部文稿》、*Middle East Quarterly*（《中东季刊》）、《中国社会科学报》、《外交评论》、《国际安全研究》、《西亚非洲》、《阿拉伯世界研究》等中外期刊、报纸发表学术文章40余篇；担任中央电视台、中国国际广播电台、东方卫视和深圳卫视等国际时政特约评论员，担任 The Diplomat（日本）、《联合早报》（新加坡）、澎湃新闻等专栏作者；主持和参与国家社科基金项目和教育部国别和区域研究项目等多项，参与编著多部学术著作。

摘　要

《叙利亚发展报告（2020）》由西北大学叙利亚研究中心组织撰写，本报告由序言、总报告、分报告、专题报告、中叙关系篇和附录构成，系统地介绍了 2019 年叙利亚国内的最新动态，以及叙利亚问题相关议题的最新变化。

本报告认为，2019 年是叙利亚重建的开启之年。首先，叙利亚战场局势大体趋于稳定。叙利亚政府军巩固了战场成果，稳定了战场局势。叙利亚反对派武装被压缩在叙利亚北部伊德利卜省周边区域，难以撼动叙利亚政府军的控制区。

其次，叙利亚重建渐行开启。2019 年叙利亚政府举办了多个不同规模的展销会和博览会，旨在吸引外国投资者，重启叙利亚经济。2019 年叙利亚宪法委员会成立，政治重建进程缓慢启动。

最后，未来冲突风险犹存。一方面，叙利亚政府军和反政府武装在伊德利卜省周边区域爆发了多次冲突，一度引发俄罗斯、土耳其和叙利亚政府军之间的紧张对峙。另一方面，土耳其军队及其支持的叙利亚反政府武装，与叙利亚库尔德武装的关系仍然紧张，未来仍存在爆发冲突的可能性。

在新的形势下，中国应当继续坚定地尊重和支持叙利亚主权和领土完整，在劝和促谈的过程中发挥重要的建设性作用，同时在叙利亚经济重建进程中，发挥力所能及的作用，审慎规避重建的风险，扎扎实实地与叙利亚共同促进"一带一路"建设。

关键词：叙利亚形势　叙利亚重建　"一带一路"倡议

序　言

吴思科*

2019 年是叙利亚问题演变的重要一年。在政治层面，在俄罗斯和联合国的帮助下，叙利亚宪法委员会得以建立，预示着叙利亚政治重建进程的缓慢开启。叙利亚政府和各反对派政治团体参加了宪法委员会。在军事层面，叙利亚政府军进一步掌握主动，在恢复对绝大部分国土的控制后，集中力量与反政府武装在叙利亚西北部伊德利卜省对峙，爆发零星冲突。在经济层面，叙利亚经济重建逐渐展开，但是仍然面临诸多挑战。

2019 年各个大国在叙利亚问题上继续博弈。首先，俄罗斯继续在叙利亚问题上发挥关键作用，不仅在政治上促成了叙利亚政府和反对派的对话，还在外交上与伊朗和土耳其保持密切沟通，维系了叙利亚北部局势的稳定。其次，美国的叙利亚政策出现摇摆。一方面，美国总统特朗普在 2019 年 10 月宣布从叙利亚撤军；但是另一方面，随着叙利亚北部局势发生变动，美国又决定在叙利亚北部驻留军队，旨在保持在叙利亚问题上的话语权。最后，土耳其和伊朗等国，继续在叙利亚问题上发挥重要作用。2019 年土耳其及其支持的叙利亚反政府武装，在叙利亚北部发动了大规模进攻，并在叙利亚和土耳其边境地区建立了缓冲区，实现其在叙利亚北部的战略目标。伊朗继续向叙利亚政府提供援助，对叙利亚政府收复叙利亚国土的意愿和努力继续给予支持。

以色列和海湾阿拉伯国家以复杂心态密切关注叙利亚局势的发展。以色列继续通过战斗机和导弹，打击叙利亚境内的军事目标，震慑伊朗及其支持

---

* 吴思科，中国前中东问题特使，第十一届全国政协委员。

的什叶派军事团体。海湾阿拉伯国家对土耳其在叙利亚扩张势力戒心增加，2019 年与叙利亚政府的接触缓慢展开，但是由于叙利亚问题的复杂性，尤其是叙与伊朗的特殊关系，阿拉伯国家与叙利亚政府的接触仍然面临诸多挑战。

叙利亚问题的解决仍然面临诸多风险。首先，叙利亚西北部伊德利卜省周边局势仍然存在不确定性，政府军和反政府武装之间的冲突随时可能升级。其次，戈兰高地的争议，可能导致以色列和叙利亚之间爆发军事冲突。尽管国际社会普遍将戈兰高地视为叙利亚的合法领土，要求以色列归还给叙利亚，但 2019 年 3 月，美国特朗普政府将戈兰高地称为"以色列领土"，激起了叙利亚政府和各个反对派团体的强烈反对。以色列不断越境打击叙利亚军事目标，也很可能会使地区紧张局势升级。最后，俄罗斯和土耳其之间的关系，将成为影响叙利亚局势走向的重要外部因素。俄罗斯所主导的叙利亚重建进程，需要得到土耳其和伊朗等国家的配合和理解。但是俄罗斯和土耳其在叙利亚问题上分歧明显，在利比亚问题、东地中海天然气开发等一系列地区敏感议题上更是目标相左，这也必然会影响叙利亚问题的发展趋势。

西北大学叙利亚研究中心成立两年多来，在学术研究、社会服务和建言献策方面，取得了丰硕的成果。中心主任王新刚教授在叙利亚研究领域多年耕耘，出版了《中东国家通史·叙利亚和黎巴嫩卷》《20 世纪叙利亚——政治经济对外关系嬗变》《现代叙利亚国家与政治》等一系列重要论著。西北大学叙利亚研究中心组织编写的《叙利亚发展报告》，是中国唯一的叙利亚问题年度报告。以王新刚教授为首的研究团队继 2018 年成功申报获批国家社科基金冷门绝学专项课题"叙利亚古代史研究"后，2019 年 8 月又成功获批教育部哲学社会科学重大攻关课题"古叙利亚文明史研究"项目。在百年未遇之大变局中，处于中东旋涡中心的叙利亚问题仍是各方关注的热点之一。希望西北大学叙利亚研究中心能够继续发挥优势，为中国的中东研究贡献更多的智慧和成果。

目　录

皮书数据库阅读**使用指南**

总 报 告

General Report

B.1
2019年叙利亚形势分析

王新刚　赵　娜*

摘　要：　2019年叙利亚局势趋于稳定。在"美退俄进"的大国博弈演
　　　　　进背景下，政治上，"三方割据"的态势向着更加有利于叙
　　　　　利亚政府的方向发展；叙利亚宪法委员会正式召开，政治和
　　　　　解进程缓慢起步。军事上，叙利亚政府控制区形势稳定、
　　　　　不断向好，反政府武装被压缩至西北部伊德利卜省，处境
　　　　　困难的库尔德人寻求与叙政府和解。经济上，叙利亚政府
　　　　　采取多项措施启动经济重建，刺激经济增长，但各行业复
　　　　　苏艰难，整体上机遇与挑战并存。外交上，叙利亚政府与

* 王新刚，博士、教授、博士生导师，西北大学叙利亚研究中心主任，教育部重大攻关课题首
席专家，主要从事中东史、中东政治与国际关系、叙利亚问题、国际关系史等研究；赵娜，
博士，西北大学外国语学院讲师，西北大学叙利亚研究中心特约研究员，主要从事叙利亚史、
黎巴嫩史以及殖民主义等研究。

俄罗斯和伊朗关系依旧紧密，与阿拉伯国家间关系逐渐缓和，在保持外交独立的同时，谨慎处理与阿拉伯国家间的关系。但是局势的不确定性依然存在：叙利亚政府能否强化民族国家认同和提振民众信心，是重新整合内战中几近撕裂的社会及重建的关键；政府军和反政府武装的对峙，仍可能导致战火复燃；美俄等大国博弈及其与地区大国土耳其和伊朗的关系，直接关乎叙利亚局势的外部环境；经济重建面临严峻挑战。

关键词： 政治形势 军事形势 经济重建 外交环境

2019年叙利亚国内形势进一步趋于稳定。在"美退俄进"的大国博弈演进背景下，政治层面，"三方割据"的态势向着更加有利于叙利亚政府的方向发展，叙利亚宪法委员会正式召开，政治和解进程缓慢启动。外交层面，叙利亚政府与俄罗斯和伊朗关系依旧紧密，与阿拉伯国家间关系逐渐缓和，在保持外交独立的同时，谨慎处理与阿拉伯国家间的关系。军事层面，叙政府军已经控制了国内绝大部分领土。截至2019年12月，叙利亚政府已经控制了全国近80%的土地，叙利亚中部、南部、西部沿海地区和东南部地区，已经处于叙利亚政府有力的控制之下。在逐渐扫清了控制区内的极端分子和反政府武装的同时，叙利亚政府军云集于西北部伊德利卜周边地区，随时监控这一区域的反政府武装。处于叙利亚东北部"自治状态"的库尔德人被美国"用后即弃"，处境困难之下寻求与叙政府和解。整体上，军事斗争形势有利于叙利亚政府在控制区全面开展重建工作，但仍面临诸多挑战。政府军和反政府武装的对峙，仍可能导致战火复燃，叙政府与库尔德人的关系依然脆弱，美俄等大国博弈及其与地区大国土耳其和伊朗的关系，直接关乎叙利亚局势的外部环境。叙利亚政府推行积极的财政政策开展经济重建，但基础设施损坏严重，重建资金紧缺，美国等西方国家的经济制裁等给经济重建带来严峻挑战。叙利亚脆弱的民族国家认同在内战中遭受巨大冲击，社会保障、民生等是叙利亚社会整合的重要方面。叙利亚国家重建需要在撕裂的社会中重塑国家认同、寻求利益和解，此过程复杂而缓慢。

一 2019年政治形势趋于稳定

（一）有利于政府的"三方割据"的政治形势

2019年，叙利亚政治仍处于"三方割据"的局面，但是"三方割据"态势处于不规则、不对称状态。从整体上看，政治形势朝着有利于叙政府的方向发展，在俄伊等盟友的支持下，巴沙尔政府进一步收复失地、政权进一步得到巩固。与此同时，叙利亚南部德拉省等局地存在"低烈度"反抗运动，暴力事件时有发生；叙北部失控的伊德利卜和库尔德控制区局势，因土耳其越境军事行动而再度紧张。特别是反对派势力盘踞西北部伊德利卜，已沦为土耳其的代理人，与叙利亚政府军、库尔德人两线作战；东北部库尔德人武装在消灭恐怖主义残余力量之后被美国"用后即弃"，处境艰难之下寻求与叙政府和解。整体局势朝着有利于叙利亚政府的方向发展，其具体表现如下。

一是维持解放区的安全稳定，清扫战场，打击恐怖主义残余。尤其是扫除首都大马士革周边军事干扰，着重将反对派武装驱除、收编、消灭，以确保首都安宁。[1] 二是打击伊德利卜反对派和极端主义组织，重点攻击战略要塞，打通主要交通干线，维护大型城市之间的交通畅通。对于伊德利卜的反对派武装，叙政府军采取"切香肠"战略，即在不造成大量人员伤亡、不破坏俄土停火协议、不招惹美国的情况下逐步收复战略据点。[2] 三

---

[1] 刘宝莱：《2019年中东局势六大看点》，环球网，2019年12月31日，https://opinion.huanqiu.com/article/9CaKrnKoDmI。

[2] 龚正：《叙利亚重建的机遇与挑战》，《世界知识》2019年第18期。

是整肃重组叙利亚政府军，解散、收编亲叙政府的民兵团体，提高战斗力。同时，呼吁反对派武装投诚、缴械，许多叙利亚反政府武装团体放下武器。叙利亚西南省份的"和解"并不完全成功。以色列空袭伊朗目标成为叙利亚南部不稳定的另一诱因。四是2019年下半年，叙利亚北部因土耳其的出兵和美国的撤军再生变数，其中西北部伊德利卜省为反对派武装和极端组织的最后据点，东北部为谋求独立和自治的库尔德人控制区。自2017年底极端组织"伊斯兰国"走向灭亡后，近几年来叙利亚国内局势一直停留在不规则、不对称的叙利亚政府军、反政府武装与库尔德武装"三方割据"状态。但是，2019年这一态势向着更加有利于叙利亚政府方面倾斜。

（二）2019年叙利亚的政治和解进程

2019年叙利亚冲突仍在继续，但政治和解进程已然开启，国内政治和解释放出积极信号，特别是2019年叙利亚宪法委员会的成立与召开，标志着叙利亚政府与反对派的和解迈出了重要一步。

1.国内和解释放出积极信号

2019年，国内和解释放出三个积极信号。一是对极端组织的打击取得重大胜利，恐怖主义势力残余进一步受到清理。二是库尔德武装遭遇土耳其越境军事打击和美国背信弃义撤军的双重打击，处境困难之下寻求与叙政府和解，不得已向叙政府军寻求帮助，并在俄罗斯的调解下实现了与叙政府的"和解"。三是巴沙尔政权进一步巩固，国内政治氛围宽松，积极开展重建工作；叙政府在确保首都安全的情况下，尽快恢复正常社会秩序和经济建设。

2.宪法委员会正式成立

2019年10月30日，叙利亚政府、反对派和民间社会代表齐聚日内瓦参加叙利亚宪法委员会成立大会，这是迄今通过政治谈判结束叙利亚内战最有希望的努力。自内乱爆发以来，为推动叙利亚和平的实现，国际社会先后出现两大多边政治谈判机制和国际斡旋平台——由联合国主导的日内瓦和谈与俄土伊三国推动的阿斯塔纳和谈①。2018年1月，叙利亚全国对话大会在俄罗斯索契举行，决定成立150人的宪法委员会，但各方围绕人选名单等议题无法达成共识。经过近两年的争论和多方斡旋，2019年9月23日，叙利亚政府和反对派就成立宪法委员会达成最终协议，联合国秘书长古特雷斯在联合国总部宣布叙利亚宪法委员会正式成立。尽管宪法委员会前景难测，叙利亚政府和反对派也都不抱十足的信心，但是叙政府与反对派能够坐下来展开政治谈判已经是叙利亚政治和解进程推进的重要一步。就在一年前反对派还坚持认为"革命"首要的和核心的目标是推翻巴沙尔政权，曾坚称"在任何情况下，都不会与巴沙尔·阿萨德总统谈判"②。

二 国内军事形势复杂

2019年，随着"美退俄进"的大国博弈演进态势，叙俄联军主导战场走向，叙政府对全国领土的控制不断扩大，反对派势力的地盘不断被压缩，恐怖主义势力几近消亡，叙利亚军事形势不断缓和、趋稳。但是，叙利亚北部失控的伊德利卜省和库尔德人控制区因土耳其的出兵与美国的撤军，局势再度紧张，而在南部实现和解的德拉省，恐怖袭击等"低烈度"反抗活动时有发生。叙利亚国内军事形势逐渐趋稳向好的同时，叙政府军与反政府武装及土耳其的军事斗争态势仍然复杂。

第一，叙利亚政府军在伊德利卜及其周边区域与反政府武装之间的交火仍零星出现。叙政府仍然将位于伊德利卜的叙利亚反政府武装定性为"恐怖分子"，主张通过武力手段予以清剿。2019年11月，叙利亚总统巴沙尔·阿萨德视察了伊德利卜省南部的叙利亚政府军控制区，慰问

---

① 2019年，"阿斯塔纳和谈"会议地址已改为哈萨克斯坦首都努尔苏丹，因此又称"努尔苏丹和谈"。

② Elias Samo, "The Syrian Constitution Committee Is Formed: The Easy Part", Strategic Culture Foundation, November 1, 2019, https://www.strategic-culture.org/news/2019/11/01/the-syrian-constitution-committee-is-formed-the-easy-part/.

当地的政府军官兵。巴沙尔此举"显示出叙利亚政府不会停止在伊德利卜周边军事行动的决心和意愿,表达了叙利亚政府决心收复伊德利卜的强大决心"①。

第二,叙利亚政府军和土耳其军队形成对峙局面。伊德利卜省的叙利亚反政府武装,得到土耳其的大力支持。一方面,土耳其将伊德利卜视为叙利亚反政府武装的最后营垒,担心一旦失去伊德利卜省,叙利亚反政府阵营将彻底崩溃,从而失去在叙利亚问题上重要的抓手。另一方面,土耳其也担心,伊德利卜一旦被叙利亚政府夺回,势必意味着伊德利卜地区的十几万名叙利亚反对派成员及其家属,要前往土耳其避难,进而带动伊德利卜及其周边区域难民涌入土耳其。② 因此,土耳其力图将伊德利卜打造成叙利亚反对派控制的地方政治实体,将原本在伊斯坦布尔的多个叙利亚反政府政治军事团体,重新迁移到伊德利卜省安置。③ 为了保护伊德利卜省的叙利亚反政府武装,土耳其在伊德利卜省周边区域,部署了十多个"观察站",驻扎土耳其军队,监视叙利亚政府军的动向。土耳其的诉求令叙利亚政府无法接受。叙利亚政府多次要求土耳其军队撤离叙利亚领土,将土耳其在叙利亚的驻军视为"窃取叙利亚领土的小偷"④。面对叙利亚政府的强烈反对,土耳其仍然坚持保留观察站,极力避免叙利亚政府军和反政府武装之间发生冲突。

第三,叙利亚反政府武装不断向叙利亚库尔德军事团体发动攻势。2019

---

① Khaled al-Khateb, "What Messages Lie Behind Assad's Visit to Southern Idlib?", *Al-Monitor*, November 12, 2019, https://www.al-monitor.com/pulse/originals/2019/11/syria-assad-visit-idlib-message-russia-turkey-sochi-deal.html.

② Amberin Zaman, "Ankara Faces Hostility in North Syria as Turkish-Russian Patrols Continue", *Al-Monitor*, November 5, 2019, https://www.al-monitor.com/pulse/originals/2019/11/turkey-northern-syria-patrols-russia-deal-ypg-erdogan.html.

③ Maxim A. Suchkov, "Russia, Turkey Plugging Away at Syria's Northeast Idlib", *Al-Monitor*, November 22, 2019, https://www.al-monitor.com/pulse/originals/2019/11/russia-syria-turkey-us-idlib.html.

④ Khaled al-Khateb, "What Messages Lie Behind Assad's Visit to Southern Idlib?", *Al-Monitor*, November 12, 2019, https://www.al-monitor.com/pulse/originals/2019/11/syria-assad-visit-idlib-message-russia-turkey-sochi-deal.html.

年4月16日，叙政府军和国民防卫军在拉卡、霍姆斯和代尔祖尔三省交界的沙漠地区发起新一轮大规模清剿行动。4月30日，叙利亚政府军及其盟军开展代号为"伊德利卜破晓"的军事行动，接连攻占伊德利卜多个战略要地。8月20日，叙俄联军全面控制伊德利卜省南部最大的城市罕·谢洪。罕·谢洪的收复，基本宣告反对派武装在伊德利卜的失败。2019年11月，叙俄联军又成功攻下卡巴尼镇，卡巴尼镇是伊德利卜省的西大门，也是叙利亚政府军未来攻击伊德利卜省的重要堡垒。

第四，叙利亚战场形势受到俄土关系走势的影响。俄罗斯和土耳其都是叙利亚问题"阿斯塔纳进程"的重要参与方，也是叙利亚战场局势保持稳定的重要外部力量。在"阿斯塔纳进程"下，俄罗斯和土耳其达成共识，即维持伊德利卜局势的稳定，由土耳其和俄罗斯共同监督和协调。2019年，土耳其和俄罗斯两国多次因为伊德利卜局势而爆发危机，但是在两国军方、政界和外交高层的干预下，危机得到了有效管控。成熟的协调和沟通机制，保证了土耳其和俄罗斯在叙利亚问题上政策、措施的一致。[1]

第五，叙利亚北部局势深受大国地缘博弈的影响，其中美国的干涉和影响最为显著。美国支持库尔德地面力量打击恐怖主义，对抗叙利亚政府。2018年底美国宣布从叙利亚的库尔德地区撤军，美国撤军为土耳其带来了机会。2019年，土耳其一方面在伊德利卜调兵遣将，制约叙政府对伊德利卜的收复行动；另一方面积极谋划对库尔德武装的军事打击。叙利亚的库尔德武装既是美军打击极端组织的"马前卒"，又是影响土耳其国家安全的"眼中钉"，这一矛盾的身份使库尔德人处境进退维谷，命运深受美土博弈与利益交换的影响。2019年10月，美国抛下库尔德人宣布撤出相关区域，美国的撤军为土耳其的进军"开了绿灯"。10月9日，埃尔多安宣布启动"和平之泉"军事行动，进入叙北部，

---

[1] Maxim A. Suchkov, "Russia, Turkey Plugging Away at Syria's Northeast Idlib", *Al-Monitor*, November 22, 2019, https：//www. al－monitor. com/pulse/originals/2019/11/russia－syria－turkey－us－idlib. html.

打击库尔德武装"叙利亚民主军",以"防止在土耳其南部边境沿线建立恐怖走廊"。[1] 土耳其的军事行动使动荡的叙北局势雪上加霜,军事形势复杂。

三 努力启动经济重建

2019 年是叙利亚启动经济重建的关键年,特别是在面临复杂的国际国内环境及资金、人力资源短缺等多方面制约因素的条件下,叙利亚政府努力启动经济重建。但是,经济重建愿景美好的同时,也面临诸多挑战。

经济重建是叙利亚重建进程中的核心环节。多年内战给叙利亚经济带来毁灭性打击,经济重建形势严峻。2019 年,叙利亚国内生产总值为 193.81 亿美元,增长率为 4.9%,较 2018 年增速放缓。[2] 叙利亚政府在收复区开展有限的经济重建,制定和出台财政法案、重建法律等,增加财政预算,鼓励投资。同时,政府发起反腐败运动,提振社会信心,营造良好的营商环境,如兴建工业区、举办多场博览会,吸引了全球多家相关企业参与重建。[3] 此外,叙利亚政府通过发行国债、征收叙利亚侨民"脱籍税"等举措来筹集重建资金。

整体来看,2019 年叙利亚经济表现如下。一是国内生产总值有所增加,增速有所放缓。叙政府进一步收复国土和推动重建,以及相对有利的全球经济环境,促成了叙利亚经济的总体增长。2019 年国内生产总值增长

① "Steadying the New Status Quo in Syria's North East", *Middle East & North Africa*, November 27, 2019, https://www.crisisgroup.org/middle – east – north – africa/eastern – mediterranean/syria/b72 – steadying – new – status – quo – syrias – north – east.

② "Country Report: Syria", Economist Intelligence Unit, February 10, 2020, p. 2. http://www.eiu.com.

③ Igor A. Matveev, "Syrian Reconstruction Expo Draws Russian Businesses", *Al-Monitor*, October 2, 2019, https://www.al – monitor.com/pulse/originals/2019/09/russia – syria – iran – investments – challenges.html.

4.9%。二是农业和制造业仍是叙利亚重要的经济部门，农业基础设施遭到破坏等引发农业产量锐减，粮食紧缺。石油产量有所增长，电力和制造业有所恢复，旅游业等服务业缓慢复苏。三是叙利亚政府未能完全掌控主要石油产区。叙利亚政府丧失了东部大部分石油资源，以及美国加大经济制裁力度，造成来自伊朗的石油供应中断，叙政府控制区内出现能源危机。[1] 四是政府财政预算有所增加，但是由于财政支出增长，财政赤字和公共债务居高不下。2019 年财政收入占国内生产总值的8.9%，财政支出占国内生产总值的21.3%，财政赤字占国内生产总值的12.4%，公共债务占国内生产总值的123.8%。[2] 同时，2019 年叙镑汇率连续下跌创历史新低，叙镑严重贬值。由于外汇极度短缺，加之邻国黎巴嫩金融危机溢出效应，叙镑进一步贬值。五是由于叙镑严重贬值，美国等西方国家又对叙利亚央行制裁，为增加外汇，叙政府采取了促进外贸的措施，对外贸易总额有所增加，但贸易逆差仍较为严峻，外债有所增加。同时，进口增加导致外汇外流，外汇储备严重不足。六是消费者价格指数持续上涨，货币购买力严重不足。由于燃料短缺、平行市场上叙镑大幅度贬值、邻国黎巴嫩金融危机等因素，2019 年叙利亚面临多重通胀压力，官方统计通货膨胀率升至18.4%。[3] 七是失业率和贫困率居高不下，2019 年失业率达43.5%。[4] 由于失业率居高不下，货币贬值严重，民众收入下降，叙利亚民众购买力严重不足，社会总体贫困率大幅度上升。

2019 年叙利亚总体经济活动依然低迷，外部投资者对在叙利亚的投资

---

① Murad Abdul Jalil, "Syrian Oil Wells Naked Greed or Power Politics", *Enab Baladi*, November 15, 2019, https://english.enabbaladi.net/archives/2019/11/syrian-oil-wells-naked-greed-or-power-politics/.

② Economist Intelligence Unit, Country Report: Syria, updating in 10 February 2020, p. 10. http://www.eiu.com.

③ Economist Intelligence Unit, Country Report: Syria, updating in 10 February 2020, p. 8. http://www.eiu.com.

④ Economist Intelligence Unit, Country Report: Syria, updating in 10 February 2020, pp. 9 – 10. http://www.eiu.com.

望而却步①，叙镑兑换美元汇率下跌，引发严重的通货膨胀，国内绝大多数民众沦为贫困人口。2019 年叙利亚各行业复苏艰难，经济重建面临诸多挑战。

俄罗斯和伊朗在叙利亚经济重建进程中抢得先机。2019 年 6 月，在俄罗斯的游说下，叙利亚议会批准向一家俄罗斯企业出租叙利亚在地中海的最大港口塔尔图斯港，租期为 49 年。② 伊朗通过游说叙利亚政府，积极参与叙利亚基础设施重建。2019 年 2 月，伊朗派出经济代表团，考察了叙利亚中部和南部的经济情况，进而提出了经济合作方案。多家伊朗基建公司与叙利亚地方政府签订合作协议，帮助叙利亚重建被战争毁坏的道路、网络和通信设施。③

四　改善外交环境，寻求外交自主

2019 年，随着政权不断巩固和军事优势继续增强，巴沙尔政府在"美退俄进"大国博弈等大背景下，积极改善外交环境，努力寻求外交自主。

第一，"美退俄进"等大国博弈对叙利亚局势的影响依然持续。

叙利亚战争是一场代理人战争。美俄两个大国在这场代理人战争中起主导作用，伊朗、土耳其、沙特等地区强国共同左右着叙利亚局势，叙利亚政府一度失去外交自主权。2019 年，俄罗斯继续在叙利亚政治进程中起主导作用，并寻求通过代理人提升在叙政府的话语权。2019 年 10 月初，美国宣布从叙利亚西北部撤军后，10 月底其军事力量又重返叙利亚代尔祖尔油田

---

① Jospeh Daher, "The Paradox of the Syrian Reconstruction", Carnegie Middle East Center, September 4, 2019, https://carnegie - mec. org/2019/09/04/paradox - of - syria - s - reconstruction - pub - 79773.

② Igor A. Matveev, "Russia Weighs Two Reconstruction Strategies for Syria", Al-Monitor, December 23, 2019, https://www. al - monitor. com/pulse/originals/2019/12/russia - syria - reconstruction - strategies - sanctions. html.

③ "Syria Eyes Attracting Iran's Investment for Reconstruction", The Iran Project, August 5, 2019, https://theiranproject. com/blog/2019/08/05/syria - eyes - attracting - irans - investment - for - reconstruction/.

区，继续保持在叙军事存在。美国在叙利亚撤军问题上的反复，透支了其大国信誉，其仍试图通过支持以色列对戈兰高地的领土要求影响叙利亚以及中东局势。

作为战场上的盟友和重建的积极参与者，叙利亚政府的外交政策受到伊朗的影响。伊朗仍然是叙利亚政府最重要的地区支持者，伊朗不仅仍然在叙利亚驻留大批武装人员，维系叙利亚政府军的战斗力，还积极地向叙利亚政府提供各类经济和军事援助。伊朗与沙特之间的敌对关系，影响了叙利亚政府与海湾阿拉伯国家的交往。在伊朗看来，沙特与美国的盟友关系，"背叛了全体穆斯林"，让沙特成为美国"干涉和压迫中东国家的工具"。[①] 2019年7月，伊朗议会国际事务小组副组长侯赛因·阿米尔·阿卜杜拉西恩（Hossein Amir Abdollahian）造访大马士革，会见叙利亚总统巴沙尔，要求叙利亚政府与美国和沙特保持距离，不要吸纳来自西方和海湾阿拉伯国家的资金用于经济重建。[②]

第二，与阿拉伯国家关系有所缓和。

自2011年叙利亚危机爆发以来，阿拉伯国家在对待叙利亚问题上出现了严重分歧，大部分阿拉伯国家与叙利亚政府关系紧张。其中以逊尼派占主导地位的沙特、卡塔尔、阿联酋等海湾国家为主，这些国家也是美国在中东的传统盟国，长期支持叙利亚总统巴沙尔的反对派。叙利亚内乱伊始，沙特等国通过海湾阿拉伯国家合作委员会和阿拉伯国家联盟的政治平台，谴责叙利亚政府"残暴压迫人民"，对叙利亚实施制裁。2011年11月，在沙特和其他海湾国家主导下，阿盟暂停叙利亚政府的阿盟成员国资格，一些阿盟国家接连宣布与叙利亚断交。而经过多年的战争，如今叙利亚政府军已经从极端分子和反对派武装手中收复了绝大部分领土，巴沙尔政权巩固了执政地

---

① 吴冰冰：《从对抗到合作——1979年以来的沙特与伊朗的关系》，《阿拉伯世界研究》2001年第1期。

② "Muallem, Abdollahian Discuss Strategic Relations between Syria and Iran", *The Syrian Observer*, July 16, 2019, https://syrianobserver.com/EN/news/51714/muallem-abdollahian-discuss-strategic-relations-between-syria-and-iran.html.

位。自 2018 年起，一些阿盟国家接连向叙利亚伸出橄榄枝，叙利亚与阿拉伯国家的关系逐渐"转暖"，阿联酋、巴林、科威特及卡塔尔等海湾国家纷纷宣布重启驻叙利亚大使馆。2019 年，更多的阿拉伯国家释放善意信号，呼吁恢复叙利亚的阿拉伯国家联盟成员国资格的声音日高，其中包括埃及、阿联酋、伊拉克、黎巴嫩、突尼斯、苏丹、阿尔及利亚以及巴林等。2019年 3 月 3 日，叙利亚人民议会议长前往约旦首都安曼参加阿拉伯各国议会联盟第 29 次会议，这是内战爆发以来叙利亚首次参加阿拉伯国家的会议。3 月 31 日，阿盟峰会现场为叙利亚预留了一个座位，这是叙总统巴沙尔·阿萨德重新被接纳的另一个迹象。有分析人士认为，叙利亚回归阿盟是大势所趋，目前剩下的"只是时间问题"。但由于伊朗等因素的存在，以沙特为首的部分阿拉伯国家反对叙利亚政府的立场尚未改变。

第三，叙利亚政府努力寻求外交自主权。

叙利亚政府继续保持与俄伊盟友的友好合作，同时对敌对势力充满警惕。一方面，叙利亚政府公开赞扬和感谢俄罗斯、伊朗两国对其在反恐、平叛、抵制外部敌对势力干预以及推进叙利亚和平进程等事务上的支持与援助，表示在战后重建方面，叙利亚优先选择与俄罗斯和伊朗两个盟友进行合作。另一方面，叙利亚政府谴责外部敌对势力对叙利亚内政的干预。叙利亚政府继续谴责美国等西方国家以及土耳其和以色列等对本国的侵略行径，强烈谴责美国在有关戈兰高地问题上的行径。针对以色列和部分阿拉伯国家对伊朗在叙利亚驻军问题上的态度，叙利亚政府反对阿盟峰会最后声明中所谓伊朗干涉叙事务的说法，并表示该声明本身才是对叙利亚内政不可接受的干涉。[①]

第四，叙利亚政府展示外交政策的务实性。

叙政府努力寻求外交自主的同时，在一些具体问题上显示外交政策的务实性。在宪法委员会问题上，2018 年叙利亚对俄罗斯和联合国叙利亚问题

---

① 《叙外交部：反对阿盟峰会关于伊朗干涉叙利亚的声明》，环球网，2019 年 6 月 1 日，https：//world. huanqiu. com/article/9CaKrnKkMHp。

特使提出的"宪法委员会"持保留态度，叙政府认为2012年由政府制定的宪法代表了叙利亚人民的意志和共识，没有制定新宪法的必要。叙政府还在成立"宪法委员会"的问题上委婉抵制俄罗斯和联合国的主张。而到2019年9月23日，叙利亚政府和反对派就宪法委员会权限和核心程序规则达成协议。此举体现了叙政府在政治和解问题上的务实性，不再一味地坚持原来的立场。在土耳其出兵叙北问题上，叙利亚政府明确表示要解放全境。巴沙尔·阿萨德表示叙利亚的最终目标是在美国突然撤军和土耳其对库尔德人发动进攻之后恢复对库尔德人控制的东北部地区的治理。但在具体策略上，叙政府表示对全国的掌控要采取渐进的方式，区分长期目标和战术目标，[1] 展示了对外政策的务实与灵活。

五 2019年叙利亚局势的问题与风险

（一）国家重建的认同基础薄弱

内战期间，叙利亚国土被割裂、家园被摧毁，民众或被战火夺去生命，或被迫流亡他乡，构成了叙利亚惨痛的历史记忆。由此产生的国家认同危机、族际关系紧张等问题使得叙利亚社会几近撕裂。国家重建面临的重重困难导致叙利亚社会问题更加凸显。

现代叙利亚国家是拥有多样性民族的政治实体。重建的任务不仅包括国家层面上法律行政机构的重建，更是国内族群关系的重新组合。在国内层面，各族群由于历史原因结合在一起，共同组成一个国家，并作为国家的有机组成部分，参与国家政治、经济和文化生活，参与国内政治管理和利益资源的分配。[2] 追溯现代叙利亚国家的建构史可知，叙利亚是在法国委任统治

---

① "Bashar Assad Criticizes EU Countries for Hypocrisy", Mehr News, November 9, 2019, https：//en. mehrnews. com/news/152063/Bashar－Assad－criticizes－EU－countries－for－hypocrisy.

② 王建娥：《世界体系和民族关系：解读现代民族问题的一个视角》，《民族研究》2004年第3期。

时期人为构建而成的,其领土由西方殖民者划分而来,其制度乃借用西方政治制度,伴随着国土划分而结成的民族关系不断产生裂痕。叙利亚总统巴沙尔·阿萨德代表少数族群阿拉维派执掌国家权柄,面临与阿拉伯逊尼派,以及库尔德人、亚美尼亚人、土耳其人等族群及跨界民族之间复杂的多元族裔关系。从叙利亚国内政治权力和利益资源的分配来看,各民族之间的关系并不和谐。长期的内战不仅破坏了叙利亚国家与社会秩序,同时也撕裂了历史发展进程中形成的脆弱的民族国家认同。各方关于国家认同问题难以达成共识,反过来影响叙利亚政治和解进程。

国家重建的重要因素是稳定民心。经历了多年内战,叙利亚社会民心思定,但由于经济重建成果有限,民众的基本生活需求难以得到满足,经受着严峻的生存考验。2019 年,叙利亚全国新增流离失所者约 1847000 人。[1] 截至 2019 年底,有 1100 多万人需要紧急人道主义援助,占叙利亚总人口的一半以上。[2] 民众面临食物和饮水短缺、居住过于拥挤、营养不良、医疗保障不足、学校和基础设施毁坏严重、心理创伤难以弥合等一系列问题。由于叙利亚政府没有控制石油生产区,而美国和欧盟的制裁使其无法进口伊朗等国的石油,叙利亚的石油、天然气以及其他生活用品实行定量配给制,基本生活受限。同时,社会中还存在多重非传统安全威胁,如恐怖主义、武器扩散、疾病蔓延、走私贩毒等。侵犯人权的行为非常普遍,特别是叙利亚妇女儿童群体,不仅要面对共性问题,还有个性问题,如童兵、教育缺失、身体暴力以及性暴力等危险,他们的权益遭受严重侵害。

(二)经济重建面临重重困难

叙利亚经济重建面临重重困难。总体来看,制约叙利亚经济复苏的因素

---

① "Syria: Overview", IDMC, https://www.internal - displacement. org/countries/syria#link _ concerns.
② 《中国代表:解决叙利亚人道问题必须统筹兼顾》,2019 年 11 月 15 日,http://news. china. com. cn/live/2019 - 11/15/content_ 603150. htm。

主要有以下方面。一是叙利亚基础设施遭到严重破坏，人力资源流失，经济复苏所需物力、人力缺口巨大。二是常年的内战使叙利亚社会散落大量武器，各种武装力量，包括恐怖组织和支持巴沙尔的民兵，容易爆发武装冲突，扰乱社会安定，使政府的经济复苏计划受阻。三是叙利亚政府军与哈马、伊德利卜，以及叙利亚北部反对派地区的军事对抗行动仍时有发生，当地工农业生产受损严重，叙利亚粮食和日用品无法满足国内需求，难以保证民生。四是以美国为首的西方大国对叙利亚实施制裁，叙利亚无法从伊朗等国进口石油，面临严峻的石油危机。同时，在美国、欧盟的经济制裁下，叙利亚镑急剧贬值，通货膨胀率攀升，物价上涨，货币购买力急剧下降。叙利亚重建将严重依赖国际社会的援助。①

（三）国家整体安全风险犹存

2019年，叙利亚安全局势仍存风险。一方面，叙利亚政府军和反政府武装在伊德利卜的对峙，随时可能转化为大规模的武装冲突。另一方面，由于叙利亚西北部地区存在政府军和反政府武装之间，以及反政府武装不同团体之间犬牙交错的态势，地区局势和治安混乱。攻击的规模和复杂性随着时间的推移而有所扩大和增强。因此，尽管叙利亚政府军已经解放了境内大多数被反对派以及恐怖武装组织占领的城镇，但是隐患依然存在。没有被完全消灭的反对派残余分子以及恐怖武装组织，利用藏匿起来的武器装备，试图再次掀起战火。因此，如何管控伊德利卜周边区域的冲突风险，将是未来叙利亚局势走向的关键。

另一个重要的安全风险因素，是戈兰高地问题。1967年第三次中东战争后，以色列长期控制和占领叙利亚的领土戈兰高地。尽管国际社会普遍将戈兰高地视为叙利亚的合法领土，要求以色列归还叙利亚，但是2019年3月，美国特朗普政府将戈兰高地称为"以色列领土"，激起了叙利亚政府和各个反对派团体的强烈反对。与此同时，叙利亚政府军收复叙利亚南部地区

---

① 王秋力：《叙利亚难民问题研究》，云南大学硕士学位论文，2018，第36~39页。

后，伊朗及其支持的什叶派军事团体，不断逼近戈兰高地，甚至爆发了一些零星的冲突。在以色列看来，叙利亚境内的伊朗军事力量，对以色列国家安全构成了严峻威胁和挑战。因此2019年，以色列多次空袭叙利亚境内的军事目标，尤其是针对性地打击叙境内伊朗"伊斯兰革命卫队"及其支持的黎巴嫩"真主党"武装，力图削弱伊朗在叙利亚的军事力量，震慑并阻止伊朗在叙利亚的存在。

（四）大国博弈风险的阴影挥之不去

俄罗斯和美国的关系，考验着叙利亚政治进程的走向。2019年10月，美国总统特朗普宣布从叙利亚北部撤军，激起了叙利亚北部局势动荡。美国的撤军行动带来某种程度的"权力真空"，引发了新一轮的地缘冲突，同时也恶化了美国在中东盟国心中的"公信力"。① 但是在2019年10月24日，美国国防部宣布将向叙东部增派军事力量。短时间内"撤守不决"，美国在叙利亚问题上的立场，成为重要的议题。美国希望借"保护油田"之名行"武力干涉"之实，以确保其在叙事务中的发言权。此外，美国仍然是叙利亚问题"日内瓦进程"的重要一方，依旧能够对叙利亚反对派各个政治阵营施加巨大的影响力。俄罗斯和美国的关系直接影响叙利亚问题，尤其是叙利亚政治重建进程的发展。

俄罗斯和土耳其的关系，同样是影响叙利亚局势走向的重要外部因素。俄罗斯和土耳其在叙利亚问题上，存在两个较大的分歧。一是俄罗斯和土耳其在如何处理伊德利卜境内叙利亚反对派武装团体的问题上，存在着根本分歧。俄罗斯认为，伊德利卜的叙利亚反对派武装，很大部分是"极端组织"和"恐怖组织"，因此应当予以消灭。土耳其则认为，这些反政府武装是反抗叙利亚政府的"自由战士"，并非"恐怖分子"，因此抵制俄罗斯和国际社会"清剿"的要求。二是俄罗斯和土耳其在如何定性叙利亚库尔德武装

---

① Jonathan Ruhe, "Consequences of the US Withdrawal from Syria", *The Defense Post*, October 26, 2019, https://www.thedefensepost.com/2019/10/26/us – syria – withdraw – consequences – opinion/.

的问题上存在着矛盾。长期以来，美国在叙利亚北部的驻军事实上向叙利亚北部库尔德武装提供了重要的保护。2019年10月，美国宣布从叙利亚北部撤军，为土耳其进攻库尔德武装"开了绿灯"。10月9日，埃尔多安宣布启动"和平之泉"军事行动，进入叙北部打击库尔德武装"叙利亚民主军"，以"防止在土耳其南部边境沿线建立恐怖走廊"。① 这并非土耳其第一次针对库尔德人的越境军事行动。2016年和2018年，土耳其相继对叙利亚库尔德武装发动代号为"幼发拉底盾牌"和"橄榄枝"的越境打击行动，土耳其的军事行动使本已动荡的叙北局势雪上加霜。俄罗斯强烈反对土耳其的军事行动，并认为叙利亚库尔德武装是打击和管控叙利亚北部极端组织的重要伙伴，反对土耳其单方面的军事行动。与此同时，俄罗斯担心土耳其的军事行动会刺激叙利亚政府，导致叙利亚政府军直接介入，最终酿成叙利亚政府军和土耳其军队在叙利亚北部大规模冲突，进而不利于叙利亚政治重建进程。② 因此，在俄罗斯的协调下，2019年11月俄罗斯和土耳其达成协议，土耳其停止军事行动，由土耳其和俄罗斯组成联合巡逻部队在叙北部建立"缓冲区"，在满足土耳其对叙利亚北部安全关切的同时，迫使土耳其停止对叙利亚库尔德武装的攻击。

结　语

2019年，叙利亚冲突进入第九个年头，叙利亚总体局势趋于稳定，但是叙利亚问题的解决，仍然面临诸多挑战：国家认同基础薄弱，经济重建举步维艰，国家安全风险犹存，大国博弈风险阴影挥之不去。总体局势向好趋势不断巩固，同时又稳中有忧、复杂、多变。

---

① "Steadying the New Status Quo in Syria's North East", *Middle East & North Africa*, November 27, 2019, https://www.crisisgroup.org/middle‐east‐north‐africa/eastern‐mediterranean/syria/b72‐steadying‐new‐status‐quo‐syrias‐north‐east.

② 王晋:《盟友还是对手? 俄罗斯与伊朗、土耳其在叙利亚问题上的关切与挑战》,《俄罗斯研究》2020年第1期。

中国在叙利亚问题上，需要继续保持积极的建设性姿态，在复杂的地区关系中，寻找利益和关切的平衡点。叙利亚是"一带一路"倡议重要沿线国家，中国发展与叙利亚的友好关系，可以充分发挥自身技术及制造业的巨大优势，同叙利亚重建实现对接。但是中国需要客观评估营商环境，增强防范风险意识。

分 报 告

Topical Reports

B.2
2019年叙利亚政治形势与和解进程

马帅 闫伟*

摘 要： 2019年，叙利亚冲突与和解并存。一方面，随着"美退俄进"的大国博弈态势演变，叙政府军在俄伊盟友支持下主导战场走向，国内与国际政治和解出现积极信号，叙政府和人民着手重建家园；另一方面，美国的撤军与土耳其的出兵引发各方力量的重新分化组合，域内外大国既合作又竞争的局面依旧错综复杂，叙利亚北部局势冲突升级，南部暴力事件、反抗运动时有发生。随着阿拉伯国家与巴沙尔政权关系的转暖以及叙利亚宪法委员会的召开，叙利亚政治和解在曲折多变中向前迈出重要一步。但是，叙利亚多年内乱带来的国家认同危机、族际关系紧张、结构性地缘矛盾以及非传统安全

* 马帅，南开大学历史学院博士研究生，西北大学叙利亚研究中心特约助理研究员；闫伟，西北大学中东研究所教授。

威胁将制约和解进程，加之反对派与极端组织残余盘踞伊德利卜负隅顽抗，叙利亚政治和解的羁绊依旧横亘眼前，短期内仍难以实现真正意义上的和解。

关键词： 叙利亚　政治形势　和解进程

2019 年，叙利亚冲突的地理范围有所缩小，战争烈度有所下降，国内政治形势一度趋于稳定。随着"美退俄进"的大国博弈态势演变，叙俄联军主导战场走向，叙政府对全国领土的控制不断扩大，反对派势力地盘不断被压缩，恐怖主义势力几近消亡，巴沙尔政权进一步巩固。但是，叙利亚北部失控的伊德利卜省和库尔德人控制区因土耳其的出兵与美国的撤军，局势再度紧张，而南部实现和解的德拉省暗杀、恐怖袭击等"低烈度"反抗运动不断发生。国内局势一如叙利亚总统巴沙尔·阿萨德在 2019 年初的一次演讲中所说："我们有时抱着一种浪漫的观点，认为我们已经取得了胜利。不，战争还没有结束。"叙利亚战争虽未结束，但和解进程已然启动，随着叙利亚宪法委员会的成立以及与阿拉伯国家关系的转暖，叙利亚国内和解释放积极信号。联合国叙利亚问题特使盖尔·彼得森（Geir Pedersen）表示："我坚定地希望，随着宪法委员会的成立，叙政府和反对派能够及时建立关系，暴力将会减少，当地的情况将会改变，一个造福所有叙利亚人的全面政治解决方案将最终出现。"[1] 2019 年，叙利亚冲突与和解并存。

一　2019年叙利亚的政治形势

2019 年，叙利亚僵持的"三方割据"政治形势发生演化：叙政府军主

---

① "Syrian Constitutional Committee a 'Sign of Hope'：UN Envoy Tells Security Council", November 22, 2019, https：//news. un. org/en/story/2019/11/1052051.

导战场走向，在俄伊等盟友的支持下继续扩大势力范围，巴沙尔政权进一步得到巩固；反对派势力盘踞西北部伊德利卜，沦为土耳其的代理人，与叙利亚政府军、库尔德人两面作战；东北部库尔德武装在消灭恐怖主义残余力量之后被美国"用后即弃"，处境艰难之下寻求与叙政府和解。整体来看，叙利亚政治形势朝着有利于叙政府的方向发展。但是也应看到，2019年，叙南部德拉省虽已与政府达成和解，但局地仍有"低烈度"反抗运动，暴力事件时有发生，叙北失控的伊德利卜和库尔德控制区局势因土耳其越境军事行动而再度紧张。

（一）叙政府主导战场走向

近两年来，叙利亚政府军在盟友支持下站稳脚跟，开展大规模的收复失地和反恐行动，在战场上取得了决定性的胜利，接近2/3的领土已处于巴沙尔政权控制之下。2019年，叙利亚政府军在盟友的支持下，继续扩大战场优势，主要采取以下几方面措施。

一是维持解放区的安全稳定，清扫战场，打击恐怖主义残余。尤其是扫除首都大马士革周边军事干扰，着重将反对派武装驱除、收编、消灭，以确保首都安宁。[1] 2019年4月16日，叙政府军和国民防卫军在拉卡、霍姆斯和代尔祖尔三省交界的沙漠地区发起了新一轮大规模的清剿行动。在行动过程中，叙利亚军方追捕极端组织残余势力，摧毁其藏身之处，并清除地雷和简易爆炸装置。

二是打击伊德利卜反对派和极端组织的据点，重点攻击战略要塞，打通主要交通干道，维护大型城市之间的交通畅通。对于伊德利卜的反对派武装，叙政府军采取了"切香肠"战略，即在不造成大量人员伤亡、不破坏俄土停火协议、不招惹美国的情况下逐步收复战略据点。[2] 2019年4月30日，叙利亚政府军及其盟军开展了代号为"伊德利卜破晓"的军事行动，

---

① 刘宝莱：《2019年中东局势六大看点》，环球网，2019年12月31日，https://opinion. huanqiu. com/article/9CaKrnKoDmI。

② 龚正：《叙利亚重建的机遇与挑战》，《世界知识》2019年第18期，第38页。

接连攻占伊德利卜多个战略要地。8 月 20 日，叙俄联军全面控制伊德利卜省南部最大的城市罕·谢洪。罕·谢洪战略地位极其重要，它既靠近叙利亚南北交通要道 M5 公路，又位于山区重要制高点，长期作为反对派武装人员聚集地和物资集散地。罕·谢洪的收复，已基本宣告反对派武装在伊德利卜的失败。2019 年 11 月，俄叙联军又成功拿下伊德利卜的卡巴尼镇，卡巴尼镇是伊德利卜省的西大门，战略位置极其重要。巴沙尔亲自到前线督战鼓舞士气，俄罗斯连夜出动了百余架次战斗机和轰炸机，将叛军工事摧毁殆尽，最终成功拿下了卡巴尼镇，至此，叛军再无要塞可守。2019 年底，叙利亚政府军占领了伊德利卜省东南部多个重要城镇，具体而言在第 25 特种师（原老虎部队）和第 5 军的带领下，政府军一周之内占领了 40 多个城镇和村庄，并抵达战略城市马阿拉特·努努曼的郊区。

三是整肃重组叙利亚政府军，解散、收编亲叙政府的民兵团体，提高战斗力，同时呼吁反对派武装投诚、缴械，既往不咎，促使地方许多零星武装响应政府号召。在 2019 年的大部分时间里，叙利亚各派武装进行了重组。事实上，在整个叙利亚冲突中，许多战斗是由叙利亚正式军队提供后勤支持，由不同的亲政府民兵团体进行的。这导致了军事和安全系统的分散，给叙利亚政府带来了相当大的指挥和控制方面的挑战。据报道，2019 年 5 月 1 日，叙利亚国防部发布了一项决定，解散 14 个亲叙利亚政府的民兵团体，并随后将其战斗人员和指挥官编入叙利亚阿拉伯军。[①] 7 月 27 日，叙利亚政府内政部长穆罕默德·拉赫穆恩（Mohamad Rahmoun）至少发布了 400 项指令，以调动在该部工作的 100 余名高级官员。如此大量的人事调整，可能是旨在重新获得政府军事和安全机构指挥和控制权。[②]

---

① "Syria Update：April 25 – May 8, 2019", *COAR*, https：//coar – global. org/2019/05/08/syria – update – between – 25 – april – to – 08 – may – 2019/.

② "Syria Update：July 25 – July 31, 2019", *COAR*, https：//coar – global. org/2019/07/31/syria – update – between – 25 – july – to – 31 – july – 2019/.

（二）叙南部冲突时有发生

叙利亚南部德拉省是叙利亚危机中最先爆发反政府示威游行的地区，也是除伊德利卜和库尔德控制区最后被解放的省份。2018 年 7 月，在俄罗斯的军事斡旋之下，叙政府军宣布解放德拉省全境，与反对派武装达成和解协议：对于服从巴沙尔政权的叛军，收编为叙政府军的一部分；对于不服从巴沙尔政权的叛军，将其遣送到北部伊德利卜。然而，这次和解也为德拉省反抗运动埋下隐患。德拉省的叛军成分复杂，有的和土耳其有关系，有的和约旦有关系，有的和沙特有关系，他们都信仰伊斯兰逊尼派，反对什叶派巴沙尔的统治，大批叛军投降后并未放弃与以色列和约旦等国家的联系。根据投降协议，叙利亚武装分子可以保留自己的武装组织，这就给叛军在南部地区随时发动武装暴动带来可能。

2018 年底，由拒绝与政府和解或被重新安置到叙利亚北部反对派控制地区的派系和个人组成的"民众抵抗运动"出现，这一新的激进派别声称对在德拉发生的多起针对亲政府武装的袭击负责，主要是伏击和有针对性的暗杀。[①] 2019 年 4 月 12 日，在德拉市的哈拉镇至齐姆林镇的公路上，一辆亲叙利亚政府民兵组织的车辆突然发生爆炸。7 月 13 日，俄罗斯国防部曾表示，反政府武装在当天曾经引爆遥控爆炸装置，试图袭击在德拉市进行巡逻的俄罗斯军队，但未造成人员伤亡。7 月 17 日，德拉市一辆政府军车再次遭遇反政府武装袭击，造成多名政府军士兵死亡，另有多人受伤。分析人士指出，事实上，叙利亚政权在南部省份库奈特拉、德拉和苏韦达控制区达成的"和解"并未完全成功，它继续以危险的方式破坏稳定。据报道，2019 年 4 月至 10 月，南部省份发生了 160 多起袭击事件。因此，尽管叙利亚政府军已经解放了境内大多数被反对派以及恐怖武装组织占领的城镇，但是隐患依然存在。没有被完全消灭的反对派残余分子以及恐怖武装组织，利

---

① Mariva Petkova, "Tensions Escalate in Deraa, 'Cradle of the Syrian Revolution'", March 5, 2020, https：//www. aljazeera. com/news/2020/03/tensions - escalate - deraa - cradle - syrian - revolution - 200304110051998. html.

用藏匿起来的武器装备，试图再次掀起战火。

另外，以色列的空袭成为叙利亚南部不稳定的另一大诱因。以色列多次借打击伊朗军事设施空袭叙利亚境内目标。据报道，2019年6月，以色列军方对叙利亚南部地区及中部霍姆斯省多地进行空袭。7月24日凌晨，德拉省西部的哈拉山地区再次遭到以军导弹袭击。

（三）叙北部局势再度紧张

2019年下半年，叙利亚北部因土耳其的出兵和美国的撤军再生变数，其中西北部伊德利卜省为反对派武装和极端组织的最后据点，东北部为谋求独立和自治的库尔德人控制区。自2017年极端组织"伊斯兰国"走向灭亡后，叙利亚国内局势一直停留在不规则的叙利亚政府、反政府武装与库尔德武装"三方割据"状态。

叙北地区成为叙利亚最混乱和最难以解放的区域，除自身难以解决的结构性矛盾，叙北局势还深受大国干涉和地缘博弈的影响，其中美国和土耳其是两个主要的影响因素：美国支持库尔德地面力量打击恐怖主义，对抗叙利亚政府；而土耳其支持伊德利卜反对派武装与叙政府军作对，同时遏制、打击库尔德武装。2018年底，美国宣布撤军，美国的撤军为土耳其带来了机会。2019年，土耳其一方面在伊德利卜调兵遣将，制约叙政府对伊德利卜的收复行动；另一方面积极谋划对库尔德武装的军事打击。叙利亚的库尔德武装既是美军打击极端组织的"马前卒"，又是影响土耳其国家安全的"眼中钉"，这一矛盾的身份使库尔德人处境进退维谷，命运深受美土博弈与利益交换的影响。2019年10月，美国抛下库尔德人宣布撤出相关区域，美国的撤军为土耳其的进攻"开了绿灯"。10月9日，埃尔多安宣布启动"和平之泉"军事行动，进入叙北部，打击库尔德武装"叙利亚民主军"，以"防止在土耳其南部边境沿线建立恐怖走廊"。① 这并非土耳其第一次针对库尔

---

① "Steadying the New Status Quo in Syria's North East", *Middle East & North Africa*, November 27, 2019, https：//www. crisisgroup. org/middle – east – north – africa/eastern – mediterranean/syria/b72 – steadying – new – status – quo – syrias – north – east.

德人的越境军事行动，2016年和2018年，土耳其相继对叙利亚库尔德武装发动了代号为"幼发拉底盾牌"和"橄榄枝"的越境打击行动，土耳其的军事行动使本已动荡的叙北局势雪上加霜。

这场危机最终在俄罗斯的斡旋之下达成停火协议，库尔德武装撤至边境30公里以南的叙领土；俄土军队在"和平之泉"军事行动东西两侧10公里纵深内联合巡逻。但是暂时的停火并不会给叙北人民带来长久的和平，各方势力围绕叙利亚北部展开外交和军事较量：土耳其出兵打击库尔德人，加剧叙北局势冲突的风险，制约叙政府收复全境；美国留下部分军队，借"保护"油田之名继续插手叙北事务；俄罗斯支持巴沙尔政府继续推进控制范围，反对派武装和极端组织负隅顽抗，未来博弈仍将持续。

二 2019年叙利亚的和解进程

2019年叙利亚冲突仍在继续，但和解已然开启。随着土耳其的入侵遭到国际社会谴责，巴沙尔政权以合法政府的身份捍卫领土完整、国家主权也让叙政府获得了道义制高点。一方面，叙政府采取多样化的措施积极进行国家重建，国内政治和解释放出一些积极信号；另一方面，随着叙局势趋稳和巴沙尔政权的稳固，原来敌视叙政权的阿拉伯国家释放出善意，叙利亚回归阿盟"只是时间问题"。2019年叙利亚宪法委员会的成立与召开则标志着叙利亚政府与反对派的和解迈出了重要一步。

（一）国内和解释放积极信号

2019年，叙利亚国内政治形势整体向有利于叙利亚政府的方向发展，国内和解释放出积极信号，主要体现在三个方面。一是对极端组织势力的打击取得重大胜利，恐怖主义残余进一步被清理。2019年2月初，"叙利亚民主军"发起对"伊斯兰国"位于代尔祖尔省的据点的"最后打击"。经过数周激烈战斗，3月23日，"叙利亚民主军"宣布攻下极端组织"伊斯兰国"最后据点代尔祖尔省的巴古兹村。2019年10月27日，美国总统特朗普在白宫宣布，极端组织"伊斯兰国"最高头目阿布·贝克尔·巴格达迪已在美军袭击行动中身亡。① 另据俄罗斯卫星通讯社大马士革 12 月 4 日电，国际联军的一架无人机在叙伊德利卜省炸死了恐怖组织"沙姆解放组织"的一名指挥官。二是库尔德武装遭遇土耳其越境军事打击和美国背信弃义撤军的双重打击，处境艰难之下寻求与叙政府和解。一直以来，库尔德武装作为叙利亚境内的一股地方割据势力而存在，与叙政府军和反对派形成三足鼎立的态势。然而，面对土耳其大军压境，自身又失去美国支持，库尔德武装不得已向叙政府军寻求帮助，并在俄罗斯的调解下实现了与叙政府的"和解"。通过交出包括曼比季、泰勒里法特、科巴尼、卡米什利等边境重镇和拉卡、哈塞克等重要城市，来换取叙政府军的支持。无疑，这对于叙政府巩固政权有着积极作用。三是巴沙尔政权进一步巩固，国内政治氛围宽松，积极开展重建工作；叙政府在确保首都安全的情况下，尽快医治首都的战争创伤，恢复正常社会秩序和经济建设。2019 年 8 月 28 日，第 61 届大马士革国际博览会在叙利亚首都大马士革开幕。由于国内局势不断向好，本届博览会的规模为历年之最。此外，叙利亚政府在 2019 年再次宣布大赦，释放政治犯。9 月 5 日，叙总统巴沙尔签署 2019 年第 20 号法令，根据该法令，服刑人员的刑期将获得减免。

（二）与阿拉伯国家关系缓和

自 2011 年叙利亚危机爆发以来，阿拉伯国家在对待叙利亚问题上出现了严重分歧，大部分阿拉伯国家与叙利亚政府关系紧张。其中以逊尼派占主导地位的沙特、卡塔尔、阿联酋等海湾国家为主，这些国家也是美国在中东的传统盟国，长期一直支持叙利亚总统巴沙尔的反对派。叙利亚内乱伊始，沙特等国通过海湾阿拉伯国家合作委员会和阿拉伯国家联盟等政治平台，谴责叙利亚政府"残暴压迫人民"，对叙利亚实施制裁。2011 年 11 月，在沙

---

① Camilo Montoya-Galvez, Caroline Linton, "ISIS Leader Dead after U. S. Commandos Stage Dramatic Raid in Syria", CBS News, October 27, 2019, https：//www.cbsnews.com/news/abu－bakr－al－baghdadi－isis－leader－dead－killed－in－us－raid－in－syria－2019－10－27.

特和其他海湾国家主导下，阿盟暂停叙利亚的成员国资格，一些阿盟国家接连宣布与叙利亚断交。而经过八年的战争，叙利亚政府军已经从极端分子和反对派武装手中收复了绝大部分领土，巴沙尔政府保住并巩固了执政地位。2019年，阿拉伯国家纷纷与叙利亚政府加强联系，埃及、阿联酋、伊拉克、黎巴嫩、突尼斯、苏丹、阿尔及利亚和巴林等阿拉伯国家，直接或间接地与叙利亚政府建立了沟通渠道。

（三）宪法委员会迈出重要一步

2019年10月30日，叙利亚政府、反对派和民间代表齐聚日内瓦参加叙利亚宪法委员会（Syrian Constitutional Committee）成立大会，这是迄今通过政治谈判结束叙利亚内战的最有希望的努力。经过近两年的争论和多方的斡旋，2019年9月23日，叙利亚政府和反对派就成立宪法委员会达成最终协议，联合国秘书长古特雷斯在联合国总部宣布叙利亚宪法委员会正式成立。叙利亚宪法委员会召开前夕，俄土伊三方外长发表联合声明，强调支持叙利亚国家统一和领土完整，外国不应干预叙利亚宪法委员会的工作，不得从外部强加任何期限。叙利亚宪法委员会第一次全会于10月30日在日内瓦庄严举行，之后启动了45人宪法委员会小组会议。截至2019年底，宪法委员会小组会议已进行多轮谈判，但叙政府和反对派代表围绕修改现有宪法还是起草新宪法这一根本问题存在分歧，尚未取得任何实质性进展。各方认为，宪法委员会虽然前景难测，叙利亚政府和反对派都不抱有十足的诚意，正如联合国特使彼得森透露的那样，"谈判程序并不容易，意见分歧很大，强烈的愤怒和失落情绪浮出水面"①，但叙政府与反对派能够坐下来展开政治谈判已是叙利亚政治进程的一大进步。就在几年前反对派还坚持认为"革命"的首要和核心目标是推翻巴沙尔政权。这是按照安理会第2254号决议建立过渡管理机构、开启政治进程的先决条件，他们过去坚称"在任

---

① "Syrian Constitutional Committee a 'Sign of Hope': UN Envoy Tells Security Council", November 22, 2019, https://news.un.org/en/story/2019/11/1052051.

何情况下，他们都不会与巴沙尔总统谈判"①。如今，反对派参与宪法委员会，与政府代表、民间代表一同协商为叙利亚修订或起草宪法，这是对叙利亚现行宪法和2014年巴沙尔总统选举合法性的承认。同时，叙利亚政府愿意加入宪法委员会并与反对派谈判，这也使反对派合法化，而在此之前政府将反对派定性为"恐怖主义威胁"。

三 叙利亚政治和解的制约因素

2019年，叙利亚内战渐近尾声，政治和解取得一定进展，但和平仍面临严峻挑战，主要的制约因素包括伊德利卜战事频仍、国家认同脆弱多元、族际关系对立紧张、地缘政治博弈加剧以及非传统安全威胁的蔓延扩散。

（一）伊德利卜问题

伊德利卜地处叙土边境，是叙利亚反对派和极端组织盘踞的最后据点，也是事关土耳其利益的"红线"。伊德利卜问题是2019年叙利亚最令人关注的焦点之一，未来伊德利卜何去何从仍然存疑。伊德利卜事关叙利亚是否能够实现全境解放，因此是制约未来叙利亚政治和解的首要军事问题。2019年初以来，总统巴沙尔多次表示，无论采取什么方式，政府第一要务都是收复伊德利卜。盘踞在伊德利卜省的反政府武装团体构成复杂、派系众多，分别受到以美国为首的西方国家、土耳其以及海湾国家的支持。其中主要代表为"国民解放阵线"和"解放沙姆阵线"，"国民解放阵线"的前身为"叙利亚自由军"，是一支世俗武装力量，背后由土耳其提供武器支持，土耳其明确表示伊德利卜是"红线"，在此设置多个军事观察点，警告叙政府军一旦进攻将遭到报复。"解放沙姆阵线"前身是努斯拉阵线，被广泛认为是基

① Elias Samo, "The Syrian Constitution Committee Is Formed: The Easy Part", Strategic Culture Foundation, November 1, 2019, https://www.strategic – culture.org/news/2019/11/01/the – syrian – constitution – committee – is – formed – the – easy – part/.

地组织的叙利亚分支，是一支恐怖主义武装力量。该组织利用伊德利卜冲突降级区制造暴力事件，攻击叙政府军，偷袭俄在叙军事基地。除此之外，伊德利卜有十几个不同的武装团伙，包括外国"圣战"分子在内，总共有约3万名武装分子。此外，伊德利卜还存在严峻的难民问题，"伊德利卜目前的人口当然包括绝大多数无辜平民。但其中也包括1万多名全副武装的塔克菲里战士，其中大部分不是叙利亚人，塔克菲里战士担心如果他们在伊德利卜失败，他们将无处可去，他们也无情地将平民作为人质"①。就局势来看，巴沙尔政府无论在政治上还是军事上都很难"毕其功于一役"。

（二）国家认同危机

国家认同是指人们对所隶属的国家的认可与服从，反映的是人与国家的基本关系。对国家而言，它决定着国家的合法性基础，进而决定着国家的稳定与繁荣。② 纵观历史，从帝国行省到法国委任统治地，叙利亚几乎从来都不是一个单一的独立国家，并且它也从未有过一个能够吸引全体人民忠诚与服从的内生型中央权威，其特殊的地缘位置使它长期处于帝国争夺的分裂状态。叙利亚在1946年摆脱法国委任统治，作为主权国家实现独立，但"它在很多方面是一个领土国家，而非一个民族国家，是一个政治实体，而非一个政治共同体"③。由于叙利亚人口、族裔、宗教、部落、社团以及社会阶层高度异质化，一直以来叙利亚人都缺乏对国家的集体认同。长期的内战不仅严重破坏叙利亚国家稳定与社会秩序，也撕裂了历史发展进程中形成的脆弱的民族国家认同。统一国家认同的缺失不仅造成叙利亚林林总总的反对派势力和极端主义思潮，也使得叙政府与反对派在政治和解问题上存在结构性矛盾，短期内无法协调。目前，叙利亚内战已进入收尾阶段，随着宪法委员

---

① Helena, "The Real Plight of Idlib's Civilians", Just World News, June 5, 2019, https://justworldnews.org/2019/06/05/the-real-plight-of-idlibs-civilians/.

② 林尚立:《现代国家认同建构的政治逻辑》,《中国社会科学》2013年第8期, 第22页。

③ Moshe Ma'oz, "Attempts at Creating a Political Community in Modern Syria", *Middle East Journal*, Vol. 26, No. 4, Autumn 1972, p. 389.

会工作的深入开展，未来制定一个什么样的新宪法，确定何种政治体制，各方因对国家认同的不一致尚未形成共识。

（三）族际关系紧张

叙利亚危机加剧了族际关系的紧张，理清叙国内的民族、教派、部落之间的关系是实现叙利亚国内政治和解的重要基础。叙利亚作为一个拥有多民族的现代民族国家，国内除了主体阿拉伯民族之外，还有库尔德人、亚美尼亚人、犹太人、土耳其人等区域跨界民族。长期以来，叙利亚多元族裔之间的关系并不和谐。法国委任统治期间，采取"分而治之"的民族政策客观上造成各族裔之间的分离和敌意，而叙利亚独立以来，尤其是复兴党上台以来的民族同化和歧视政策加剧了不同族裔和部落之间的紧张关系。其中库尔德人作为中东地区跨界族裔的典型，拥有3000万人口，同时也是叙利亚第二大族裔，库尔德人具有强烈的民族意识与忠诚度，长期保持对叙利亚执政当局的不信任和不认同，在叙利亚境内建立自治区、争取独立一直是库尔德人的夙愿。2019年，库尔德人面临土耳其的大军压境和美国撤军而处境艰难，叙政府一方面说服库尔德武装人员加入叙利亚政府军，与"土耳其侵略者"作战，另一方面也强调叙利亚官方不承认叙利亚东北部、控制幼发拉底河以东领土的自治政府及其库尔德武装。大马士革与库尔德当地自治实体之间的族际矛盾无法根本解决，所以双方进行的数轮政治谈判也未取得实质性的结果。库尔德人内部因土耳其的打击也出现分裂，进一步加剧叙利亚东北部的不稳定。因此，叙利亚未来族际之间的敌对和互不信任仍然盛行，依然是制约叙利亚实现全面政治和解的主要因素。

（四）地缘政治博弈加剧

自俄罗斯2015年10月出兵叙利亚挽救巴沙尔政权以来，美俄在叙的博弈总体呈现"美退俄进"态势。2019年延续这一特点，但叙利亚周边地缘政治博弈并未因"美退俄进"态势有所减弱，美国的撤军行动带来某种程度的"权力真空"，引发了新一轮的地缘冲突，突出表现为土耳其肆无忌惮发动针对库尔德人的越境军事行动，造成叙北局势紧张。虽然美国在叙利亚乃至中东地区的影响力有所下降，但美国在叙"欲走还留"，并未放弃制衡俄罗斯在该地区的影响力。10月24日，美国国防部宣布将向叙东部增派军事力量，以加强对叙油田的控制，防止油田重新落入极端分子手中。[①] 事实上，美国借"保护油田"之名行"武力干涉"之实，以确保其在叙事务中的发言权。无论叙利亚危机持续，还是参与叙利亚政治和解进程，美国人都不会袖手旁观。

除了美俄争霸，还有地区强国争锋，多强缠斗皆与利益有关。土耳其遏制库尔德人、伊朗发展什叶派力量、以色列谋求国家安全、海湾国家财大气粗争当地区霸主等，各方都从本国立场出发或多或少介入叙利亚内战，叙利亚沦为中东地缘政治的黑洞，由此陷入了"公地悲剧"。

（五）非传统安全威胁

当今世界处于百年未有之大变局，叙利亚危机迄今延宕起伏十年之久，长期的军事冲突不仅使叙国内政治生态遭到严重破坏，社会安全稳定面临严峻挑战，同时也衍生出一系列非传统安全威胁，严重阻碍叙利亚未来的政治和解和国家重建。非传统安全威胁是除军事、政治和外交冲突以外的其他对主权国家及人类整体生存与发展构成威胁的因素。当前，叙利亚面临多重非传统安全威胁，主要包括恐怖主义、武器扩散、疾病蔓延、走私贩毒等。2019年，随着"伊斯兰国"的最后据点被拔除以及头目巴格达迪被击毙，叙利亚战争进入后反恐时代，但叙利亚境内仍然有大量恐怖分子蛰伏、隐藏，一些残余势力潜伏在叙利亚东部沙漠地带或民间，伺机发动袭击。另据叙利亚方面消息，在叙利亚哈萨克省和拉卡省土耳其军队占领区内，仍存在贩毒活动，大量叙利亚武装分子使用和贩卖毒品，毒害叙利亚年轻人。2020年，新冠肺炎疫情在全球暴发，长期陷入内乱的叙利亚也未能幸免。由于叙利亚医疗机构和公共卫生体系在长期的内乱中遭受重创，公立和私立医院被

---

① 程安琪：《库尔德武装撤了，大国博弈还在》，《解放军报》2019年10月30日，第4版。

严重损坏，医护人员严重不足，叙利亚面临严峻的公共卫生挑战和人道主义危机，政治和解也将面临新的不确定性。

结　语

2019 年，叙利亚冲突进入第九个年头，军事冲突有所趋缓，政治和解在曲折多变中前进。叙利亚危机进入一个更加困难的时期，各方将被迫解决战后叙利亚最敏感的问题，包括国家重建、难民回归、体制改革、势力范围划分以及其他挑战，每一个问题背后都有着复杂的矛盾和利益的纠葛。而地缘政治博弈也进入新阶段，域内外大国围绕叙利亚问题激烈交锋，这些远超出叙利亚问题本身。回首 2019 年叙利亚国内政治形势，冲突与和解并存，风险与机遇同在。一方面，随着"美退俄进"的大国博弈态势演变，局势朝着有利于叙政府的方向发展，国内、国际对于叙利亚和平与重建充满期盼，阿拉伯国家释放善意信号，叙政府与反对派在国际斡旋之下坐下来商讨宪法修改，迈出了和解的重要一步。另一方面，随着叙利亚南北两个邻国的越境打击或空袭，叙利亚北部和南部依旧冲突不断，叙北伊德利卜和库尔德人控制区的根本矛盾尚未解决，叙南省份政府与叛军的"和解"留下后遗症，反抗运动、暗杀、暴力袭击事件时有发生。未来叙利亚境内"三方割据"态势恐将持续，叙政府不会接受国家领土分裂，而大国博弈和地缘角力也不会离场，真正的和平曙光远未到来。我们依然坚信，政治解决是唯一的出路，叙利亚问题应由叙利亚人民自己来解决，不能由外来势力越俎代庖。

B.3

2019年叙利亚经济形势与战后重建*

胡耀辉**

摘　要： 2019年叙利亚经济重建举步维艰，叙利亚政府仍面临国内经济分裂、人力资源严重缺失、重建资金极缺、基础设施建设恢复缓慢等挑战。政府采取了一些刺激经济发展的措施，如反对腐败、发行国债、积极促进展览业复苏，吸引外部投资等。2019年叙利亚经济增长速度较2018年有所放缓，整体经济发展状况仍然堪忧，各行业重建重启艰难，叙利亚镑一再贬值，通货膨胀率、失业率、贫困率居高不下，财政赤字严重，内外债债台高筑，推进经济增长的动力严重不足。

关键词： 叙利亚　经济形势　经济重建

2019年，叙利亚政府在控制区展开有限的经济重建，制定一些经济政策，如颁布财政法案，修改法规，实施反腐败措施，举办经济重建展览会等，以期改善国内营商环境，吸引外资投入经济建设。根据经济学人（EIU）数据，与2018年国内生产总值187.8亿美元相比，2019年叙利亚国

＊　本文为教育部人文社会科学研究青年基金项目"黎巴嫩现代教派主义政治研究"（20YJC770013）和陕西省社科基金项目"黎巴嫩在一带一路建设中的角色与前景研究"（2019KY0214）的阶段性成果。

＊＊　胡耀辉，博士，西安航空学院马克思主义学院讲师，西北大学叙利亚研究中心特约研究员。

内生产总值达 193.81 亿美元，增长 4.9%。[1] 与 2018 年经济增长 6.2% 相比，2019 年叙利亚经济增速放缓。

一 2019年叙利亚经济形势

2019 年叙利亚总体经济活动依然低迷，外部投资者对叙利亚的资本投资望而却步[2]，各行各业复苏艰难，叙镑兑换美元汇率下跌，引发严重的通货膨胀，国内绝大多数民众沦为贫困人口。

第一，国内生产总值有所增加，增速有所放缓。叙利亚政府进一步收复国土和推进重建进程，以及相对更有利的全球经济环境，促成了叙利亚经济的总体增长。2019 年叙利亚国内生产总值增长 4.9%。根据叙利亚中央统计局数据，2019 年各经济部门对国内生产总值的贡献比重有所不同，其中农业出口占 37%，工矿业部门占 16.4%，外贸占 13.3%。[3] 2019 年叙利亚总人口1770 万，继续呈现负增长趋势，人均国内生产总值约为 4355 美元。[4]

第二，2019 年，农业和制造业仍是叙利亚重要的经济部门。农业基础设施遭到破坏等引发农业产量锐减，粮食紧缺；石油产量有所增长，电力和制造业有所恢复，旅游业等服务业缓慢复苏。

叙利亚北部农业区由于冲突持续，农业基础设施遭到破坏，农业生产所需的化肥和种子价格上涨，农业区发生火灾等，叙利亚农业产量下降。2019年 5 月 17 日，叙利亚阿拉伯通讯社报道，叙利亚当前季节可收割的大麦有

① Economist Intelligence Unit, Country Report: Syria, February 10, 2020, p. 2. http://www.eiu.com.

② Jospeh Daher, "The Paradox of the Syrian Reconstruction", Carnegie Middle East Center, September 4, 2019, https://carnegie - mec. org/2019/09/04/paradox - of - syria - s - reconstruction - pub - 79773.

③ Amer Al-Omran, "The Recovery of the Syrian Economy: Opportunities and Obstacles", Rawabet Center for Research and Strategic Studies, January 14, 2020. https://rawabetcenter.com/en/? p = 7623 2020 - 04 - 18.

④ Economist Intelligence Unit, "Country Report: Syria", February 10, 2020, p. 10. http://www.eiu.com.

18833 公顷、小麦 32036 公顷、鹰嘴豆 29988 公顷，苏韦达（Swaida）省大麦种植面积为 15240 公顷，产量为 13433 吨。① 2019 年 4 月，叙利亚政府军对哈马、伊德利卜等地区发起军事行动，以及叙利亚北部反对派地区的军事冲突，引发了农业区连绵不断的火灾，超过 2.5 万公顷的小麦和大麦受损。② 火灾在拉卡、德拉、阿勒颇和哈塞克等省农村地区蔓延，5 月下旬火灾烧毁了苏韦达省东部的莱宾（Lebbin）、贾琳（Jareen）、阿里卡（Ariqa）和达马（Dama）等村庄 1250 公顷农田的作物。③ 此外，叙利亚东北部是国家的农业主产区，产量占叙利亚灌溉小麦的 64%、非灌溉小麦的 38%、棉花的 63% 和扁豆的 29%。库尔德人在东北部地区建立的叙利亚民主委员会（Syrian Democratic Council）自治临时政府经济和农业副主任萨尔曼·巴鲁多（Salman Baroudo）指出，"大火吞噬了叙利亚东北部超过 38.2 万吨小麦，经济损失达 170 亿叙利亚镑"④。叙利亚粮食生产受损严重，5 月叙政府不得不与俄罗斯签署三份进口 60 万吨小麦的合同。⑤

叙利亚橄榄种植园集中在西北部的伊德利卜省、阿勒颇省北部、拉塔基亚省、哈马省、德拉省、大马士革和霍姆斯省的农村地区。2019 年德拉省的橄榄果产量达 2.6 万吨，橄榄油产量为 3000 吨。⑥ 1 公斤橄榄油的价

---

① "Manual Harvest: Swaida Farmers Lament a Wasted Season", *Enab Baladi*, June 19, 2019, https://english. enabbaladi. net/archives/2019/06/manual – harvest – swaida – farmers – lament – a – wasted – season/.

② "Syria's Crops Reduced to Ashes: Who Benefits?", *Enab Baladi*, June 29, 2019, https://english. enabbaladi. net/archives/2019/06/syrias – crops – reduced – to – ashes – who – benefits/.

③ "Agricultural Crops Weaponized by Syria's Warring Parties", *Enab Baladi*, June 13, 2019, https://english. enabbaladi. net/archives/2019/06/agricultural – crops – weaponized – by – syrias – warring – parties/.

④ "Syria's Crops Reduced to Ashes: Who Benefits?", *Enab Baladi*, June 29, 2019, https://english. enabbaladi. net/archives/2019/06/syrias – crops – reduced – to – ashes – who – benefits/.

⑤ "Syria's Crops Reduced to Ashes: Who Benefits?", Enab Baladi, June 29, 2019, https://english. enabbaladi. net/archives/2019/06/syrias – crops – reduced – to – ashes – who – benefits/.

⑥ "Daraa Sees Slight Improvement in Olive Production and Oil Yield", *Enab Baladi*, November 8, 2019, https://english. enabbaladi. net/archives/2019/11/daraa – sees – slight – improvement – in – olive – production – and – oil – yield/.

格为 14000 ～ 16000 叙利亚镑，[①] 每 80 公斤橄榄果产出约 16 公斤橄榄油。[②]

第三，2019 年，叙利亚政府未能完全掌控主要石油产区，尽管恢复了石油和天然气生产，但产量有限，很难满足国内需求，国家面临着严峻的能源危机。由于叙利亚政府丧失了东部大部分石油资源，以及美国加大对参与叙利亚石油转让的公司和个人经济制裁力度，来自伊朗的石油供应中断，叙政府控制区内出现能源危机。[③] 2019 年 4 月下旬，叙利亚各地出现严重的燃油短缺，导致加油站彻夜排长队。国内战事致使叙政府控制区石油基础设施遭到严重破坏，6 月 23 日巴尼亚斯炼油厂的海上石油设施遭受攻击，12 月 21 日霍姆斯炼油厂遭到炮击，[④] 导致石油产量锐减。2019 年，叙利亚石油产量为 3 万桶/日，相比 2018 年日产量增加了 1 万桶。[⑤] 2019 年叙利亚石油和矿产资源部仅能保证每日约生产石油 3.4 万桶，而政府控制区每日所需石油 13.6 万桶，[⑥] 每日的石油缺口超过 10 万桶。[⑦] 因此，叙利亚政府寻求与库尔德自治临时政府开展石油贸易。根据叙利亚人权网（Syrian Network for Human Rights）2019 年 9 月 19 日发布的报告，库尔德武装"叙利亚民主军"（SDF）控制的油田石油日产量为 1.4 万桶，以每桶原油 30 美元的价格出售

① "Limited Exports：Syrian Crops 'Choked' in the Domestic Market"，*Enab Baladi*，February 13, 2019，https：//english. enabbaladi. net/archives/2019/02/limited – exports – syrian – crops – choked – in – the – domestic – market/.

② "Daraa Sees Slight Improvement in Olive Production and Oil Yield"，*Enab Baladi*，November 8, 2019，https：//english. enabbaladi. net/archives/2019/11/daraa – sees – slight – improvement – in – olive – production – and – oil – yield/.

③ Murad Abdul Jalil，"Syrian Oil Wells Naked Greed or Power Politics"，*Enab Baladi*，November 15, 2019，https：//english. enabbaladi. net/archives/2019/11/syrian – oil – wells – naked – greed – or – power – politics/.

④ "Three Oil Installations Are Bombed in Homs"，*Enab Baladi*，February 6, 2020，https：//english. enabbaladi. net/archives/2020/02/three – oil – installations – are – bombed – in – homs/.

⑤ Economist Intelligence Unit，Country Report：Syria，February 10, 2020，p. 11. http：//www. eiu. com.

⑥ Jospeh Daher，"The Paradox of Syria's Reconstruction"，September 4, 2019，https：//carnegie – mec. org/2019/09/04/paradox – of – syria – s – reconstruction – pub – 79773.

⑦ Aron Lund，"The Blame Game over Syria's Winter Fuel Crisis"，*The New Humanitarian*，March 5, 2019，https：//www. thenewhumanitarian. org/analysis/2019/03/05/blame – game – over – syria – s – winter – fuel – crisis.

给叙利亚政府。① 由于叙利亚天然气供应严重不足，2019 年叙政府通过智能卡系统向公民分配石油产品和液化气。智能卡系统由叙利亚石油和矿产资源部发起，国家塔卡莫（Takamol）公司负责实施，通过智能卡每月分配给私人汽车 250 公升汽油，分配给公共汽车 800 公升汽油，并规定每日分配汽油不得超过 40 公升。② 此外，叙政府每 23 天分配给每个家庭一罐液化气。7月，一罐液化气官方价格是 4000 叙利亚镑（约合 4.3 美元），而黑市上一罐液化气的价格为 1.2 万叙利亚镑（约合 13 美元）。③

2019 年恐怖袭击对阿勒颇市逐渐恢复的工业生产造成严重影响。阿勒颇市有 1340 多家工厂，叙利亚最大的制药厂、纺织厂和其他工厂遭到破坏，损失达数十亿美元。④ 2019 年 11 月，德拉市开放了市中心索卡哈勒（Souq al-Hal）批发市场，并建立了第一个商业中心——塔法斯（Tafas）市场。⑤德拉省大部分农产品在塔法斯市场出售，塔法斯也是向首都大马士革采购、分销农产品的主要市场。

2019 年，叙利亚旅游业逐渐复苏，外国入境人数约 240 万人，比 2018年增长 31%。⑥ 2019 年 10 月，叙利亚旅游投资论坛成立，叙政府提出要建

---

① Mohamed Homs, "A Convoluted System for Syria's Oil Revenues", *Enab Baladi*, November 23, 2019, https：//english. enabbaladi. net/archives/2019/11/a－convoluted－system－for－syrias－oil－revenues/.

② "Cards for Fuel Distribution in Syria：Smart or Unintelligent Solution?", *Enab Baladi*, February 21, 2019, https：//english. enabbaladi. net/archives/2019/02/cards－for－fuel－distribution－in－syria－smart－or－unintelligent－solution.

③ "Severe Gas Crisis in Daraa：Syrians Resort to Firewood and Electricity", *Enab Baladi*, December 29, 2019, https：//english. enabbaladi. net/archives/2019/12/severe－gas－crisis－in－daraa－syrians－resort－to－firewood－and－electricity/.

④ Nidal Kabalan , "Aleppo, Syria's Economic Capital, Under Fresh Attacks", *Inside the News Over the World*, November 26, 2019, https：//www. insideover. com/terrorism/aleppo－syrias－economic－capital－under－fresh－attacks. html.

⑤ "Souq al-Hal Market in Daraa Still Closed Despite Government Attempts to Reopen It", *Enab Baladi*, December 5, 2019, https：//english. enabbaladi. net/archives/2019/12/souq－al－hal－market－in－daraa－still－closed－despite－government－attempts－to－reopen－it/.

⑥ 《叙利亚重建：2019 年叙利亚的旅游业》，观察者网，2020 年 4 月 6 日，https：//user. guancha. cn/main/content? id =228054&s = fwzwyzzwzbt。

成 41 个公共实体项目，总成本为 4000 亿叙利亚镑，并提供 7000 个就业岗位。①

第四，政府财政预算有所增加。由于财政支出增长，叙利亚政府财政状况仍面临挑战，财政赤字和公共债务居高不下。由于石油和天然气的收入难以满足需求、农业产量严重下降、制裁导致对外贸易锐减，以及政府税收不足，虽有服务业部门收入的增加，但财政支出中小麦、石油衍生品补贴和支付公职人员的工资耗尽了 2019 年的财政预算，② 叙利亚财政状况堪忧。2019 年财政收入占国内生产总值的 8.9%，财政支出占国内生产总值的 21.3%，财政赤字占国内生产总值的 12.4%，公共债务占国内生产总值的 123.8%。③ 2018 年，财政赤字占国内生产总值的 10.8%，公共债务占国内生产总值的 106.6%。2019 年财政赤字和公共债务均有所增加，财政状况进一步恶化。2019 年叙利亚政府预算为 3.882 万亿叙利亚镑（约合 89.28 亿美元），相比 2018 年增加了 6950 亿叙镑（约合 14 亿美元）。④

政府财政恶化的同时，2019 年叙镑汇率连续下跌，创历史新低，叙利亚货币严重贬值。由于叙利亚外汇严重短缺，经济陷入困境，邻国黎巴嫩金融危机的溢出效应，叙利亚镑进一步贬值。2019 年初，1 美元可兑换 500 叙利亚镑，2 月跌至 1 美元兑换 550 叙利亚镑，9 月 1 美元兑换 683 叙利亚镑。随着黎巴嫩经济危机的爆发，2019 年底叙利亚汇率跌至 1 美元兑换 1000 叙利亚镑的历史最低点。⑤ 2020 年初，官方汇率为 1 美元兑换 437 叙利亚镑，

① "The Syrian Economy: To 'Lebanonization' Sir!", *Al-Akhbar Newspaper*, December 1, 2019, https://al-akhbar.com/Sham/261375.

② "Fuel and Wheat Devour Syria's Budget for 2019", *Enab Baladi*, May 28, 2019, https://english.enabbaladi.net/archives/2019/05/fuel-and-wheat-devour-syrias-budget-for-2019/.

③ Economist Intelligence Unit, Country Report: Syria, February 10, 2020, p. 10. http://www.eiu.com.

④ "Syria President Announces $9bn Budget for 2019", Arab News, December 6, 2018, https://www.arabnews.com/node/1416816/middle-east.

⑤ "US Dollar Exchange Rate Exceeds One Thousand Syrian Pounds", *Enab Baladi*, January 15, 2020, https://english.enabbaladi.net/archives/2020/01/dollar-exchange-rate-exceeds-one-thousand-syrian-pounds/.

而平行市场汇率约为 1 美元兑换 912 叙利亚镑。①

第五，叙政府采取了促进外贸的措施，加强与邻国的贸易，对外贸易总额有所增加，但贸易逆差仍较为严峻，外债有所增加。叙利亚贸易商需要依赖稳定而强劲的汇率来购买进口商品，而叙利亚急需进口大米、小麦、植物油、药品和汽油等商品。2019 年 2 月，叙利亚中央银行宣布扩大其补贴进口的清单，并宣布了一份以 700 叙利亚镑（约合 0.515 美元）优惠费率资助的货物清单。2019 年 11 月 21 日，政府发布第 944 号决议，进口商须将相当于其进口许可证 40% 的资金存入特许银行，并按 25% 的比例作为存款，15% 作为对叙利亚镑的无息信托。② 此外，2019 年叙利亚被纳入欧亚经济联盟国家优惠体系，其商品可以以高达 25% 的海关折扣进入许多市场，与俄罗斯签署了"绿色走廊"协议，减少了叙利亚商品出口到俄罗斯市场的时间和成本。③ 2019 年叙利亚贸易进口额为 72.73 亿美元，出口额为 19.99 亿美元，贸易逆差为 52.74 亿美元。④

此外，叙利亚进口增加导致外汇外流，外汇储备严重不足。2019 年 4 月 29 日，叙利亚中央银行批准政府于 9 月 17 日将需要进口的商品从 41 种缩减到 7 种，以减少用于外贸的资金。⑤ 9 月 15 日，叙利亚《祖国报》（*al-Watan*）援引伊马德·哈米斯（Imad Khamis）总理在人民议会上的发言，

---

① Economist Intelligence Unit, Country Report: Syria, February 10, 2020, p.10. http://www.eiu.com.

② Mais Shtian, "Measures to Alleviate Impact of Decrees Prohibiting Dealing in Foreign Currencies Other Than the Syrian Pound", *Enab Baladi*, March 27, 2020, https://english.enabbaladi.net/archives/2020/03/measures - to - alleviate - impact - of - decrees - prohibiting - dealing - in - foreign - currencies - other - than - the - syrian - pound/.

③ "Syria Recovered More Than 60 percent of Its Industry Affected", *Agencia Informativa Latinoamericana Prensa Latina*, January 24, 2020, https://www.plenglish.com/index.php? o = rn&id = 51298&SEO = syria - recovered - more - than -60 - percent - of - its - industry - affected.

④ Economist Intelligence Unit, Country Report: Syria, February 10, 2020, pp. 9 - 10. http://www.eiu.com.

⑤ Nabih Bulos, "Syria (Barely) Survived a Civil War. Can It Weather the Latest Financial Crisis?", *Los Angeles Times*, November 29, 2019, https://www.latimes.com/world - nation/story/2019 - 11 - 29/syria - latest - financial - crisis.

"外汇资金不足，无法满足军队的需要，也无法满足人民对小麦和药品的需求，我们每月需要支付约 2 亿美元以获得石油，我们从外汇中得到的远远少于所需要的"。①相比 2018 年叙利亚外汇储备 5.4 亿美元，2019 年增至 6.69 亿美元。2019 年叙利亚外债达 57.76 亿美元，需要支付利息 100 万美元，需要支付本金 1600 万美元。②

第六，2019 年叙利亚消费者价格指数持续上涨，通货膨胀率比 2018 年有所上升，物价上涨较快，叙利亚货币购买力严重不足。与 2018 年相比，叙利亚消费者价格指数有所上升，2019 年第一季度为 791.4%，第二季度为 789.1%，第三季度为 791.4%，第四季度为 799.1%。③由于燃料短缺、平行市场上叙镑大幅度贬值、邻国黎巴嫩的金融危机，2019 年叙利亚面临多重通胀压力，官方统计通货膨胀率升至 18.4%。④

随着通货膨胀率的上升，叙利亚镑的急剧贬值，叙利亚物价呈上升趋势，货币购买力急剧下降。2019 年叙利亚首都大马士革市民的购买力指数大幅下降，低于世界城市购买力指数平均水平。⑤由于食品价格上涨，家庭消费减少，大多数叙利亚家庭转而购买价格较低的食品，如大米、植物油、糖和茶叶。2019 年 6 月，德拉市 1 公斤活鱼价格为 2000 叙利亚镑。⑥ 2019

① "How Does the Reduction of Import Lists Affect Syrian Citizens?", *Enab Baladi*, September 26, 2019, https：//english. enabbaladi. net/archives/2019/09/how – does – the – reduction – of – import – lists – affect – syrian – citizens/, 2020 – 04 – 15.

② Economist Intelligence Unit, Country Report：Syria, February 10, 2020, p. 10. http：// www. eiu. com.

③ Economist Intelligence Unit, Country Report：Syria, February 10, 2020, p. 11. http：// www. eiu. com.

④ Economist Intelligence Unit, Country Report：Syria, February 10, 2020, p. 8. http：// www. eiu. com.

⑤ Mais Shtian, "Syria's Economy Amidst Coronavirus Crisis... Supporting Traders As Unemployment Increases and Prices Hike", *Enab Baladi*, April 4, 2020, https：//english. enabbaladi. net/ archives/2020/04/syrias – economy – amidst – coronavirus – crisissupporting – traders – as – unemployment – increases – and – prices – hike/, 2020 – 04 – 19.

⑥ "Overfishing and Prices Hikes for Fodder and Fuel：Daraa Fish Farmers Await Deliverance", *Enab Baladi*, June 18, 2019, https：//english. enabbaladi. net/archives/2019/06/overfishing – and – prices – hikes – for – fodder – and – fuel – daraa – fish – farmers – await – deliverance/, 2020 – 04 – 10.

年6月以来，德拉市的肉类价格逐渐上涨，1公斤牛肉、羊肉的价格分别为5000叙利亚镑和6000叙利亚镑，而德拉市家庭月收入不超过35000叙利亚镑。① 9月后，阿勒颇、霍姆斯、德拉、拉塔基亚、代尔祖尔和库奈特拉等地区的普通家庭相继大幅减少食用牛羊肉，一日三餐数量也减至一日两餐。② 根据今日叙利亚镑网站9月统计数据，叙利亚西北部地区大多数家庭月收入不到5万叙利亚镑（约合80美元），其中80%的家庭依靠借债维持生活，56%的家庭送孩子去工作，33%的家庭减少了一日三餐的分量，而10%的人卖掉了自己的房产。③ 12月19日，叙利亚家禽药品价格上涨50%，饲料和进口家禽价格分别上涨39.5%和95%，1公斤鸡肉的价格从7月的7000叙利亚镑上涨到11000叙利亚镑，1盘鸡蛋的价格从7月的800叙利亚镑涨到1500叙利亚镑。④ 12月底，1公斤糖的价格由9月的250叙利亚镑上涨到600叙利亚镑，1公斤羊肉的价格涨至12000叙利亚镑。⑤

第七，失业率和贫困率居高不下。相比2018年叙利亚48%的失业率，2019年失业率为43.5%，失业率有所降低。⑥ 由于失业率居高不下，货币贬值严重，人民收入较低，叙利亚人民购买力严重不足，造成社会总体贫困率很高。2019年，叙利亚公共部门的工作人员平均月工资在2万至4万叙利亚镑，而私营部门人员的收入在10万至15万叙利亚镑，家庭每月基本生

---

① "No Red Meat at Dinner Tables in Daraa", *Enab Baladi*, November 20, 2019, https：//english. enabbaladi. net/archives/2019/11/no – red – meat – at – dinner – tables – in – daraa/.

② Hebaa Shehadeh, "Strategies to Strengthen Northern Syria's Economy Hindered by War", *Enab Baladi*, January 3, 2020, https：//english. enabbaladi. net/archives/2020/01/strategies – to – stengthen – northern – syrias – economy – hindered – by – war.

③ Hebaa Shehadeh, "Strategies to Strengthen Northern Syria's Economy Hindered by War", *Enab Baladi*, January 3, 2020, https：english. enabbaladi. net/archives/2020/01/strategies – to – stengthen – northern – syrias – economy – hindered – by – war.

④ "Daraa's Production Costs Raise Poultry Prices", *Enab Baladi*, January 10, 2020. https：//english. enabbaladi. net/archives/2020/01/daraa – production – costs – raise – poultry – prices/.

⑤ "Syrians Hit Hard by Economic Crisis", *Asharq Al-Awsat*, January 18, 2020, https：//aawsat. com/english/home/article/2088381/syrians – hit – hard – economic – crisis.

⑥ Economist Intelligence Unit, Country Report：Syria, February 10 , 2020, pp. 9 – 10. http：//www. eiu. com.

活必需品的最低支出为 10 万叙利亚镑,① 叙利亚最贫困阶层的生活条件正在恶化。11 月,巴沙尔总统宣布给公共部门人员每月增发 2 万叙利亚镑(约合 27 美元),以缓解民众的生活困难。② 然而,2019 年叙利亚民众已陷入贫困深渊,83% 的叙利亚人生活在贫困线以下。③ 根据联合国的统计数据,每 10 个叙利亚人中有 8 人的月收入低于 100 美元。④ 2019 年,反对派控制的叙利亚西北部地区人民的贫困率高达 87%。⑤

二 经济重建的机遇

2019 年,叙利亚经济逐渐复苏,虽然国内战事仍在继续,但叙利亚政府逐渐向经济重建阶段过渡。政府实施了一系列促进经济发展的法规和政策,同时积极寻求国际社会的支持与援助,努力营造经济重建的有利条件。

第一,叙利亚政府颁布了一系列经济重建的法律法规,为经济复苏创造了条件。2019 年以来,叙利亚通过实施反腐败措施、发行国债和实施新的投资法,以扭转货币贬值、资金短缺和外资匮乏等问题,为经济复苏赢得更为有利的环境与氛围。

由于 2019 年叙利亚政府财政收入减少和民众进一步陷入贫困,为解决

① "Syrians Hit Hard by Economic Crisis", *Asharq Al-Awsat*, January 18, 2020, https://aawsat. com/english/home/article/2088381/syrians - hit - hard - economic - crisis.
② Nabih Bulos, "Syria (Barely) Survived a Civil War. Can It Weather the Latest Financial Crisis?", *Los Angeles Times*, November 29, 2019, https://www. latimes. com/world - nation/story/2019 - 11 - 29/syria - latest - financial - crisis.
③ "Massive Power Outage in Daraa", *Enab Baladi*, December 20, 2019, https://english. enabbaladi. net/archives/2019/12/massive - power - outage - in - daraa/.
④ "Syrians Launch Symbolic 'One-Pound' Campaign to Lift Morale", *Asharq Al-Awsat*, January 24, 2020, https://aawsat. com/english/home/article/2097881/syrians - launch - symbolic - one - pound - campaign - lift - morale.
⑤ Hebaa Shehadeh, "Strategies to Strengthen Northern Syria's Economy Hindered by War", *Enab Baladi*, January 3, 2020, https://english. enabbaladi. net/archives/2020/01/strategies - to - stengthen - northern - syrias - economy - hindered - by - war.

财政危机，叙政府开始向国内走私者和货币投机者宣战。2019 年叙利亚政府发起向"腐败"宣战的运动，决定对一些商人实施金融惩罚、没收财产和限制金融等经济活动。2019 年 8 月，叙利亚总理伊马德·哈米斯指出，政府已经追回了官员和商人贪污款数十亿叙镑。2019 年初到 9 月底，财政部颁布了 538 项决定，没收了 10315 人的资产，收缴资金共计 18 亿叙利亚镑。① 12 月 17 日，法院对非法商人做出了扣押动产和不动产以防其逃税的决定，这些商人中包括巴沙尔总统的亲戚拉米·马克鲁夫（Rami Makhlouf）和其他四名商人。叙利亚政府开始对国内最富有的商人开刀，拉米·马克鲁夫被财政部指控走私货物，被责令支付 110 亿叙利亚镑（约合 1600 万英镑）的罚款。② 然而，这些反腐败努力未能恢复投资者对叙利亚经济的信心，叙利亚镑继续暴跌。③

此外，为筹集更多的经济重建资金，政府通过相关法案，要求叙利亚侨民向国家伸出援手。12 月 10 日，巴沙尔总统在接受意大利新闻频道"Rai News24"采访时发表了"脱籍税如何实现可持续的人类发展？"的声明，他表示将通过一项提高脱籍税的立法草案。脱籍税法案强调叙利亚重建需依靠叙利亚侨民的资金。法案要求叙利亚侨民每年缴纳 300 欧元（约合 30 万叙利亚镑）的脱籍税，"与侨民的年收入相比，这只是一个小数目"④。

为应对叙镑的快速贬值，政府采取措施，防止叙利亚镑全面崩溃。2019

① Mais Hamad, "What Is Behind 'Fighting Corruption' in Syria", *Enab Baladi*, January 14, 2020, https：//english. enabbaladi. net/archives/2020/01/what－is－behind－fighting－corruption－in－syria/.

② Josie Ensor, "Syria Begins Shakedown of Wealthiest Businessmen as War Debts Spiral", *The Telegraph*, December 25, 2019, https：//www. telegraph. co. uk/news/2019/12/25/syria－begins－shakedown－wealthiest－businessmen－war－debts－spiral/.

③ Rohan Advani, Walid Al Nofal, "Economic Crisis Looms as the Syrian Pound Plummets to an All-time Low", *Syria Direct*, November 26, 2019, https：//syriadirect. org/news/economic－crisis－looms－as－the－syrian－pound－plummets－to－an－all－time－low－4/.

④ "Baath Party Newspaper Proposes an Increase in Expatriate Tax on Syrians", *Enab Baladi*, December 13, 2019, https：//english. enabbaladi. net/archives/2019/12/baath－party－newspaper－proposes－an－increase－in－expatriate－tax－on－syrians/.

年9月下旬，叙利亚央行行长在大马士革喜来登酒店会见叙利亚商人，发出了一项支持叙利亚货币的倡议。该倡议要求商人将外币存入一个特殊账户，依据叙利亚央行设定的汇率，在一个月后收回相当于其存款价值的叙利亚镑。富商萨默·福兹（Samer Foz）宣布他将存入1000万美元，并建议其他商人每人提供500万到1000万美元。大马士革商会成员哈桑·阿兹库尔（Hassan Azqoul）称，该倡议成功地从叙利亚商人手中筹集了10亿美元。① 叙利亚总统巴沙尔颁发了一项打击货币投机活动的法令，规定禁止叙利亚人使用叙利亚镑以外的任何货币进行交易。② 根据该法令，政府关闭了几家从事美元交易的机构和兑换公司。③ 政府对外汇的管控，有助于稳定汇率，但不能改善人民的生活。9月29日，叙利亚部长会议官方网站发布一项声明，要求财政部发行国债，旨在对财政政策进行综合评估，为经济和服务部门的投资项目提供资金。④在10月1日举行的叙利亚部长会议上，叙政府宣布将发行国债供公众认购。国内外的叙利亚商人或特定国家，比如中国或俄罗斯购买叙利亚公共财政债券将不受任何限制。⑤ 此外，2019年叙政府批准了新的投资法草案，有助于优化投资环境，缩短行政流程。⑥

---

① Rohan Advani, Walid Al Nofal, "Economic Crisis Looms As the Syrian Pound Plummets to an All-time Low", *Syria Direct*, November 26, 2019, https：//syriadirect. org/news/economic - crisis - looms - as - the - syrian - pound - plummets - to - an - all - time - low - 4/.

② "To Fail the Economy Is to Fail the People", Reuters, January 19, 2020, https：// www. thenational. ae/opinion/editorial/to - fail - the - economy - is - to - fail - the - people - 1. 966388.

③ Mais Shtian, "Al-Assad's Decrees to Face 'Dollarization' ... Strict But Fragile", *Enab Baladi*, February 6, 2020, https：//english. enabbaladi. net/archives/2020/02/al - assads - decrees - to - face - dollarization - strict - but - fragile/.

④ "Syrian State Treasury To Undertake A Public Offering", *Enab Baladi*, October 3, 2019, https：//english. enabbaladi. net/archives/2019/10/syrian - state - treasury - to - undertake - a - public - offering/.

⑤ "Syrian State Treasury Bonds Offered for 'Selling'", *Enab Baladi*, October 10, 2019, https：// english. enabbaladi. net/archives/2019/10/syrian - state - treasury - bonds - offered - for - selling/.

⑥ Economist Intelligence Unit, Country Report：Syria, February 10, 2020, p. 6. http：// www. eiu. com.

第二,叙利亚政府逐步开展能源工业、公路交通、互联网等基础设施的建设,并举办国际博览会,加快经济重建的步伐。政府在西部逐步发展工业,在沿海地区如塔尔图斯兴建了工业区,使其成为企业家和商人的主要投资场所。恢复石油工业是叙利亚政府推动经济重建的关键举措。2019年2月,贸易和消费者保护部批准成立一家私人石油公司——马萨(Masa)石油公司,它由叙利亚投资者巴兹尔·乔治·哈斯瓦尼(Basil George Hasswani)所有,主要从事石油和天然气设施的建设以及石油产品的交易。4月,叙利亚贸易和消费者保护部授权成立了杰斯米(Jasmine)石油和天然气服务公司,叙利亚商人艾哈迈德·伊斯梅尔·马纳斯特利(Ahmad Ismael Manasterly)拥有该公司67%的股份,他还拥有专门从事经营石油和天然气站的哈拉什兄弟公司(Harash Bros. Company)33%的股份。① 12月8日,叙利亚人民议会通过一项成立两家经营炼油业务的私营公司的法案,即建立海岸炼油厂和鲁萨法炼油厂(Rusafa Refinery)。②

2019年8月,阿曼和阿联酋派代表参加了第61届大马士革国际博览会,表明阿拉伯国家逐渐加入了叙利亚经济重建进程。9月17日至21日,大马士革卫星城赛耶达·扎伊纳布(Sayyeda Zainab)举行了工业、农业和基础设施重建博览会,这是叙利亚第五届重建博览会,主题为"2019年重建叙利亚",来自31个国家约390家企业参展。③ 德国、西班牙和埃及参加

---

① "Establishment of Two Oil Companies with Iranian and Chinese Investment Contributions in Damascus", *Enab Baladi*, March 6, 2020, https://english. enabbaladi. net/archives/2020/03/establishment - of - two - oil - companies - with - iranian - and - chinese - investment - contributions - in - damascus/.

② "Al-Assad Approves Establishment of Two Oil Refineries Belonging to Syrian Businessman Placed on Sanction List", *Enab Baladi*, January 11, 2020, https://english. enabbaladi. net/archives/2020/01/al - assad - approves - establishment - of - two - oil - refineries - belonging - to - syrian - businessman - placed - on - sanction - list/.

③ Igor A. Matveev, "Syrian Reconstruction Expo Draws Russian Businesses", *Al-Monitor*, October 2, 2019, https://www. al - monitor. com/pulse/originals/2019/09/russia - syria - iran - investments - challenges. html.

了本届重建博览会。① 此次重建博览会的目标是稳步推进叙利亚经济重建的进程。

2019 年叙利亚逐步恢复公路、铁路等交通基础设施建设，为经济复苏创造条件。7 月，叙利亚政府宣布修订叙利亚道路的分类标准，17 条重新分类的道路包括阿勒颇、塔尔图斯和拉塔基亚之间延伸至霍姆斯东部乡村和南部地区的道路网络。12 月 29 日，叙利亚交通部长阿里·哈穆德（Ali Hammoud）称，已建成连接霍姆斯省哈斯亚市（Hassia）和塔尔图斯的诺巴德（Rubaida）村庄之间的高速公路。②

9 月，地中海沿岸拉塔基亚和大马士革北郊纳西里耶（Nasiriyeh）之间长达 310 公里的铁路线重新开通，交通基础设施的恢复将有助于促进经济复苏。③

2019 年政府逐渐恢复叙利亚南部德拉省的互联网和通信线路。12 月 2 日，德拉市电信部门主管艾哈迈德·哈里里（Ahmad al-Hariri）指出，叙利亚电信公司（Syrian Telecom Company）继续致力于修复塔布（al-Taiba）、穆斯法哈（al-Musayfirah）和纳斯比（Nasseb）等地的通信网络和网络基础设施，总费用为 4500 万叙利亚镑（约合 42857 美元）。④

第三，2019 年，国际社会对叙利亚经济重建给予更多的关注，虽然国际社会的援助有限，但为叙利亚赢得了经济复苏的良好外部环境。尽管一些国际组织已经宣布，除非达成政治过渡协议，否则不会参与叙利亚的重

① Oula A. Alrifai, "The 'Rebuild Syria' Exhibition: Iranian Influence and U. S. Sanctions", Washington Institute, September 17, 2019, https://www. washingtoninstitute. org/policy - analysis/view/the - rebuild - syria - exhibition - iranian - influence - and - u. s. - sanctions.

② "Syria. The First Toll Highway", *Enab Baladi*, January 1, 2020, https://english. enabbaladi. net/archives/2020/01/the - first - toll - road - in - syria/.

③ Economist Intelligence Unit, Country Report: Syria, February 10, 2020, p. 8. http://www. eiu. com.

④ "Gradual Return of Internet in Syria's Daraa: Electricity Hampers Continuation of Internet Coverage", *Enab Baladi*, January 15, 2020, https://english. enabbaladi. net/archives/2020/01/gradual - return - of - internet - in - syrias - daraa - electricity - hampers - continuation - of - internet - coverage.

建，但是一些欧洲公司已经开始参与这一过程。除了与朝鲜、韩国、马来西亚、科威特和阿联酋有关联的公司外，英国、法国、西班牙、比利时、希腊等国的公司也与叙利亚投资者建立了伙伴关系。① 随着叙利亚政府控制区安全形势的改善，海湾阿拉伯国家（阿联酋和巴林）积极参与经济重建，中国、印度、朝鲜等国与叙利亚也展开了基础设施投资方面的合作。2019年以来，中国向叙利亚多次提供人道主义援助。2019年3月，中国援助叙利亚1亿元人民币，6月中国向叙利亚政府援助了100辆公共交通巴士。② 10月，中国公司"中材苏州建设"赞助叙利亚水泥行业的商业论坛，并计划投资叙利亚市场。③ 2019年6月以来，一些海湾国家的公司在中断多年后重新向叙利亚投资。12月12日，3名科威特投资者在叙利亚建立了一家专门从事旅游、酒店服务和酒店投资的公司。④ 2019年6月，印度总理莫迪表示向叙利亚提供新的信贷，用于建设叙利亚住房、电力、纺织和食品等领域的重大项目。⑤ 12月11日，叙利亚－朝鲜联合经济委员会缔结了一项合作协定，涉及就业、劳工、农业和渔业等领域的合作。协定还指出双方在公共建设领域拥有共同利益，朝鲜公司将为叙利亚房地产投资、

① " 'Reconstruction' Might Lead to Further Human Rights Violations in Syria, Report Says", *Enab Baladi*, August 25, 2019, https://english.enabbaladi.net/archives/2019/08/reconstruction - might - lead - to - further - human - rights - violations - in - syria - report - says/.

② Mais Shtian, "Chinese Government Grants to War-torn Syria's. Ambitious Investments in Reconstruction Phase", *Enab Baladi*, March 12, 2020, https://english.enabbaladi.net/archives/2020/03/chinese - government - grants - to - war - torn - syria - ambitious - investments - in - reconstruction - phase.

③ Roie Yellinek, "Will China Rebuild Syria?", *BESA Center Perspectives Paper*, No. 1, 514, April 1, 2020, https://besacenter.org/perspectives - papers/will - china - rebuild - syria/.

④ "Three Kuwaiti Investors Started Company in Syria", *Enab Baladi*, December 14, 2019, https://english.enabbaladi.net/archives/2019/12/three - kuwaiti - investors - started - company - in - syria/.

⑤ Dipanjan Roy Chaudhury, "India, Syria to Hold Ministerial Meeting", *The Economic Times*, June 6, 2019, https://economictimes.indiatimes.com/news/politics - and - nation/india - syria - to - hold - ministerial - meeting/articleshow/69669640.cms? from = mdr.

基础设施设计和地震保护系统方面的重建提供帮助。①

伊朗、俄罗斯是叙利亚经济重建重要的外援国，但难以满足叙利亚的需要。2019年，叙利亚政府仍基本上依靠伊朗的信贷维持经济活动。伊朗对叙利亚长期项目进行投资，资金来源于叙利亚政府需在25年内偿还的数百亿美元信贷。② 伊朗与叙利亚已签署了大型基础设施建设协议，包括复兴叙利亚天然气田，在塔尔图斯建造一座价值4.5亿美元的发电厂，以及在霍姆斯附近建造一座价值10亿美元的炼油厂。伊朗还扩大与叙利亚汽车制造商萨帕（Saipa）公司的合作，该公司每年可生产1000辆汽车。③ 11月初，叙利亚电力部长穆罕默德·祖海尔·哈特利（Muhammad Zuhair Kharboutli）和伊朗电力部长雷扎·阿达坎尼亚（Reza Ardakanian）签署一项协议，协议涉及在叙利亚建设电力系统和电力设备。④

俄罗斯对叙利亚的资金投入较少，更多地关注叙利亚的经济资源。俄罗斯获取了叙利亚能源和矿业等资源，特别是控制着叙利亚磷酸盐工业。叙利亚政府授权俄罗斯斯特罗伊特兰加兹（Stroytransgaz）公司50年独家采掘磷酸盐权利，规定斯特罗伊特兰加兹公司获得所开采的全部磷酸盐的70%，叙利亚政府获得30%。⑤ 2019年4月，斯特罗伊特兰加兹公司获得开发位于帕尔米拉赫尼菲斯（Khnefes）磷矿的长期合同，获得了

① "North Korea Scales Up Trade with Syria", *Enab Baladi*, December 15, 2019, https://english. enabbaladi. net/archives/2019/12/north – korea – scales – up – trade – with – syria/.

② Oula A. Alrifai, "The 'Rebuild Syria' Exhibition: Iranian Influence and U. S. Sanctions", Washington Institute, September 17, 2019, https://www. washingtoninstitute. org/policy – analysis/view/the – rebuild – syria – exhibition – iranian – influence – and – u. s. – sanctions.

③ "Iran-Russia Rivalry for Syrian Economic Sway May Grow", *Oxford Analytica*, March 28, 2019, https://dailybrief. oxan. com/Analysis/DB242846/Iran – Russia – rivalry – for – Syrian – economic – sway – may – grow.

④ "Rivalry or Cooperation: Syrian Electricity Sector under Iran and Russia's Control", *Enab Baladi*, December 19, 2019, https://english. enabbaladi. net/archives/2019/12/rivalry – or – cooperation – syrian – electricity – sector – under – iran – and – russias – control.

⑤ "Iran-Russia Rivalry for Syrian Economic Sway May Grow", *Oxford Analytica*, March 28, 2019, https://dailybrief. oxan. com/Analysis/DB242846/Iran – Russia – rivalry – for – Syrian – economic – sway – may – grow.

霍姆斯附近的磷肥加工厂项目。[1] 俄罗斯还获得了在叙利亚开采和勘探石油资源的特许权。

三 经济重建的挑战

2019 年，叙利亚政府通过对内实施一系列促进经济复苏政策，推动各行业复苏，对外积极争取国际社会援助，为经济重建营造了良好的外部环境。但是经济重建仍面临严峻的挑战和风险，重建资金紧缺、经济区域分割化加剧、基础设施遭到破坏、人力资源匮乏、外部制裁等因素，使叙利亚经济重建举步维艰。

第一，经济重建资金紧缺，成为制约经济复苏的关键因素。根据联合国经济社会理事会统计的数据，叙利亚经济重建所需的资金总额为 4000 亿美元，[2] 2019 年叙利亚财政预算约 89 亿美元，而用于重建的资金仅 1.15 亿美元。[3] 因此，叙利亚政府无法承担如此大规模的经济重建的投资。叙利亚政府的主要支持方伊朗和俄罗斯经济疲软，无法提供巨大的重建资金，欧盟、美国及海湾国家不愿向巴沙尔总统的叙利亚政府提供重建资金，其他国家对叙利亚投资持谨慎态度。

第二，2019 年，叙利亚仍呈现战时经济形态，经济重建的地域分割化明显，严重制约了经济重建的一体化进程，是叙利亚经济顺利发展的严重障碍。2019 年，叙利亚经济仍分割为四大区域：一是叙利亚政府控制的南部、西部和中部经济区，二是土耳其资助和武装的反对派组织控制的阿勒颇北部

---

① Aron Lund, "From Cold War to Civil War: 75 Years of Russian-Syrian Relations", The Swedish Institute of International Affairs, July 2019, p. 43. https://www.ui.se/globalassets/ui.se-eng/publications/ui-publications/2019/ui-paper-no.-7-2019.pdf.

② Sharmila Devadas, Ibrahim Elbadawi, Norman V. Loayza, "Growth after War in Syria", World Bank Group, Policy Research Working Paper, August 2019, p. 3. http://documents.worldbank.org/curated/en/424551565105634645/pdf/Growth-after-War-in-Syria.pdf.

③ "Syrian Economy to Keep Growing on Piecemeal Foreign Investment", Fitch Solutions, November 20, 2019, https://www.fitchsolutions.com/country-risk-sovereigns/economics/syrian-economy-keep-growing-piecemeal-foreign-investment-20-11-2019.

经济区，三是美国支持的库尔德人主导的"叙利亚民主军"控制的东北部经济区，四是"国民解放阵线"和"解放沙姆阵线"控制的伊德利卜省。叙政府控制区和土耳其控制的阿勒颇地区已开展经济重建工作，经济状况逐渐改善，但随着叙利亚国家开始重建，国民经济复兴变得越发困难。土耳其通过开发控制区的经济资源，实现自上而下的"土耳其化"，如任命数千名在土耳其接受过培训并由土耳其政府每月支付工资的叙利亚官员；反对派组织建立的临时政府强迫居民使用具有土耳其特殊代码的新身份证，使用该身份证可以享受土耳其的卫生、教育等基本社会服务。① 2019 年 12 月，土耳其支持的反对派政治力量——叙利亚临时政府（Syrian Interim Government）负责人阿卜杜勒·拉赫曼·穆斯塔法（Abdul Rahman Mustafa）表示，"政府愿意向叙利亚北部市场注入面值分别为 5 里拉、10 里拉和 20 里拉的土耳其钞票"②。

第三，叙利亚基础设施遭到非常严重的破坏，人力资源损失惨重，经济复苏的人力和物力成本巨大，严重制约着经济复苏。基础设施损失严重，对叙利亚经济复苏产生长期影响。农业灌溉系统、天然气管道、输电网、道路、供水及电力系统严重受损，致使叙利亚人民面临严重的水资源和电力紧缺，造成工农业产值减少，叙利亚人民生活贫困。根据联合国的统计数据，2019 年由于供水中断和基础设施被破坏，70% 的叙利亚人无法正常获得安全的饮用水，约有 1550 万人需要水源和卫生设施，其中 620 万人急需帮助。③ 基础设施遭到破坏，进一步加剧了叙利亚民众的贫困。许多叙利亚人

① Erwin van Veen, Engin Yüksel, "Turkey in Northwestern Syria Rebuilding Empire at the Margins", CRU Policy Brief, Clingendael Netherlands Institute of International Relations, June 2019, p. 6. https：//www. clingendael. org/sites/default/files/2020 – 01/Policy _ Brief _ Turkey _ in _ Northwestern_ Syria. pdf.

② "Syrian Interim Government with Plan to Inject Turkish Banknotes in Rebel-controlled Areas", *Enab Baladi*, December 13, 2019, https：//english. enabbaladi. net/archives/2019/12/syrian – interim – government – with – plan – to – inject – turkish – banknotes – in – rebel – controlled – areas/.

③ "Main Water Station in Maarat al-Nu'man Out of Service", *Enab Baladi*, July 12, 2019, https：// english. enabbaladi. net/archives/2019/07/main – water – station – in – maarat – al – numan – out – of – service/.

将微薄收入的25%用于获取安全的饮用水。①2019年叙利亚有120万贫困人口生活在交通不便的地区，同时还面临严重的粮食紧缺危机。②

2019年，叙利亚国内仍有600多万人流离失所，绝大多数人难以满足基本生活需求，有1170万人需要人道主义援助。③根据联合国的统计数据，2019年12月1日以来，又有约68.91万叙利亚人流离失所。④ 根据联合国人道主义事务协调办公室的统计数据，2019年7月中东地区仍有560多万叙利亚难民。⑤ 2019年10月，联合国发布报告称，1月至9月有75501名难民"自发"返回叙利亚。⑥ 人数众多的国内流离失所者和少数难民的回归，导致叙利亚经济重建急需的熟练工人、教师、工程师和医生等极为缺失，叙利亚劳动力市场极度疲软。2019年，叙利亚的一些地区，90%的农业劳动力是女性。

第四，欧盟和美国的制裁，阻碍了国际社会对叙利亚的投资，并严重制约着叙利亚经济重建的进程。2019年1月21日，欧盟扩大了对叙利亚的制裁范围，有269名商人、69家机构和公司被列入制裁名单，他们被禁止进入欧盟，并被冻结在欧洲银行的个人资产。3月4日，叙利亚政府7名新部

① Jennifer Dathan, "The Reverberating Economic Effects of Explosive Weapon Use in Syria", *Action on Armed Violence*, February 6, 2019, https：//aoav. org. uk/2019/economic – effects – syria/.

② "Food Security and Conflict in Syria", 2019 Syrian Center for Policy Research, June 2019, p. 32, https：//www. wfp. org/publications/syria – food – security – analysis – march – 2020.

③ Heba Kanso, "9 Years in, 9 Things to Know about the Syrian Civil War", Thomson Reuters Foundation, March 20, 2019, https：//www. weforum. org/agenda/2019/03/nine – facts – about – syria – as – fresh – violence – marks – ninth – year – of – war.

④ Daniel Arukwe Johansen, "WFP Syria North-Western Syria Emergency Situation Report #12", *World Food Programme*, February 12, 2020, https：//docs. wfp. org/api/documents/WFP – 0000112561/download/? _ ga = 2. 68805201. 13278898. 1585905112 – 2043908514. 1585905112.

⑤ Anthony H. Cordesman, "Syria：Looking Beyond the Kurdish Crisis to Long Term Instability and a Near Certain Future of Civil Violence", Center for Strategic and International Studies, October 21, 2019, https：//www. csis. org/analysis/syria – looking – beyond – kurdish – crisis – long – term – instability – and – near – certain – future – civil.

⑥ Karin Leukefeld, "Another Kind of War：Unilateral Economic Sanctions Damage Syria", December 23, 2019, https：//www. workers. org/2019/12/45046/.

长被列入欧盟制裁名单。[①] 2019 年 2 月初,美国总统唐纳德·特朗普签署叙利亚制裁法案,即《凯撒叙利亚平民保护法》(Caesar Syria Civilian Protection Act),对与叙利亚政府做生意的机构和个人实施更多制裁和金融限制。[②] 之后,欧盟和美国对叙利亚及其盟友实施了更严厉的经济制裁,尤其是阻止伊朗向叙政府出口石油。[③] 7 月 4 日,英国在直布罗陀海域扣押了前往叙利亚的伊朗超级油轮"格蕾丝 1 号",称是为了对叙利亚政府实施经济制裁。[④] 因伊朗无法向叙利亚输送石油,叙政府只能依靠从黎巴嫩进口的数量有限的石油,[⑤] 导致外汇储备锐减、叙镑贬值和通货膨胀,整体上经济复苏更加艰难。

结 语

2019 年,叙利亚经济活动低迷,经济增速缓慢,农业产量有所下降,工业逐渐恢复,旅游业开始复苏,政府财政赤字严峻,外汇储备紧缺,叙镑严重贬值,失业率和通货膨胀率居高不下,叙利亚人民购买力低,大多数叙利亚人陷入贫困,总体经济形势较为严峻。

2019 年政府积极推动经济重建,但收效甚微,重建面临着外部制裁和

① "Isolation Strategy: Sanctions an EU – US Measure to Suffocate Assad", *Enab Baladi*, July 20, 2019, https://english.enabbaladi.net/archives/2019/07/isolation – strategy – sanctions – an – eu – us – measure – to – suffocate – assad/.

② "Cards for Fuel Distribution in Syria: Smart or Unintelligent Solution?", *Enab Baladi*, February 21, 2019, https://english.enabbaladi.net/archives/2019/02/cards – for – fuel – distribution – in – syria – smart – or – unintelligent – solution.

③ "Will Syrian Oil Revenues Contribute to Reconstruction?", *Enab Baladi*, December 26, 2019, https://english.enabbaladi.net/archives/2019/12/will – syrian – oil – revenues – contribute – to – reconstruction/.

④ "Western Sanctions Blocking Two Waterways from Iran to Syria", *Enab Baladi*, July 16, 2019, https://english.enabbaladi.net/archives/2019/07/western – sanctions – blocking – two – waterways – from – iran – to – syria/.

⑤ Rohan Advani, Walid Al Nofal, "Economic Crisis Looms as the Syrian Pound Plummets to an All-time Low", *Syria Direct*, November 26, 2019, https://syriadirect.org/news/economic – crisis – looms – as – the – syrian – pound – plummets – to – an – all – time – low – 4/.

内部经济驱动力不足等双重结构性问题，经济分割的区域化日益加强，重建所需的人力和物力基础损失严重，重建资金急缺，叙利亚经济重建前景黯淡。

总体而言，2019年是叙利亚经济重建开启的重要阶段，但重建异常艰辛。未来叙利亚经济复苏仍需要稳定的国内局势和国家的统一，更需要国际社会的援助。首先，叙利亚经济重建需要实现政治重建，建立一个统一、独立、主权完整、获得广泛认同的民族国家，才是经济复苏的基础。其次，叙利亚政府需要改变经济重建的区域分割化，恢复全国范围内的经济建设，建立公正和人民享有福祉的统一经济体系，这是经济实现复苏的根本保证。再次，叙利亚经济重建，不仅是经济发展问题，未来的经济重建将成为欧盟、美国与俄罗斯、伊朗争夺叙利亚控制力的关键砝码，亦即叙利亚经济重建将成为一个国际化的问题。最后，叙利亚经济复苏，需要一个长期的过程，而住房、医疗、交通、教育和社会保障等方面的重建是重中之重。

B.4

2019年叙利亚外交形势与外交政策分析[*]

陈利宽 马 帅^{**}

摘 要： 2019年是叙利亚外交形势发生重要变化的一年。俄罗斯和伊朗对于叙利亚巴沙尔政权的支持依旧坚定，但两国围绕叙利亚问题的分歧也开始显现。美国从叙北地区撤军，但仍保留一定的军事存在。土耳其通过进军叙利亚北部和维护伊德利卜叙利亚反对派，旨在打击库尔德人势力，提升本国在叙利亚的影响力。以色列对叙境内伊朗军事力量的打击依旧。叙利亚政府与阿盟的关系持续改善。总体而言，叙利亚的外交形势好转。外交形势出现有利变化的同时，叙利亚政府也实行更加独立自主和务实的外交政策。

关键词： 叙利亚 外交形势 美国 俄罗斯 土耳其

2019年，受战场形势影响，叙利亚外交形势发生重要变化。叙利亚政府在盟友的支持下完成对国家大部分地区的收复，极端势力和土耳其支持的反对派被压缩在伊德利卜狭长区域。叙政府还利用美国撤军和土耳其进军叙北的机会，完成对大部分库尔德人控制区的有效控制。在此形势下，叙利亚政府的外部敌对势力武力推翻巴沙尔政权的可能性已经丧失。在叙利亚问题

---

* 本文为延安大学2017年博士科研启动项目"大国在中东的霸权转移研究"（YDBK2017-30）的阶段性成果。

** 陈利宽，博士，延安大学历史系讲师，西北大学叙利亚研究中心特约研究员；马帅，南开大学历史学院博士研究生，西北大学叙利亚研究中心特约助理研究员。

上，俄进美退的态势更加明显，俄罗斯仍是影响叙局势最关键的国家，土耳其在叙北地区的影响力因美国撤军而提升，欧盟在叙利亚问题上发声日衰，伊朗对叙利亚局势的影响力依旧，以色列与伊朗在叙利亚的斗法仍在继续。叙利亚与阿盟关系持续改善，在阿拉伯世界被孤立的局面大为改观。

一 俄伊盟友的力挺与分歧

2019年，俄罗斯和伊朗继续给予叙利亚政府坚定支持。两国除了支持叙利亚政府军在战场上扩大胜果之外，还积极推进叙利亚政治和解进程。2019年8月，叙利亚政府军成功收复伊德利卜省东部城镇罕·谢洪（Khan Sheikhoun），并完全控制从大马士革到叙北地区的5号公路（又称M5公路），形成对土耳其军队在伊德利卜"缓冲区"观察站的分割包围态势。

2019年2月中旬，俄罗斯、伊朗、土耳其三方领导人在俄罗斯城市索契就叙利亚问题举行会晤，三方重申将坚定不移地维护叙利亚主权、独立、统一和领土完整。9月中旬，伊朗、俄罗斯和土耳其在哈萨克斯坦首都努尔苏丹举行的第14轮阿斯塔纳会谈中通过了关于叙利亚的联合声明。声明称："伊朗、俄罗斯和土耳其，作为阿斯塔纳进程的保证国，证实了其对叙利亚主权、独立、统一和领土完整的继续承诺。"三国强调了打击恐怖主义的必要性，并表示决心抵抗旨在破坏叙利亚主权和领土完整并威胁邻国国家安全的分裂计划。①

11月，巴沙尔政权与各反对派团体就"宪法委员会"的组成名单达成一致，但叙政府和反对派对于"宪法委员会"的未来都持怀疑态度。2019年12月10～11日，俄土伊三方在哈萨克斯坦首都举行叙利亚问题三方和谈。②

---

① "Russia China Can Collaborate to Resolve Syrian Crisis", Mehr News, December 18, 2019, https://en.mehrnews.com/news/153499/Russia－China－can－collaborate－to－resolve－Syrian－crisis－Chinese.

② "Astana Summit to be Held in Near Future", Mehr News, February 19, 2020, https://en.mehrnews.com/news/155801/Astana－summit－to－be－held－in－near－future－Zarif.

俄伊两国对叙利亚政府的经济援助也稳步推进。2019 年 4 月，俄罗斯和叙利亚领导人签署协议，俄方获得叙利亚塔尔图斯港口 49 年使用权。

2019 年 2 月，在巴沙尔访问伊朗期间，叙伊两国达成了一系列工业、军事和能源合作协议，包括建设发电厂、伊朗海军租用叙利亚拉塔基亚港口等。11 月 2 日，伊朗和叙利亚签署电力合作备忘录。伊朗帮助叙利亚建造发电厂、输电线路和减少电力浪费。① 11 月 12 日，叙利亚驻德黑兰大使阿德南·马哈茂德（Adnan Mahmoud）表示，大马士革愿意在战后重建时期与伊朗投资者进行合作。②

12 月 26 日，伊朗最高领袖高级顾问阿克·阿克维·维拉亚提（Ak Akve Velyati）的最高顾问强调："我们不同意外国人在叙利亚或任何其他地区国家建立安全区。"③ 29 日，伊朗国会议长拉里贾尼（Ali Larijani）说，伊朗伊斯兰共和国将支持叙利亚。31 日，伊朗外交部长高级助理阿里－阿斯加尔·哈吉（Ali-Asghar Khaji）率领伊朗代表团在大马士革与叙利亚副总理、外交和外侨大臣瓦利德·穆阿利姆（Walid al-Moallem）举行了会谈。④

2019 年，随着巴沙尔政权地位日益巩固，作为巴沙尔政权盟友的俄伊双方在叙利亚问题上的分歧也开始凸显。两国都寻求提升亲本国的叙利亚势力在叙政府的话语权。俄罗斯希望通过改造叙政府让亲俄人士进入叙核心部门。7 月，巴沙尔政府对叙利亚安全机构高层进行大规模人事调整，重新任命情报总局、空军情报局、刑事安全局、国家安全局和政治安全局五个核心部门的领导人。他们都与俄军方保持着密切的战略合作关系。8 月，叙"老

① "Iran, Syria Sign Electricity MoU", Mehr News, November 2, 2019, https：//en. mehrnews. com/news/151819/Iran－Syria－sign－electricity－MoU.

② "Syria Keen on Attracting Iranian Investors to Reconstruction Projects", Mehr News, November 12, 2019, https：//en. mehrnews. com/news/152192/Syria－keen－on－attracting－Iranian－investors－to－reconstruction.

③ "Iran Against Establishment of Safe Zones in Regional Countries", Mehr News, December 26, 2019, https：//en. mehrnews. com/news/153781/Iran－against－establishment－of－Safe－Zones－in－regional－countries.

④ "Iranian, Syrian Deputy FMs Meet", Mehr News, December 31, 2019, https：//en. mehrnews. com/news/153952/Iranian－Syrian－deputy－FMs－meet.

虎部队"更名为第25特战师，隶属于国防部。该师核心领导层都是亲俄人士，将该部队纳入国家核心编制符合俄罗斯的利益。伊朗则试图将亲本国的叙利亚什叶派民兵组织纳入叙国家机构，配置亲伊朗势力。

俄将叙利亚视为重返中东的战略支点，想借助叙利亚问题提高自身影响力，需要协调各方利益。而伊朗寻求通过强化在叙利亚的存在，提升与以色列、沙特和美国对抗的能力。伊朗和以色列在叙利亚的冲突不利于俄罗斯充当中东地区调解人的战略需求。

此外，两国都希望在叙利亚经济重建中收获红利，因而不可避免地出现分歧和冲突。[1] 但在巴沙尔政权没有得到彻底巩固、敌对势力仍存的情况下，俄伊两国在叙利亚问题上仍将以合作为主。

二 敌对阵营的退缩与调整

2019年，曾经敌视巴沙尔政权的美国、土耳其和欧盟都不再寻求通过武力实现叙利亚政权更替。以色列继续通过打击伊朗在叙利亚的军事存在介入叙利亚问题。

（一）美国在撤军问题上的拖延与反复

美国难以实现推翻巴沙尔政权的图谋，但并没有放弃敌视巴沙尔政权的政策。3月25日，美国总统特朗普宣布正式承认以色列对戈兰高地的"主权"。特朗普表示："以色列国于1967年控制了戈兰高地，以保护其安全免受外部威胁。今天，伊朗和叙利亚南部包括真主党在内的恐怖组织的侵略行径继续使戈兰高地成为攻击以色列的潜在发射场。该地区未来可能达成的任何和平协议都必须说明以色列保护自己免受叙利亚和其他区域威胁的需要。因此，根据这些独特的情况，应该承认以色列对戈兰高地的主权。现在，据

---

[1] 李莹莹：《俄罗斯伊朗在叙分歧日渐凸显，地区局势添新变数》，中国网，2019年12月3日，http://opinion.china.com.cn/opinion_39_215639.html。

此，我本人，美利坚合众国总统唐纳德·特朗普，凭借宪法和美国法律赋予我的权力，特此声明，美国承认戈兰高地是以色列国的一部分。"①

2018 年 12 月，特朗普突然宣布从叙利亚撤军，此举在美国国内引起很大反响。多数政界、军界人士反对美国从叙利亚北部撤军。2019 年 2 月 4 日，美方从伊拉克向叙利亚境内库尔德武装控制的地区调派大量运输装甲车和搭载发电机的卡车。21 日，白宫方面发言人莎拉·桑德斯（Sarah Elizabeth Huckabee Sanders）发表声明："一个大约 200 人的小规模维持和平团将在叙利亚留驻一段时间。"3 月 5 日，美国参议院以 77 票赞成、23 票反对的压倒性优势通过了一项关于美国中东政策的法案，其中包括反对美国从叙北地区和阿富汗撤军。这些显示了美国在叙利亚问题上的犹豫。美国国内担心从叙利亚北部撤军将导致俄罗斯、土耳其和伊朗等国在该地区做大，抛弃盟友叙利亚库尔德人也有损美国的国际形象和国际声誉。10 月，美国突然宣布从叙利亚北部撤军，土耳其大举开进叙利亚库尔德区，在国际社会引起巨大反响。在国内反对下，美国政府又重新驻军叙利亚，宣称要保障叙利亚东部石油产区的安全。特朗普政府在叙利亚撤军问题上的反复，不仅透支了国家信誉，而且给叙利亚局势增添了极大的不确定性。

（二）土耳其软硬兼施，提升在叙利亚的影响力

2019 年，土耳其以军事介入和促和相结合的手法持续扩大在叙利亚北部地区的影响力。

3 月地方政府选举的失利，加之本国经济的持续低迷，推动正义与发展党政府通过干预叙利亚事务来提升民众支持率。8 月，土耳其和美国就在叙利亚北部建立安全区问题达成一致。9 月 8 日，双方实现在叙利亚北部的联合巡逻。10 月，在美国宣布从叙北撤军后，土耳其开始向叙利亚库

---

① "Proclamation on Recognizing the Golan Heights as Part of the State of Israel", The White House, March 25, 2019, https: //www. whitehouse. gov/presidential - actions/proclamation - recognizing - golan - heights - part - state - israel/.

尔德人居住区发动大规模攻势，其目的在于扫清叙利亚与土耳其边境地区叙利亚库尔德人的力量，建立由土方主导的"缓冲区"。[①] 土耳其的军事行动极大地威胁了叙利亚局势的稳定，给叙利亚问题的未来发展带来了新的不确定性。

叙利亚政府将土耳其支持的叙利亚反政府武装视为"恐怖分子"，将土耳其在叙利亚伊德利卜和库尔德人居住区的军事存在视为非法入侵。在俄方劝说下，10月底，土耳其宣布停止在叙北的军事行动，俄罗斯则保证促成叙利亚库尔德武装撤离土耳其与叙利亚边境地区，并且建立由俄叙两军共同组成的"联合巡逻队"，避免土耳其在叙利亚军事行动所导致的局势升级。2019年底，在盟友的支持下，叙利亚政府军已完成对伊德利卜的包围。

除了在叙北地区使用武力之外，土耳其也通过积极参与叙利亚和平进程提升本国在叙利亚问题上的影响力。2019年2月14日，土俄伊三国领导人在索契就叙利亚问题举行会晤，重申将坚定不移地维护叙利亚主权和领土完整。9月中旬，土耳其参与在哈萨克斯坦首都努尔苏丹举行的第14轮阿斯塔纳会谈，三国通过了关于叙利亚问题的联合声明。声明称要维护叙利亚主权、独立、统一和领土完整，拒绝所有非法自治计划，并表示决心抵制任何旨在破坏叙方主权和领土完整，并威胁叙利亚邻国国家安全的分裂计划。

（三）欧盟在叙利亚问题上的影响力式微

2019年，欧盟不承认巴沙尔政权，但也试图提升其在叙利亚问题上的发言权。7月，英国的直布罗陀政府宣布扣押向叙利亚运送石油的伊朗超级油轮"格蕾丝1号"，声称该油轮违反了欧盟制裁规定。

欧盟和联合国于2019年3月12日至14日共同在布鲁塞尔召开第三届

---

① 王晋：《盟友还是对手？俄罗斯与伊朗、土耳其在叙利亚问题上的关切与挑战》，《俄罗斯研究》2020年第1期，第51页。

支持叙利亚和该地区未来的会议。会议旨在支持联合国领导的政治和解进程、动员国际社会为叙利亚人提供财政支持，以便在叙利亚国内和叙周边国家为叙利亚难民提供人道主义援助。① 欧盟在 10 月 7 日敦促土耳其维护叙利亚的领土完整。② 德国防长安妮格雷特·克兰普 - 卡伦鲍尔（Annegret Kramp-Karrenbauer）呼吁，欧盟应组建一支数万人规模的联合部队，进入叙利亚东北部，不能只让俄罗斯和土耳其主宰当地局势。时任欧洲理事会主席图斯克在 10 月 11 日对土耳其在叙利亚北部开展的军事行动进行谴责。欧盟成员国于 10 月 14 日一致谴责土耳其在叙利亚的军事行动。欧盟在叙利亚难民问题上持续发挥影响力。2019 年 12 月 5 日，欧盟宣布追加近 3 亿欧元资金用于援助涌入黎巴嫩和约旦的叙利亚难民。据欧盟委员会当日发布的公告，通过欧盟应对叙利亚危机的区域信托基金，欧盟将向约旦和黎巴嫩提供总值为 2.97 亿欧元的一揽子援助，用于支持两国应对本国的叙利亚难民问题。③

但内外交困的欧盟难以在叙利亚问题上产生太大的影响力。

（四）以色列继续入侵叙利亚

2019 年，以色列和叙利亚在换俘问题上达成谅解。4 月，叙以双方签署换俘协议。以色列将鲍梅尔遗体从叙利亚运回以色列后，曾释放两名叙利亚囚犯。但以色列对打击伊朗在叙利亚军事力量趋于常态化。

1 月 28 日，以色列战机空袭叙利亚境内的军事目标，造成 11 人死亡。3 月 28 日凌晨，以色列再次对叙利亚展开导弹袭击。5 月 27 日，以色列对

① "Supporting the Future of Syria and the Region—Brussels Ⅲ Conference", Consilium, March 12 - 14, 2019, https：//www. consilium. europa. eu/en/meetings/international – ministerial – meetings/2019/03/12 – 14/.

② "Declaration by the High Representative on Behalf of the EU on Recent Developments in North-east Syria", Consilium, October 9, 2019, https：//www. consilium. europa. eu/en/press/press – releases/2019/10/09/declaration – by – the – high – representative – on – behalf – of – the – eu – on – recent – developments – in – north – east – syria/.

③ 戴尚昀：《应对叙利亚乱局，欧盟有心无力》，人民日报海外网，2019 年 10 月 12 日，https：//baijiahao. baidu. com/s? id = 1647177721290608534&wfr = spider&for = pc。

叙利亚库奈特拉省的防空阵地发动导弹袭击。[1] 6月2日,以色列对叙利亚境内的多个军事据点发动数次空袭,导致多人伤亡。8月24日,大马士革周边地区遭到以色列的导弹袭击。11月20日凌晨,以色列战机又对叙利亚首都大马士革周边地区进行空袭,以打击以方认为的叙境内伊朗军事目标,空袭造成11人死亡。[2] 而叙利亚政府和伊朗仍然坚持否认伊朗在叙利亚南部部署军队,强烈谴责以色列的空袭行为。

三 阿盟国家持续示好叙利亚

自2011年叙利亚危机爆发以来,阿拉伯国家在对待叙利亚问题上出现了较大分歧,大部分阿拉伯国家与叙利亚政府关系紧张并恶化。2011年11月,在沙特和其他海湾国家主导下,阿盟暂停叙利亚的成员国资格,一些阿盟国家接连宣布与叙利亚断交。

从2018年起,一些阿盟国家与叙利亚的关系开始改善。2019年,更多的阿拉伯国家释放出善意的信号。1月18日,阿拉伯国家在贝鲁特召开第四届阿拉伯经济峰会的首场外长会,黎巴嫩外长巴西勒在会上呼吁让叙利亚"重返阿盟",他对叙利亚方面未能出席本次峰会表示遗憾。他表示,叙方应尽快回到阿盟的"怀抱",否则叙利亚就有可能"被推向恐怖主义那一边"。他还呼吁各方摒弃分歧,支持恢复叙利亚的阿盟成员国身份。1月26日,突尼斯外交大臣赫米斯·杰那奥维(Khemaies Jhinaoui)呼吁阿盟恢复叙利亚的成员国资格,称阿盟的"自然地带"应包括22个成员。[3]

2月8日,阿拉伯国家联盟秘书长艾哈迈德·阿布·盖特(Ahmed

---

① "Israel Says Attacked Anti-Aircraft Position in Syria, Casualties Reported", Sputnik News, May 27, 2019, https://sputniknews.com/middleeast/201905271075394919 – israel – syria – strike/.

② "Israel Strikes in Syria Hit Iran Military Targets after Rocket Attacks Today", CBS News, November 20, 2019, https://www.cbsnews.com/news/israel – syria – strikes – hit – iran – military – targets – after – rocket – attacks – today – 2019 – 11 – 20/? intcid = CNI – 00 – 10aaa3b.

③ "Arab League Chief to Visit Beirut for Talks on Syria's Return to Bloc", February 8, 2019, https://www.globalsecurity.org/wmd//library/news/syria/2019/syria – 190208 – presstv02.htm.

Aboul Gheit）表示将对黎巴嫩进行正式访问，并与黎巴嫩政府高级官员讨论恢复叙利亚在该区域组织中的成员资格问题。叙利亚外交部副部长费萨尔·梅克达（Faisal Mekdad）表示，叙利亚将最终重返阿拉伯国家联盟，并强调大马士革政府将永远不会屈服于勒索或接受恢复其该区域组织成员资格的条件。①

2月28日，突尼斯总统府新闻发言人赛义德·卡拉什（Said Karash）对媒体表示，在刚刚结束的阿盟－欧盟峰会上，相关国家已经讨论过叙利亚重返阿盟的问题，在即将于3月底召开的阿盟峰会上将讨论叙利亚重返阿盟问题。②

2019年3月3日，叙利亚人民议会议长哈穆达·优素福·萨巴格（Hamuda Yusuf Sabbagh）到安曼参加阿拉伯各国议会联盟第29次会议，这是内战以来叙利亚首次参加阿拉伯国家的会议。3月31日，第30届阿盟峰会现场为叙利亚预留了一个座位，这是叙总统巴沙尔·阿萨德重新被接纳的另一个迹象。有分析人士认为，叙利亚回归阿盟是大势所趋，目前剩下的"只是时间问题"。突尼斯外交大臣赫米斯在接受阿拉伯媒体采访时表示，阿拉伯国家领导人将在合适的时机重新讨论这个问题，对形势进行评估。他说："叙利亚在阿拉伯世界有特殊地位，总有一天它必将回到它本来的位置。"在此次阿盟峰会上，阿拉伯国家在戈兰高地问题上支持叙利亚。沙特表示坚决反对任何侵犯叙利亚对戈兰高地主权的行为，强调政治解决叙利亚危机的重要性。突尼斯、科威特、约旦、埃及和巴勒斯坦也表达相同的立场。阿盟秘书长盖特在峰会上表示，美国有关戈兰高地的言行，违背了国际法和国际惯例，是阿拉伯国家所不能接受的。③

3月6日，科威特副首相兼外交大臣萨巴赫与到访的俄罗斯外长拉夫罗

---

① "Arab League Chief to Visit Beirut for Talks on Syria's Return to Bloc", February 8, 2019, https://www.globalsecurity.org/wmd//library/news/syria/2019/syria - 190208 - presstv02. htm.

② 黄灵、马迪：《阿盟峰会将讨论叙利亚重返阿盟问题》，光明网，2019年2月28日，http://world.gmw.cn/2019 - 02/28/content_ 32578902. htm.

③ 《阿盟峰会聚焦戈兰高地主权纷争》，央视网，2019年4月1日，http://tv.cctv.com/2019/04/01/VIDEvzvON0XwVb0XGGO i7e4o190401. shtml。

夫在举行会面后的新闻发布会上说，如果叙利亚能够重返阿盟，科威特将十分欢迎。①

8月，叙利亚和阿盟之间和解的趋势越发明显。包括阿联酋、埃及、黎巴嫩、伊拉克、突尼斯以及苏丹、巴林、阿尔及利亚在内的八个阿拉伯国家联盟成员国，已经同意有关叙利亚重新加入阿拉伯国家联盟的提案，向叙利亚政府投去橄榄枝。同时，有关叙利亚阿盟成员资格的解冻事项也开始逐步运行，各国驻叙利亚大使馆也将进入重开阶段。9月30日，伊拉克和叙利亚重开边境口岸，双边关系得到进一步改善。

10月9日，土耳其宣布出兵叙北地区。阿盟秘书长盖特在一份声明中表示，土方的入侵行为是对叙利亚领土主权的公然践踏，此举可能危及叙利亚北部和东部局势，甚至可能导致极端组织达伊沙死灰复燃。12日，阿盟秘书长盖特在阿拉伯国家外交部长会议上抨击土耳其在叙利亚东北部的军事行动是"对阿拉伯国家领土的侵犯和对其主权的侵犯"。沙特外交大臣阿德尔·朱拜尔（Adel Al-Jubeir）谴责土耳其的入侵，并敦促国际社会立即采取行动制止土耳其的入侵。阿联酋和伊拉克同样谴责土耳其入侵叙利亚北部的行动。②

但以沙特为首的部分阿拉伯国家反对叙利亚政府的立场尚未改变。2019年3月4日，沙特官方表示现在讨论沙特恢复与叙利亚的外交关系、叙利亚重返阿拉伯国家联盟等事宜"为时尚早"。③沙特仍拒绝承认巴沙尔政权的合法性。6月，沙特阿拉伯海湾事务部部长塔米尔·萨班（Thamer al-Sabhan）访问了叙利亚东部，并会见了当地的库尔德人代表，表示支持库尔德人领导的"叙利亚民主军"。④

---

① 《科威特外长：如果叙利亚重返阿盟将表示欢迎》，新华网，2019年3月7日，http://www.xinhuanet.com/photo/2019-03/07/c_1124204059.htm。

② "Turkish Attack in Syria Condemned As 'Invasion of an Arab State's Land'", Arabnews, October 12, 2019, https://www.arabnews.com/node/1567876/middle-east.

③ 《沙特不赞成？叙利亚重返阿盟添变数》，环球网，2019年3月6日，https://world.huanqiu.com/article/9CaKrnKiKyu。

④ "The Muted Arab Attempt to Restore Influence in Syria", Responsible Statecraft, March 21, 2019, https://responsiblestatecraft.org/2020/03/21/the-muted-arab-attempt-to-restore-influence-in-syria/.

四　2019年叙利亚的外交政策

2019年，叙利亚政府军在战场上继续高歌猛进，在叙利亚北部和伊德利卜地区取得有利态势。叙政府将伊德利卜之战视为完成国家统一的最后一战。外交环境不断改善的同时，叙利亚政府也实行更加独立自主和务实的外交政策。

首先，继续保持与俄伊盟友的友好合作，同时对敌对势力充满警惕。叙利亚政府部门公开赞扬和感谢俄罗斯、伊朗两国对其在反恐、平叛、抵制外部敌对势力干预以及推进叙利亚和平进程等事务上的支持与援助。表示在战后重建方面，叙利亚优先选择与俄罗斯和伊朗两个盟友进行合作。

同时，叙利亚政府谴责外部敌对势力对叙利亚内政的干预。叙利亚政府继续谴责美国、法国、英国等西方国家以及土耳其和以色列等对本国的侵略行径。认为这些国家支持本国的恐怖分子，同时非法在叙利亚境内活动。叙政府强烈谴责美国在有关戈兰高地问题上的表态和做法，还谴责欧盟在叙利亚难民问题上不负责任的行为。叙利亚外交部表示，伊朗在叙利亚的存在是合法的，是应叙政府邀请来帮助打击恐怖主义的。阿盟紧急峰会应当去谴责那些非法干涉叙利亚事务的国家，正是这些国家为叙利亚的恐怖分子提供支持，延长了叙利亚危机。①

其次，叙利亚政府在一些具体问题上显示了外交政策的务实性。在"宪法委员会"问题上，2018年叙利亚对俄罗斯和联合国叙利亚问题特使提出的"宪法委员会"持保留态度，叙政府认为在2012年由政府制定的宪法代表了叙利亚全国人民的意志和共识，没有制定新宪法的必要。叙政府还在成立"宪法委员会"的问题上委婉抵制俄罗斯和联合国的主张。而到2019年9月23日，叙利亚政府和反对派就宪法委员会权限和核

---

① 《叙外交部：反对阿盟峰会关于伊朗干涉叙利亚的声明》，环球网，2019年6月1日，https://world.huanqiu.com/article/9CaKrnKkMHp。

心程序规则达成协议。此举体现了叙政府在政治和解问题上的务实性，不再一味坚持原来的立场。在土耳其出兵叙北问题上，叙利亚政府明确表示要解放全境。巴沙尔表示叙利亚的最终目标是在美国突然撤军和土耳其对库尔德人发动进攻之后恢复对库尔德人控制的东北部地区的国家秩序。但在具体策略上，叙政府表示对于全国的掌控要采取渐进的方式，区分长期目标和战术目标。①

结　语

2019 年是叙利亚外交形势发生重要变化的一年。俄罗斯和伊朗继续给予巴沙尔政权强有力的支持，尽管两国在未来叙利亚政府权力格局塑造、叙利亚战略诉求和经济利益等方面的分歧开始显现，但是两国在叙利亚的共同利益远远大于分歧。

土耳其利用美国撤军的有利时机基本实现了在叙北地区打造"和平走廊"的利益诉求，同时强化了对伊德利卜叙利亚反对派的支持。但这无疑加剧了叙利亚问题的复杂性和不确定性。美国选择从叙利亚撤军，对本国的国际形象和国家信誉造成损害。美国选择在叙北地区保留一定的军事存在，表明美国国内在叙利亚问题上矛盾、分歧和政策的摇摆，更显示了在叙利亚问题上"俄进美退"的态势。欧盟尽管试图在叙利亚展示其存在感，但内外交困使其在叙利亚问题上难以发出大的声音。以色列持续打击伊朗在叙利亚的军事力量，但是难以改变叙利亚问题的基本格局。阿盟国家加快向叙利亚巴沙尔政权释放善意和改善关系，表明叙利亚在阿拉伯世界地位的提升，叙利亚的外部安全环境得到较大改善。

2019 年，叙利亚外交也表现出更加独立自主的倾向，在一些问题上展示出理性和务实。叙利亚继续保持与俄伊盟友的友好合作，对西方国家、以

---

① "Bashar Assad Criticizes EU Countries for Hypocrisy", Mehr News, November 9, 2019, https：//en. mehrnews. com/news/152063/Bashar－Assad－criticizes－EU－countries－for－hypocrisy.

色列和土耳其等敌对国家及势力继续保持警惕。叙利亚政府还在"宪法委员会"问题、维护主权和领土完整等问题上采取务实态度。但总体而言，对于遭受长期战火摧残、需要盟友支持才能维持生存的叙利亚政府来说，外部力量将影响未来局势的变化。

专题报告

Special Reports

B.5

叙利亚军事现代化与
2011年后的军事斗争

张景超　郭磊*

摘　要： 经过半个多世纪的发展，叙利亚初步建立起现代化军事力量，
基本上完成了军队的机械化改造。但是多年的内战，极大地
削弱了叙利亚政府军的战斗力，也中断了叙利亚军队的现代
化进程。回顾叙军作战历程，如何科学地建设现代化军队、
有效地提升战斗能力、真正解决军队建设的现代化问题，已
然成为叙利亚国家重建的重大挑战。

关键词： 叙利亚　军事现代化　军事装备

---

* 张景超，西北大学叙利亚研究中心硕士研究生；郭磊，博士研究生，西安财经大学马克思主
义学院讲师，研究方向为叙利亚古代史。

叙利亚是中东地区军事较为发达的国家之一，建立了较为成熟的陆、海、空三军体制，并且积极谋求战略部队的发展。内战前，在与以色列的军事对峙中，叙利亚武器装备水平迅速提升，坦克和飞机数量已居中东国家前列。但是，世界军火力量网资料显示，2019 年底叙利亚"全球军力"（Global Firepower）在 138 个国家中居第 55 位，它的"战力指数"（Power Index）为 0.8241（0.0000 是完美）。[①] 叙利亚军队虽然进行了一定程度的信息化改造，但其主体力量依旧处于机械化时代，再多的武器数量也弥补不了军事的"发展代差"。军事现代化问题已然成为叙利亚军队建设的"阿喀琉斯之踵"。

一 叙利亚军事现代化的历程

叙利亚军事现代化进程，受到英法、苏联/俄罗斯的长期影响。1948 年9 月，叙利亚军队正式成立。1948 年至今，叙利亚军事建设可以分为以下三个阶段：准备阶段（1946～1970 年）、初始阶段（1971～1991 年）、发展阶段（1992 年至今）。

（一）叙利亚军事现代化准备阶段

在这一时期，叙利亚军事建设具有以下一些特征。

首先，叙利亚初步完成了海陆空三军建制。建国初期，叙利亚国力有限，军队建设依赖英法的援助，战斗力水平低下。1946 年 8 月 1 日叙利亚军队（陆军）正式成立，军队人数约为 5000 人，宪兵队约为 3500 人，其中大多数军人具有农村背景和少数民族血统，主要是来自阿拉维派、德鲁兹派、库尔德人和切尔克斯人等族群的青年，并在英国顾问的指导下进行编组与训练。[②]

① "2020 Syria Military Strength", GFP, https：//www. globalfirepower. com/country – military – strength – detail. asp? country_ id = syria.

② Louis R. Mortimer, *Syria*, *A Country Study*, Washington D. C. ：Federal Research Division, 2018, p. 147.

1948 年，叙利亚陆军总兵力为 7000～8000 人，主力部队为两个步兵旅。1946 年 10 月 16 日叙利亚空军正式建立，飞机为老式轰炸机和教练机，共计 23 架，飞行员大多毕业于英国飞行学校。① 1950 年 8 月 26 日叙利亚海军正式建立，主要以法国海军遗留的几艘小艇为基础组建而成。

其次，叙利亚开始接受苏联的军事援助。从 1956 年开始，叙利亚接受苏联的军事援助。在苏联的帮助下，叙利亚军事力量迅速增强，装备水平不断提升。到 1967 年，叙利亚军队已经装备了先进的 T - 62 主战坦克，以及米格 - 21 等型号的现代化战机。1967 年第三次中东战争前，叙利亚总兵力已达 6.3 万人，配备大量先进的军事装备（见表 1）。

表 1　1967 年叙利亚空军力量

机种	数量
米格 - 15、米格 - 17(4 个中队)	100
米格 - 21(2 个中队)	36
伊尔 - Ⅱ28(1 个中队)	6
伊尔 - Ⅱ14	10
C - 47	6
米格 - 1	4
米格 - 4	10
合计	172

资料来源：〔日〕田上四郎：《中东战争全史》，军事科学院外国军事研究部译，解放军出版社，1985，第 105 页。

第三，叙利亚军事院校体系日益完备。随着军队的发展，叙利亚军事教育体系也逐步建立起来。霍姆斯军事学院是叙利亚历史最悠久的军事学院，1933 年由法国人帮助建立，最初是一所训练步兵军官的学校。20 世纪 50 年代开始，在苏联的帮助下，叙利亚先后建立了阿勒颇空军学院（1953 年）、参谋指挥学院（1958 年）、拉塔基亚海军学院（1963 年）。其中参谋指挥学

---

① Louis R. Mortimer, *Syria*, *A Country Study*, Washington D. C. : Federal Research Division, 2018, p. 161.

院为叙最高军事学府，负责现役军官的培训，并设有高级将领进修班等。其余两所院校招收高中毕业生，阿勒颇空军学院主要负责飞行员的理论培训和技术指导；拉塔基亚海军学院是叙利亚海军军官的摇篮。

但是，1948 年独立后叙利亚国内政治变动频繁，军事院校教育也受到冲击。在日常教学中，政治理念教育往往高于军事素质培养，一定程度上影响了叙利亚军官军事能力的培养与提升。此外，由于受到多国军事学说的影响，叙利亚军事理论与理念也分为多个流派。但是总体而言，自 1963 年之后，苏联军队的训练和理念已经深深印刻于叙利亚军队之中。[1]

（二）叙利亚军事现代化初始阶段

三军体制的开启、军事院校的建立和先进军事装备的引进，只是叙利亚军事现代化建设的第一步。军事现代化的真正开启则需要独立的军事工业、科学的军事编组和现代化的治军理念。1970 年之后，随着哈菲兹·阿萨德（Hafiz Assad）上台并多次访问莫斯科，叙苏两国进入"蜜月期"，叙利亚军事现代化在苏联援助下全面启动，主要表现为军工厂的建立和现代化军事体制的改革。

首先，叙利亚并不具备独立发展军事工业的经济条件与科技实力，大多数军工企业在域外国家的援助下建立。同时，军工厂的出现也标志着叙利亚军事现代化进入新阶段（见表2）。

表2　20 世纪 80 ~ 90 年代叙利亚主要军工厂

名称	时间	地址	用途	援助国
791 厂（枪厂）	1984 年	萨菲拉	年产 10 万发（115 毫米和 125 毫米口径坦克炮弹，122 毫米和 130 毫米口径榴弹）	苏联
790 厂（炮弹厂）	20 世纪 70 年代	哈马	12.7 毫米口径高射机枪	中国

---

[1] Louis R. Mortimer, *Syria*, *A Country Study*, Washington D. C.：Federal Research Division, 2018, p. 152.

名称	时间	地址	用途	援助国
794厂（炮厂）	1984年	米斯亚夫	130毫米口径榴弹炮	朝鲜
798厂（手榴弹厂）		拉塔基亚	40毫米口径火箭弹头	联邦德国、奥地利
804厂	1996年	萨菲拉	年产10万具防毒面具	中国
坦克组装厂	20世纪90年代	米斯亚夫	组装并维修保养T-72坦克	斯洛伐克

资料来源：时延春：《大使眼中的叙利亚》，世界知识出版社，2014，第244页。

但是，叙军工厂主要生产基础性的枪支弹药，就产品和产能而言无法满足叙利亚军队的正常运转，枪支弹药、武器装备仍然需要大量进口。同时，由于缺乏高新技术的支撑，叙利亚难以生产出匹敌邻国的武器装备。总体来说，叙利亚政府仍然在解决军备"从无到有"的问题，军事现代化依旧处于初级发展阶段。

其次，在建立军事工业的同时，叙利亚军队也进行了调整。

第一，组建战略部队。叙军战略部队主要由导弹部队和生化部队构成。20世纪80年代，叙利亚重组了战略部队。一方面，叙军重建了位于阿勒颇的司令部，其下辖3个导弹旅，每个旅由数量不等的装备移动式运输发射车（TEL）的导弹营组成。[1] 另一方面，新建了3处试验中心，分别位于大马士革、霍姆斯和阿勒颇。战略部队的建立，提升了叙利亚军队的威慑力。

第二，改革军队编制。为适应现代战争的需要，叙利亚改革军队编制。首先，组建陆军精锐部队——共和国卫队和抵抗旅，并将其部署在大马士革周围以保卫总统安全。其次，组建特种部队。1972年"十月战争"之后，叙政府给予特种部队高度重视。在大马士革附近建立特种作战部队指挥部，并在边境地区组建第14特种部队师，下辖第1、第2、第3、第4特种作战团。组建专门的反恐部队，承担反恐任务。最后，重组防空部队。1982年

---

[1] 程松：《锻造大马士革弯刀——西方军事观察家眼中的叙利亚国防报告》，《国际展望》2004年第4期，第38页。

以后，在苏联的帮助下，叙利亚建立了3个联合防空中心，装备了新型的防空雷达和火控系统，提升了防空军队的战斗力。[①]

第三，提升现代化军事理念。叙利亚新建了一批军事院校，包括阿萨德军事工程学院、军事外语学院、预备军官学校，提升官兵素质。建立叙利亚军事研究中心，翻译各国军事著作和论文，介绍现代军事科学研究成果，开拓官兵的现代化视野。另外，重视政治思想工作，成立叙利亚军队政治部，接受总司令部和复兴党总部双重领导，提升部队的凝聚力和战斗力。

（三）叙利亚军事现代化发展阶段

进入21世纪，世界军事理念进一步变革。2003年伊拉克战争后，美军在区域侦察、情报收集、精确制导等领域的优势，引导着各国军事改革的新方向。反观叙利亚，由于苏联解体，外部援助难以为继，武器装备持续老化、作战理念停滞不前、指挥系统混乱不堪、后勤保障严重不足，军事现代化进程基本停滞。巴沙尔·阿萨德上台之后，叙利亚国内经济形势严峻，军费开支持续下降（见表3），叙利亚军事现代化进展极为缓慢。

表3　1985~2007年叙利亚军费情况（2008年美元汇率）

	军费支出 （美元）	人均军费支出 （美元）	军费占GDP的比重 （％）
1985年	6.698亿	763	17.2
2001年	1.940亿	524	5.7
2007年	1.490亿	80	3.6

资料来源：Louis R. Mortimer, *Syria*, *A Country Study*, Washington D. C.：Federal Research Division, 2018, pp. 150 – 160。

---

① 程松：《锻造大马士革弯刀——西方军事观察家眼中的叙利亚国防报告》，《国际展望》2004年第4期，第39页。

尽管面临经济困难，但是叙利亚仍然艰难地推进军事现代化改革。首先，在常规武器方面，以电子制导取代人工制导，提升军队战斗力。2008年，叙利亚第三代反坦克导弹包括200枚米朗、40枚AT-5、800枚AT-10和1000枚AT-14。[①] 同时，叙利亚陆军防空系统也得到更新，大量先进装备列装部队，包括SA-9、SA-13、SA-11和TOR-M1等导弹。[②] 叙军防空能力堪称阿拉伯地区之最，装备的"山毛榉-M2"、"铠甲-S1"防空系统，极大地提升了叙利亚军队的防空能力。[③]

其次，在战略武器方面，叙利亚大力发展弹道导弹。2007年底，叙军有22架SS-21导弹发射装置。同时，叙利亚努力向俄罗斯购买SS-X-26导弹，提升其导弹部队战斗力。[④]

叙利亚在有限的经济条件下逐步建立起较为现代化的军队。2008年，叙利亚总兵力为71.46万人（见表4），已然成为中东军事大国。但是受限于落后的综合国力，始终无法依靠自身能力发展出一套独立的军工体系，长期接受以苏联（俄罗斯）为主的军事援助，导致武器装备与发达军事国家形成"代差"，现役武器装备、指挥系统、战斗能力、后勤补给依旧处于全面落后状态。例如，陆军作为叙利亚最为强大的军种，其主要装备各种坦克约4600辆，但是较为先进的T-72/72M型坦克仅为1500辆，其余为T-62型、T-55型。[⑤] 2011年的叙利亚危机，暴露了叙利亚军队装备老化、战术陈旧、指挥单一等问题，叙利亚政府在别国的援助下才逐步扭转战局。

---

① Anthony H. Cordesman, *Israel and Syria：The Military Balance and Prospects of War*, The Center for Strategic and International Studies, 2008, p. 156.

② Anthony H. Cordesman, *Israel and Syria：The Military Balance and Prospects of War*, The Center for Strategic and International Studies, 2008, p. 157.

③ 《美英长矛VS叙利亚盾：中东战争之火一触即发》，环球网，2010年10月9日，https://mil. huanqiu. com/article/9CaKrnJBZLS。

④ Anthony H. Cordesman, *Israel and Syria：The Military Balance and Prospects of War*, The Center for Strategic and International Studies, 2008, p. 161.

⑤ 时延春：《大使眼中的叙利亚》，世界知识出版社，2012，第128页。

表4　2000～2008年叙利亚部队结构

单位：人

	2000年	2005年	2006年	2007年	2008年
总兵力	820000	758800	769600	769600	714600
现役	316000	296800	307600	307600	292600
陆军	215000	200000	200000	200000	215000
海军	6000	7600	7600	7600	7600
空军	40000	35000	40000	40000	40000
防空部队	55000	54200	60000	60000	40000
准军事部队	108000	108000	108000	108000	108000
预备役部队	396000	354000	354000	354000	314000
陆军(预备)	300000	280000	280000	280000	280000
海军(预备)	4000	4000	4000	4000	4000
空军(预备)	92000	70000	70000	70000	10000

资料来源：Louis R. Mortimer, *Syria*, *A Country Study*, Washington D. C. : Federal Research Division, 2018, pp. 150 – 160。

二　2011年后的军事斗争

多年的叙利亚战事，使得包括政府军在内的交战各方尽显"疲态"。叙利亚军队经受了长期战火的考验，2018年后叙利亚战场形成了叙利亚政府军、库尔德武装力量和反政府武装三足鼎立局面。

叙利亚反政府武装，大体上可以分为世俗派反政府武装、伊斯兰反政府武装和极端主义反政府武装。世俗派反政府武装主要为"叙利亚自由军"（Free Syrian Army），主要以游击战术袭扰叙政府军，其主要装备为自动步枪、反坦克火箭等轻武器，无坦克、火炮等重型装备，亦缺乏空中掩护。其主要战术为：以7～10人小股部队实施大规模游击战，破坏、争夺叙政府军控制的机场、火炮基地、交通要道、检查站等战略据点，以逐渐削弱当局重武器优势。[①]伊斯兰反政府武装主要为伊斯兰阵线（Islamic Front），曾经遍

---

① 龚正：《叙利亚反对派武装组织》，《国际研究参考》2014年第10期，第23页。

布叙利亚全国，作战方式主要为在城市进行爆破、暗杀高官、抢占战略要地和网络攻击等。极端主义反政府武装有坦克、装甲车、榴弹炮、防空导弹等重武器，曾占据叙利亚大片领土，并拥有兵工厂，可自行生产机枪、炸弹、迫击炮、反坦克火箭筒等多种武器，持续制造自杀式袭击。叙利亚军队的主要对手不再是传统的正规军，战争形态呈现"碎片化"的特点。叙利亚军队在战场上的作用，可以划分为军事介入阶段（2011年6月至2012年7月）、军事防御阶段（2012年8月至2015年9月）和军事反攻阶段（2015年10月至今）。

（一）军事介入阶段

这一阶段叙军的行动主要是配合国内安全部队，维护社会秩序稳定。第一次武装行动是在2011年6月12日，此前反政府武装分子攻击了位于伊德利卜省吉斯尔·舒古尔镇的叙利亚政治安全局，并打死了大约120名安全部队官兵。7月，一名叙利亚空军将领宣布成立反对派武装"叙利亚自由军临时军事委员会"。面对危局，叙利亚政府将军事力量集中在大马士革、叙利亚中部和沿海战略要地，以稳定国内局势。[①] 霍姆斯及其周边区域，是叙利亚政府军和反政府武装反复拉锯的战场。叙利亚政府军通过检查站来监控周边局势，利用火力优势（坦克、大炮、飞机）对霍姆斯进行轰炸。随后叙利亚政府军以坦克、装甲运兵车为先导，步兵随后入城。叙利亚军方将这一战略命名为"清除、控制、建设"[②]。起初这一战略确实取得了成效，但随着时间的推移，叙利亚军队作战模式被反政府武装摸透，行动效果大不如前，还造成了平民伤亡，在国际上造成了负面影响。2012年7月，反对派武装袭击阿勒颇，随后与政府军在城市周边区域对峙。

---

① William C. Taylor, *Military Responses to the Arab Uprisings and the Future of Civil-Military Relations in the Middle East*, New York: Palgrave Macmillan, 2017, p. 148.

② William C. Taylor, *Military Responses to the Arab Uprisings and the Future of Civil-Military Relations in the Middle East*, New York: Palgrave Macmillan, 2017, p. 148.

（二）军事防御阶段

2012 年下半年，叙利亚内战全面爆发，叙利亚政府军和反政府武装之间的冲突日益激烈，政府军兵员枯竭，军力捉襟见肘。在战略上，叙政府将全国战局分成三条战线，分别为南部战线、西部战线和东部战线，整体上采取"西进东缓"的策略。具体而言，阿勒颇—大马士革一线以西为政府军主要战场（南部战线和西部战线），部署精锐部队。以东为政府军次要战场（东部战线），防御则主要依靠国内安全部队和预备役部队。叙利亚政府军奉行"以守待变"的策略，保卫首都大马士革，集中力量向关键战略要地发动反击。

在战术上，叙军积极利用飞机和火炮优势开展空地一体战，陆军利用坦克和火炮为主的装甲集群对反对派进行猛烈炮击和严密封锁，空军利用直升机和轰炸机对反对派控制区的经济设施、交通线以及军事目标（指挥部、部队集结地、弹药库）实施轰炸，暂时稳定了国内战局。2013 年，政府军取得了一系列胜利，在南部战线将"叙利亚自由军"围困在德拉省，在西部战线包围"伊斯兰阵线"控制下的阿勒颇，在东部战线与"伊斯兰国"等极端组织进行抗争。

但是随着战争的进行，叙利亚政府军的战场态势也不容乐观。首先，面对城市巷战，火力优势难以充分发挥。城市战场由市区道路、街区建筑和地下工事组成。反对派武装则充分利用这一特点，在市区道路布置大量陷阱和炸弹用于打击叙军的装甲部队；将街区建筑打造成火力堡垒用于防空和伏击步兵；在地下工事开发隐蔽场所用于储备战略物资和联系外界。其次，叙军由于装备老化和打法陈旧，延误了大量战机。装备方面，地面部队主要的装甲车以俄系武器为主，主要有生产于 50 年代的 T‑55 坦克、T‑62 坦克和性能好一些的 T‑72 主战坦克，另外还有大量的 BMP 系列步兵战车。空中部队装备着大量老旧的米格‑21、米格‑23、米格‑27 等飞机，并且大多年久失修、缺乏战斗力。战法方面，叙军依旧沿用古老的装甲战术。大部分坦克被用作基地和据点周围的固定炮台，装甲兵很少进行机动作战，坦克被当成"库房保卫者",几乎没有步坦协同、联合作战的战术。① 在城市作战中,由于基本没有步兵的观察与保护,叙军坦克被反政府步兵在近战中大量摧毁。同时,叙军步兵则缺少坦克的强大火力,无法顺利进行逐屋清剿作战。再次,反对派武装开展游击战,对叙军的重要军事设施进行疯狂打击,导致后者损失惨重。最后,反对派军事实力逐步提高,特别是获得了新式的"陶"式、"短号"反坦克导弹,以及 RPG - 29 重型火箭筒等技术兵器的支援后,对叙军的威胁大为上升。

截至 2015 年上半年,叙利亚政府军情势不利。战损方面,叙军 25 个空军基地中有 5 个陷落,7 个遭到围攻,大量空勤人员伤亡,很多零备件也被迫遗留在陷落的机场,这些导致叙空军战斗力下降。叙空军因为技术故障而坠毁的飞机数量明显增多,仅 2015 年 4 月,叙空军就因为机械故障损失了 3 架飞机。截至 2015 年底,叙空军一共损失了超过 40 架直升机、10 架米格 -21 战斗机、7 架 L - 39 教练机、4 架米格 - 23BN 战斗机以及 5 架苏 - 22M 战斗轰炸机。② 战况方面,在南部战线,"叙利亚自由军"在德拉市攻占德拉监狱;在拉塔基亚,占领了拉塔基亚的边界哨所。在西部战线,伊德利卜省完全被叙利亚反政府武装占据。在东部战线,"伊斯兰国"占领帕尔米拉,完全控制了拉卡省,并夺取了境内大部分油气田,其势力范围已遍布拉卡省、代尔祖尔、阿勒颇及伊德利卜省等。可以看出,叙利亚内战形势已经到了最为严峻的时刻,巴沙尔政权岌岌可危。

(三)军事反攻阶段

2015 年 9 月 30 日,俄罗斯正式出兵叙利亚,政府军在俄军的战略掩护下,积极与伊朗和黎巴嫩真主党战士合作,战争形势峰回路转,叙利亚战争进入军事反攻阶段。

首先,叙利亚军队调整战略方针,从"以守待变"调整为"全面反

---

① Anthony H. Cordesman, *Israel and Syria : The Military Balance and Prospects of War*, The Center for Strategic and International Studies, 2008, p. 16.
② 宋心荣:《内战中的叙利亚空军》,《兵器知识》2017 年第 8 期, 第 29 页。

攻"。在正面攻防的同时，积极拓展战略纵深，在俄空军配合下，对反政府武装控制区实施多维度空袭，相继发动了多次战役，全力夺取"大马士革—霍姆斯—阿勒颇"一线的控制权。其次，叙利亚军队在接受俄罗斯弹药供应和武器援助的同时，大力开展现代化改革。最突出的例子是叙利亚科学研究中心（SSRC）开发的新型武装系统，它利用传统的红外发射器或发光二极管，可以连续工作6个小时，非常便捷地安装在所有车辆以及固定的检查站和防御阵地上。由此，叙利亚军队战斗力大为提升。

就战果而言，在南部战线，政府军已成功收复了大马士革东古塔地区，已基本取得完全胜利。在西部战线，政府军相继控制了拉塔基亚省的军事重镇萨姆和哈比亚，清除了拉塔基亚省的反叛军，反叛军退至伊德利卜省。2019年8月21日，罕·谢洪获得解放，政府军彻底包围了伊德利卜省，标志着叙利亚东西战线部队胜利会师。[1] 在东部战线，政府军相继夺回"伊斯兰国"控制的帕尔米拉，攻下反叛武装聚集的北方重镇阿勒颇，结束了阿勒颇四年的战火，解放代尔祖尔省，"伊斯兰国"大势已去。至此，政府军以大马士革为战略中心，北控阿勒颇，中守帕尔米拉，形成战略大三角，主要任务就是在稳定当前战略要地的情况下，攻下反对派的分散据点和彻底肃清"伊斯兰国"的残余势力。至此，叙利亚战争基本进入"政治和谈时期"。

结　语

打造一支现代化军队，是叙利亚一直以来的夙愿。20世纪50年代至90年代，叙军曾在苏联（俄罗斯）军事顾问的援助下，实现了军事机械化。但是叙利亚军事现代化进程仍然困难重重，并未真正解决军事现代化的问题。现如今，叙利亚战势已接近尾声，叙利亚军队基本完成了保卫政权的军

---

① 张宇燕、李冬燕、邹治波：《全球政治与安全报告（2020）》，社会科学文献出版社，2020，第64页。

事任务。但是在战争初期，面对城市巷战、游击战等战争形态，叙军数量上的优势始终无法转化为战场上的优势，装备陈旧、战术僵化、后勤匮乏等问题，使得叙利亚军队一度处于被动局面。最终，叙利亚不得不在域内外国家军事援助下才扭转战局。如何适应新型战争，解决军事现代化问题依旧是叙利亚重建的重要挑战。

B.6
叙利亚城市化历程与当前困境

杨倩影　张文涛*

摘　要： 叙利亚的城市化发轫于19世纪中叶，历经奥斯曼帝国后期和殖民时代的缓慢启动、国家独立后的高速发展和21世纪以来的跌宕起伏三大阶段。叙利亚城市化率从起初的25%左右增长至2011年内战爆发前的54.7%。"阿拉伯剧变"后叙利亚国内沦为血腥战场，城市化进程停滞甚至倒退。叙利亚危机阻断了叙利亚城市化进程。叙利亚未来城市化发展将取决于国家重建的成效，城市化道路依旧曲折。

关键词： 叙利亚　城市化　殖民主义

阿拉伯"叙利亚地区"① 是中东地区最古老的文明中心之一，位于文明交往的十字路口和丝绸之路的咽喉要道。这片古老的土地上较早地出现了人类文明。叙利亚地区孕育了世界上最古老的城市，具有漫长的城市发展史。

一　城市化的缓慢启动（1839~1947年）

叙利亚早期的城市化是由内外多重因素和条件促成的，内部始于奥斯曼

---

* 杨倩影，西北大学历史学院世界史专业硕士研究生；张文涛，西北大学历史学院世界史专业博士研究生，西北工业大学教育实验学院副研究员。

① 文中提及的"叙利亚地区"，指历史上的"大叙利亚"（Greater Syria）或"叙利亚－巴勒斯坦地区"，大致包括现在的叙利亚、黎巴嫩、巴勒斯坦、约旦和以色列，南起西奈半岛、北至陶鲁斯山脉、西起地中海东岸、东至叙利亚沙漠这一广阔地区。1947年后的"叙利亚"一词则专指如今的阿拉伯叙利亚共和国。

帝国的现代化改革，外部源于国际环境的刺激和西方力量的驱动。叙利亚国内整体工业化程度较低，在很大程度上阻碍了早期城市化的发展。

（一）奥斯曼帝国的现代化改革

在 19 世纪之前，叙利亚就已经实现了相对较高的城市化水平，有 20%～25%的居民生活在人口过万的城镇中。[①] 叙利亚城市的兴起和发展与伊斯兰朝觐有着密切的关系。大马士革（Damascus）是朝觐者前往圣城麦加的重要中转站，每年伊斯兰历的五月中旬，会有数以万计的穆斯林聚集于此，准备向南前往麦加和麦地那。与此同时，贸易也促进了大马士革城市的发展。随朝觐者而来的，还有近两千头骆驼和来自中国、日本、印度和伊拉克的货物。众多的朝觐人口，为大马士革创造了诸多就业机会，一些服务业如货物运输、食物供给、帐篷制作、马匹租赁等也勃然兴起。[②]

19 世纪是叙利亚近代城市化进程的初始阶段，与奥斯曼帝国的近代化息息相关。1839 年奥斯曼帝国苏丹阿卜杜勒·迈吉德一世（Abdul Mejd I）采纳改革派建议，于国内实行改革，奥斯曼帝国进入"坦齐马特"（Tanzimat）时期。1856 年克里米亚战争结束后，在英法等国的支持下，奥斯曼帝国颁布《哈蒂·胡马云诏书》，该诏书颁布了一项广泛的经济振兴计划，包括设立银行、开凿运河、修筑铁路、发展农业与商业等，其中涉及的土地改革政策促使叙利亚的自由资本和劳动力向城市集中。帝国为规范和增加税收又于 1858 年颁布《土地法》，该法案详细规定了土地所有权的登记流程，保护土地私有制度，确保农业税收稳定，抑制地方势力做大，增强奥斯曼帝国的中央权威。但《土地法》在推行过程中遭遇了意想不到的困难。对人口的详细普查，让农民误认为是征兵和加重税收的前兆，以至于农民纷纷将自己的土地挂靠到城市市民或富裕地主的名下。此外，高额登记费用，

---

① V. F. Costello, *Urbanization in the Middle East*, Cambridge：Cambridge University Press, 1977, pp. 24 – 25.

② Zara Lababedi, The Urban Development of Damascus：A Study of Its Past, Present and Future, Master Thesis, University College London, 2008, p. 23.

也让普通农民难以负担，不得不放弃土地。结果，大量村庄土地被兼并，许多农民无法维持生计，不得不前往城市讨生活。

在这一时期，叙利亚地区的人口城市化率迅速攀升。1850 年大马士革约有 12 万人口，1875 年上升至 15 万，19 世纪末达到 20 万。与人口扩张相对应的，是城市规模的扩大。16 世纪初的大马士革城区面积约为 212 公顷，19 世纪初期达到 313 公顷，19 世纪中期又扩大了 130 公顷。①

尽管城市人口增长迅速，但是这一时期农村人口仍占据绝大多数。② 一方面，城市中的一些经济活动转移到乡村地区，城市居民仍然需要乡村手工业产品，乡村手工业从业者数量在这一时期也有所增加；另一方面，叙利亚地区城市发展仍然需要农村的粮食供应。尽管城市内部留有一定面积的耕地，但大城市仍依赖农村生产的粮食。19 世纪叙利亚地区城市化进程的发展，进一步加深了城市与乡村的相互依赖关系。

（二）法国委任统治时期殖民经济的发展

从 18 世纪开始，法国人开始在叙利亚沿海地区买房置地，建立聚居区。从 19 世纪开始，西方列强加紧了对叙利亚地区的渗透，法国逐渐击败英国和沙俄，成为叙利亚地区的重要影响者。1920 年英国和法国签署《圣雷莫协定》③，标志着法国在叙利亚委任统治的确立。法国的委任统治，给叙利亚地区的城市化进程留下了深刻的烙印。殖民经济的单一性、依附性和二元性，深刻地影响了叙利亚地区城市化进程。城市作为经济中心在叙利亚国家和地区的地位逐渐上升，人口也有所增加。

"法国委任统治初期，不包括黎巴嫩和巴勒斯坦在内的叙利亚人口共计 220 万，城市人口为 50 万，其中大马士革人口 17.5 万，阿勒颇（Aleppo）

---

① Stefan Weber, *Damascus: Ottoman Modernity and Urban Transformation* (*1808 – 1918*), Aarhus (DK): Aarhus University Press, 2010, p. 287.

② Peter Sluglett, *The Urban Social History of the Middle East*, *1750 – 1950*, New York: Syracuse University Press, 2008, p. 162.

③ 1920 年 4 月，英法两国签订《圣雷莫协定》，该协定基本划分了英法在中东委任统治的区域，明确了英国的势力范围为巴勒斯坦和伊拉克，法国的势力范围为叙利亚和黎巴嫩。

人口 20 万，霍姆斯（Homs）和哈马（Hama）各约 5 万。1947 年，叙利亚总人口共计 300 万，其中 20% 生活在 10 万人以上的城市。"[1] 20 世纪 20 年代末至 30 年代初，叙利亚地区工业迅猛发展。1932 年，叙利亚地区已建立 148 家企业，涉及纺织、建筑、食品、日用家化等诸多领域。

但是这一时期，城市工业企业的发展，并未推动叙利亚地区城市化的快速发展。1950 年叙利亚城市化率为 27%，与 19 世纪末 25%[2] 的城市化率相比，并无太大提升。究其原因主要有以下几方面。

一是基础设施落后。法国委任统治时期，基础设施并无太大改善。1948 年叙利亚国家独立初期，能够通行的铁路只有 8 公里，铁道保养不足，条件落后。[3] 二是农村人均耕地面积大。"叙利亚乡村的人均耕地面积，高于中东其他主要国家，地广人稀的生存环境对叙利亚的城市化进程产生深刻的影响。"[4] 叙利亚地区人均拥有 1 公顷的耕地，是埃及的 8~9 倍，且拥有大量可供开发的森林和草原。[5] 三是法国的殖民掠夺。法国委任统治当局从自身利益出发，侵占优质土地并强迫农民种植单一经济作物，叙利亚的农业逐渐呈畸形发展。在法国委任统治当局的主导下，叙利亚地区的农产品以棉花为主，粮食产量大幅下降。"小麦产量从战前的 72.8 万吨下降到 1922 年的 34.5 万吨，大麦从 45 万吨减少到 18.5 万吨"[6]，粮食减产在一定程度上限制了城市人口的增长。另外，叙利亚地区的工业发展也受到法国的限制。叙利亚地区的纺织业和印染业受到法国委任统治当局的打压，以防止与法国国内的产业形成竞争关系。在法国的打压下，叙利亚地区"1901~1910 年，蚕茧平均年产量 5200 吨，1920~1925 年下降到 1800 吨。1910~1911 年，

① 哈全安：《中东史：610~2000》，天津人民出版社，2010，第 683 页。
② Daniel Lerner, *The Passing of Traditional Society：Modernizing the Middle East*, New York：The Free Press, 1958, p.86.
③ Daniel Lerner, *The Passing of Traditional Society：Modernizing the Middle East*, New York：The Free Press, 1958, p.266.
④ 哈全安：《中东史：610~2000》，天津人民出版社，2010，第 684 页。
⑤ Daniel Lerner, *The Passing of Traditional Society：Modernizing the Middle East*, New York：The Free Press, 1958, p.267.
⑥ 王新刚：《现代叙利亚国家与政治》，人民出版社，2016，第 55 页。

有194家纺织厂，到1922年只剩下45家"[①]。工业化发展受挫，也延缓了叙利亚地区的城市化进程。

二 城市化的高速发展（1947～2000年）

第二次世界大战结束后，法国在叙利亚的统治难以为继。1947年叙利亚宣布独立，此后城市化进程步入高速发展阶段。20世纪80年代，叙利亚约有47%的人口居住在城市，近1/4的城市人口集中在大马士革和阿勒颇。1960～1986年叙利亚总人口增长了1倍，人口年均增长速度约3.3%。其中城市人口增长率为4.49%，农村为2.45%。[②] 大马士革人口以5%的年增长率上升，1970～1981年总人口增长了26%。1981年，官方人口普查结果为110万，1986年已达到140万，占叙利亚总人口的13.2%。阿勒颇作为叙利亚第二大城市，1986年人口达到120万，1995年超过180万。20世纪50～90年代，叙利亚东部和沿海地区城市人口增长也十分迅速，其增长率是大马士革的2～3倍。如拉卡（Al-Rakka）的城市人口增长了81%，哈塞克（Al-Hasakeh）城市人口增长了77%，塔尔图斯（Tartous）城市人口增长了53%。[③]

城市化的快速发展，还影响了城乡人口的性别比例。20世纪80年代，城市地区的男性人口比例高于农村地区，大马士革、拉塔基亚（Lattakia）、阿勒颇等城市的男女人口比例分别为197∶100、105∶100、108∶100。在阿勒颇、哈塞克、苏韦达和德拉的农村地区，女性人数多于男性。乡村的男性倾向于去城市谋生，而妇女则更多留守乡村。[④]

---

① 王新刚：《现代叙利亚国家与政治》，人民出版社，2016，第55页。

② Hooshang Amrahmadi and Salahs, EL-Shakhs, *Urban Development in the Musilim World*, New Jersey：Rutgers University Press, 1993, p.218.

③ Federal Research Division, *Syria, A Country Study*, Washington D. C.：Library of Congress, 2002, p.47.

④ Federal Research Division, *Syria, A Country Study*, Washington D. C.：Library of Congress, 2002, p.47.

20 世纪下半叶叙利亚城市人口规模扩大与以下三个因素紧密相关,即工业化、土地改革和国际难民。

(一)工业化

叙利亚作为中东地区农业大国,是阿拉伯世界的五个主要粮食出口国之一,农业在国民经济中占据举足轻重的地位。20 世纪 60 年代以后,政府逐渐将发展重点从农业转向工业,城市蓬勃发展的工业企业吸引了大批农业人口进入城市。

1947 年独立后,叙利亚政府积极扶持本国企业。叙利亚政府严禁建立外资独资企业,规定外资企业必须吸纳叙利亚资本,且叙利亚人的资本投资额不得低于总投资额的 50%,以扶持本国资本的发展。20 世纪 60 年代,复兴党政府掀开了叙利亚社会经济领域自上而下的深刻变革,制定雄心勃勃的国民经济五年发展计划,着力振兴国家工业体系。政府掌控国民经济命脉,主营石油冶炼、铁路运输、水利电力等与国计民生息息相关的产业,并严格监管私有制企业,实施外汇管制。

由于叙利亚通过国有企业带动经济发展,私有制经济发展迟缓,进而影响了整体经济增速。20 世纪 70 年代,哈菲兹·阿萨德(Hafez Assad)总统推行经济自由化改革,鼓励私人资本和外国资本投资本国建设,极大地促进了制造业的发展,社会经济水平得到全面提升,1973～1980 年,叙国内生产总值(GDP)增长幅度超过 150%。为了刺激私有经济发展,叙利亚政府放松对私人企业登记注册、审批复核流程的监管,私有制经济迎来增长高峰期。20 世纪 80 年代初,叙利亚国际贸易额占比仅有 10%,1990 年则高达45%。制造业在 GDP 中的贡献比,也从 80 年代初的 30%～35%,上升到 90年代初的 43%～46%。私企劳动力占全国劳动力的比重也从 20 世纪七八十年代的 60%,飙升至 1991 年的 75%。[①] 1991 年政府又颁布 10 号鼓励投资法令,吸引国内外资金,重视改善投资环境,鼓励更多的叙利亚侨民和外商投资。

---

① Quilliam Neil, *Syria World Bibliographical Series*, California: ABC‐CLIO, 1999, p. 198.

经济发展是城市化的动力。叙政府推行工业化和经济现代化政策，促使经济结构发生变化，第一产业就业人口下降，第二、第三产业的劳动力比重增长。农业就业人口占全国总就业人口的比重从 1965 年的 53% 降至 1984 年的 30%，工业就业人口占比则从 1965 年的 20% 升至 1981 年的 31%，服务业就业人口占比从 1965 年的 27% 增长至 1980 年的 35%，建筑业、制造业、服务业是叙国内最主要的就业来源。①

（二）土地改革

20 世纪 50 年代，叙利亚人均年收入仅为 123 美元，绝大多数的农民在温饱线挣扎。世界银行 1952 年的一项研究显示，叙利亚有 82% 的农村人口没有土地或仅有不到 10 公顷的份地，② 农村地区广大无地与少地农民生活处境极端恶劣，大多作为佃农或雇农耕种大地主的土地，收成的 50% ~ 80% 还要支付农用机械的使用费用。叙利亚农民的生活条件也十分艰苦，面临居住和医疗难题。无地农民只有在收获时节才能得到足够的食物，冬天只能靠玉米、小麦和草果腹。小土地所有者的生活水平也比较低，有时需要额外租种土地维持生计。③

1950 年颁布的第一部叙利亚宪法，明确规定了私人拥有土地的最高限额，但直至 1958 年叙利亚与埃及合并为阿拉伯联合共和国后，才正式启动全面的土地改革。土地改革主要涉及三个方面。一是为佃农和雇农提供法律保障。《农业法》规定，土地所有者不得随意解除与佃农或雇农的劳动关系，应固定农业劳动者的工作时间，授权农民组建工会组织维护自身合法权益，并成立农村管理委员会确立和审查农业劳动者的最低工资标准。二是规定土地最高占有额。《土地改革法》规定，私人土地最高占有额为 15 公顷到 55 公顷水

① Federal Research Division, *Syria, A Country Study*, Washington D. C.: Library of Congress, 2002, p. 78.

② Zara Lababedi, The Urban Development of Damascus: A Study of Its Past, Present and Future, Master Thesis, University College London, 2008, p. 38.

③ Daniel Lerner, *The Passing of Traditional Society: Modernizing the Middle East*, New York: The Free Press, 1958, pp. 266 - 267.

田，或 80 公顷至 300 公顷旱地，超出限额的土地将在五年内收归国有。此后于 1963 年又将土地补偿金降至原金额的 1/4，以等额分期付款的方式支付。三是将收归国有的地主土地分配、售卖或出租给无地或少地的农民。截至 1975 年，全国共征收 140 万公顷土地（含 6.8 万公顷水田），重新分配的土地达 46.6 万公顷（含 6.1 万公顷水田）。此外，分配给合作社、政府部门和其他公共组织的土地达 25.4 万公顷，禁止出售和再分配的土地为 33 万公顷。每家农户可获得最高不超过 8 公顷的水田或 30 公顷至 45 公顷旱地，约有 5 万家农户（超过 30 万农民）受益。[1]

土地改革政策实施后，占有耕地超过 100 公顷的私人土地所有者占农户总数的比重从约 50% 降至 1%，占有耕地不超过 7 公顷的私人土地所有者占农户总数的比重从约 12.5% 升至 50% 以上，约有 42% 的私人土地所有者占有耕地 8~25 公顷。政府统计数据显示，1959 年占有耕地低于 25 公顷的私人土地所有者，约占农户总数的 30%，而到 1975 年上升至 93%。[2] 叙利亚政府在农业领域大刀阔斧的改革，使国家进入"农业的黄金时代"，农田灌溉面积翻番，化肥消耗量增加了 4 倍，农产品产量的年均增长率在 1960~1970 年为 4.4%，在 1970~1980 年已提升至 8.6%。[3]

叙利亚的土地改革虽然具有再分配性质，但目的是铲除旧秩序的社会基础，削弱危及统治集团的地主阶级力量，强化国家和政府在乡村农业领域的主导地位，广大农民的收入实际没有任何提高，农村的落后状态未得到显著改善。土地改革政策虽然并未带来农业生产力的显著提高，但直接瓦解了传统农村社会，出现了大量的农村移民。此外，土地国有化导致贝都因人的部落土地无法得到国家承认，失去土地的贝都因部落民倾向于进城谋生，催发了叙利亚城市化的高速发展。

---

[1] Federal Research Division, *Syria*, *A Country Study*, Washington D. C.：Library of Congress, 2002, p. 92.

[2] Federal Research Division, *Syria*, *A Country Study*, Washington D. C.：Library of Congress, 2002, p. 92.

[3] Khalid Abu-Ismail, Ali Abdel-Gadir and Heba El-Laithy, *Poverty and Inequality in Syria：1997 - 2007*, New York：United Nations Development Programme, 2011, p. 28.

（三）国际难民

1948 年第一次中东战争结束后，第一批巴勒斯坦难民涌入叙利亚。大多数难民来自巴勒斯坦北部，其中约 40%（85000 名难民）来自萨法德（Safad），约 22% 来自海法（Haifa），约 16% 来自提比利亚（Tiberias），其余少量难民分别来自阿卡（Acre）、拿撒勒（Nazareth）、雅法（Jaffa）等城市。为保障巴勒斯坦难民的生活，1956 年 7 月 10 日叙利亚政府颁布第 260 号法令，规定保留巴勒斯坦难民国籍，确保其与叙利亚公民平等地享有就业、投资、居住的权利，并履行征兵的义务。1963 年 10 月 2 日叙利亚政府又颁布第 1311 号法令，确保居住在叙利亚的巴勒斯坦难民能够凭借内政部颁发的旅游签证免签返回叙利亚。

优厚的政策，促使更多的巴勒斯坦难民涌入叙利亚。20 世纪 70 年代，叙利亚境内最大的巴勒斯坦难民营——雅尔穆克（Yarmuk）难民营，就接纳了超过 20 万名巴勒斯坦难民。大马士革是巴勒斯坦难民的重要聚居区，67% 的巴勒斯坦难民生活在大马士革及周边地区。20 世纪 80 年代，难民营低廉的房价又吸引了大量叙利亚国内低收入群体在此安家。国际难民与国内贫民大批集中在叙利亚城市边缘区的难民营中，这里承受着愈来愈大的人口压力，国内总体城市化率提升。20 世纪 90 年代中期，约有 40% 的人口生活在城市边缘区、破败老城区，并深受高犯罪率和失业率的困扰。

尽管这一时期叙利亚的城市化率上升迅猛，"城市化程度依然低于中东其他主要国家。20 世纪 80 年代，仅有大马士革、阿勒颇和霍姆斯城市人口超过乡村人口；在其他省份，乡村人口普遍超过城市人口"[1]。20 世纪 90 年代末，叙利亚城市化率为 50.1%，仅高于阿富汗（21.3%）、也门（25.4%）和埃及（42.5%），远远低于科威特（98.2%）、卡塔尔（95.0%）、巴林（94.6%）和以色列（91.4%）等其他中东国家。[2]

---

[1] 哈全安：《中东史：610～2000》，天津人民出版社，2010，第 684 页。

[2] World Development Report 2009, Washington D. C. : The World Bank, 2009, pp. 335 – 337.

三 城市化的跌宕起伏（2000年至今）

2000年6月哈菲兹·阿萨德突发心脏病逝世，其子巴沙尔·阿萨德（Bashar al-Assad）接任阿拉伯叙利亚共和国总统。11年后，叙利亚爆发内战，大量人口为躲避战乱离开城市或逃往他国，城市人口急剧下降，加之一些自然气候因素，叙利亚城市化进程陷入停滞甚至倒退。

（一）旱灾与农村人口的迁移

据2001年统计，"叙全国人口1800万，其中一半以上人口在城市。15岁以上人口约占51%，500万个就业岗位中的50%分布在城市，但女性仅占城市劳动力的13%"①。21世纪初，城市人口占总人口的比重为51.9%，2005年百万以上城市人口占全国总人口的比重为25.4%。如表1所示，叙利亚城市人口数量在2010年达到最高值，城市人口占全国总人口的54.7%。首都大马士革人口从1980年的130万增至2010年的450万，城市面积沿西南和东北方向扩张，附近的村庄、小城镇、郊区逐渐被并入市区。2001年至2010年，叙利亚的城市化率并未有太大提升，但城市人口数量增长尤为可观。从2000年的8524885人增长至2010年的11686472人，净增约316万，占总人口的15%。

表1　1955～2019年叙利亚城市人口情况

年份	总人口	人口年均变化量	城市人口	城市人口占总人口的比重（%）
1955	3911501	99634	1358205	34.7
1960	4573512	132402	1683354	36.8
1965	5373137	159925	2149575	40.0
1970	6350541	195481	2752618	43.3

---

① 赖比尔：《大马士革交通问题及其发展政策》，长安大学博士学位论文，2004，第23页。

年份	总人口	人口年均变化量	城市人口	城市人口占总人口的比重(%)
1975	7535714	237035	3395649	45.1
1980	8930774	279012	4171360	46.7
1985	10648632	343572	5099767	47.9
1990	12446171	359508	6090038	48.9
1995	14345492	379864	7187664	50.1
2000	16410848	413071	8524885	51.9
2005	18361176	390066	9839155	53.6
2010	21362529	600271	11686472	54.7
2015	17997408	−673024	9773578	54.3
2016	17997408	−531833	9737763	55.8
2017	17095678	−369897	9774379	57.2
2018	16945057	−150621	9903237	58.4
2019	17070135	125078	10141352	59.4

资料来源：Worldometers，"Population of Syria（2019 and historical）"，http：// www. worldometers. info／。

城市人口的激增与2006～2010年叙利亚连续四年出现的旱灾密不可分，这是新月沃地有史以来最严重、持续时间最长的干旱灾害。除全球变暖外，叙利亚的旱灾诱因有三：一是国家人口增长过快，叙利亚人口从19世纪50年代的400万，增至2010年的2100万；二是当地鼓励种植棉花等高耗水农作物，加剧了水资源的消耗；三是非可持续性的农业耕作方式导致地下水大规模枯竭。连年大旱使叙利亚农业生产总值下降1/3，广大农民遭到毁灭性打击。2006～2009年，叙利亚东北部大约有80万农民因农业减产而生活困顿，甚至出现饥荒。2010年再次来袭的旱灾，导致大量农业人口彻底失去生活来源，数以百万计的农民涌入城市。这些农村贫民和100多万伊拉克战争难民一同寄居在城市边缘区。城市人口暴涨，使大马士革、阿勒颇等大城市不堪重负，进而导致出现粮食短缺、住宅拥挤、就业困难、交通拥堵、环境污染等一系列问题，制约了城市化进程。

面对日益严重的城市问题，叙利亚政府试图通过实行计划生育和改善农村居民生活条件，加大对农村的投资并刺激中等城市发展的方式以防止人口过度集中于大城市。政府在第十个五年计划中将中央权力下放地方，在欧盟的协助下在大马士革、阿勒颇、代尔祖尔、霍姆斯、拉塔基亚和塔尔图斯开展市政改革，并加大执行力度，以期解决城市化进程中出现的诸多问题。2010 年叙利亚政府还拟定成立新的区域规划委员会，要求各省尽快完成城市规划任务，促进城市的可持续发展。

虽然叙政府已经意识到过度膨胀的城市人口所带来的危害，但缺少足够资金实现变革。2003 年后，叙利亚经济增长乏力，石油资源枯竭造成石油收入减少，2009 年叙利亚财政赤字达 1930 亿叙镑（约合 41 亿美元），占国内生产总值的 7.4%。① 严重的财政赤字限制了政府施政能力，城市治理成效不明显，社会民生问题丛生，为 2011 年叙利亚内战的爆发埋下隐患。

（二）内战对城市化的冲击

2011 年 3 月初，"脸谱"（Facebook）网站上出现一篇题为《2011 年反对巴沙尔·阿萨德的叙利亚革命》的文章，呼吁叙利亚人在 3 月 15 日发起反政府游行抗议，揭开了反政府活动的序幕。同月，叙利亚南部边境城市德拉参与反政府示威游行的人员与警方发生冲突并造成人员伤亡，引发叙境内其他城市的连锁反应。面对全国范围内出现的大规模游行示威活动，巴沙尔通过释放政治犯并废除实行 48 年的"紧急状态"法案，保障民众的"游行示威权利"，以期缓和国内紧张局势，但政府的让步反而激起更大的反抗，示威游行演变为武装冲突。

截至 2019 年，内战已持续 8 年之久。这场危机造成叙利亚经济、政治、社会和文化结构的根本性分裂，而这种分裂已成为黑洞，不断吞噬着叙利亚本就羸弱的国力。叙国内经济倒退 40 年，人均收入水平与 20 世纪 60 年代末持平。财政预算赤字高达 GDP 的 50%，公共债务达 GDP 的 125%。叙利

---

① 王新刚：《现代叙利亚国家与政治》，人民出版社，2016，第 402 页。

亚镑急速贬值，物价暴涨 500%，超过 50% 的基础设施被毁，260 万间房屋遭到破坏，粮食产量下降 50%，700 万人营养不良。2015 年，叙利亚贫困率飙升至 85%，69.3% 的人口处于极度贫困状态。据估计，叙利亚人的预期寿命从 2010 年的 70 岁下降到 2014 年的 55.4 岁，小学入学率也从 2010 年的近 100% 下降到 60% 以下，成千上万的学校被迫关闭，270 万学龄儿童在叙利亚境内与境外面临失学危机。①

叙利亚城市也历经前所未有的变革。内战对其城市造成毁灭性的打击，各大城市几乎沦为废墟，大马士革、阿勒颇、霍姆斯等城市街边的房屋被直接夷为平地，留下来的也大多千疮百孔；无数城市平民或是在战火中丧生，或是基于安全目的逃往他国。在战争的影响下，叙利亚的城市化进程也陷入停滞。

虽然总人口和城市人口数量相较内战前均大幅下降，但叙利亚总人口的下降幅度远高于城市人口的下降幅度。叙利亚国际难民大多为中产阶层以上，他们拥有较高的知识文化水平且熟练掌握外语，而占据城市人口绝大多数的底层工人、农村移民和乡村村民根本无力外逃他国，留守或迁往政府军与反对派控制的城市，反而可以获取一定的安全保障，这也是叙利亚城市人口减少量相对较低的原因。因而内战期间，叙利亚城市化率呈现小幅增长态势，从 2010 年的 54.7% 增长到 2019 年的 59.4%。

结　语

旷日持久的内战使叙利亚城市化进程停滞并一度陷入倒退，现今内战已近尾声，国家政治、经济重建工作迫在眉睫，城市化的后续发展将取决于未来叙利亚国家重建任务的成效。据联合国估计，叙利亚战后重建所需费用高

---

① 关于叙利亚内战造成的经济损失，可以参见王晋《叙利亚重建的困境、归因与超越》,《西亚非洲》2019 年第 1 期，第 3～29 页。

达 2500 亿美元，这一数字是叙利亚战前国内生产总值的四倍。[①] 可如今叙利亚国家百废待兴，政府与民众皆一贫如洗，战后重建工作需要国际社会的共同支持。尽管叙利亚的前途仍充满不确定性，但可以肯定的是战后留守叙利亚的城市贫民将成为国家重建工作的中坚力量。

---

① 《叙利亚九年战乱！战后重建需 2500 亿美元，是战前国内生产总值四倍》，搜狐网，2020 年 3 月 15 日，https：//www. sohu. com/a/380224730_ 267106。

B.7
叙利亚危机中妇女儿童的
权益保障及其困境

赵 娜 赵 琳*

摘 要： 在叙利亚危机中，广大妇女儿童权益受到极大损害，同时得到国际社会的广泛关注。2019年叙利亚政府致力于全面收复国土、开展重建，并从住房、医疗、教育等方面解决妇女儿童群体面临的实际问题。从短期看，妇女儿童权益的保障困难重重；从长期看，该问题事关叙利亚重建的根本性问题。总体来看，叙利亚妇女儿童的权益保障形势不容乐观。

关键词： 叙利亚危机 妇女儿童 战后重建

在叙利亚危机中，叙利亚广大妇女儿童权益受到极大冲击，妇女儿童的权益保障形势严峻，因而受到各方面的极大关注。2019年，叙利亚政府致力于全面收复国土并开展重建，但是叙利亚妇女儿童权益保障形势不容乐观。

一 内战爆发以来妇女儿童的整体境况

自2011年3月15日叙利亚危机爆发以来，数以百万计的叙利亚人沦为

---

* 赵娜，博士，西北大学外国语学院讲师，西北大学叙利亚研究中心特约研究员；赵琳，西北大学历史学院博士研究生，西安外国语大学亚非学院讲师。

难民，流离失所者不计其数，其中妇女儿童群体受到国际社会的特别关注。一方面，妇女儿童作为弱势群体，遭受到的苦难也更加深重。她（他）们经受着严峻的生存考验，面临住房、就业、就学、就医、语言障碍和心理创伤等一系列问题；另一方面，妇女的传统角色受到挑战，在继续承担养育子女责任的同时，在劳动力市场很难获得合法的工作权利，只能从事餐饮、服务等技术门槛低、收入低的行业。儿童的安全和受教育权利无法得到保障，仅2010年到2015年，难民儿童数量增长率超过75%。[1] 在旷日持久的内战中，叙利亚妇女儿童不仅要面对难民的共性问题，还面临着个性问题，如儿童兵、教育缺失、身体暴力以及性暴力等危险。[2] 叙利亚女性和儿童群体的遭遇已经成为叙利亚难民，乃至叙利亚现状最重要的表征之一。具体而言，包括以下几个方面。

第一，妇女儿童沦为难民的人数比重大，是叙利亚内战中最脆弱的群体。

根据埃及、伊拉克、约旦和黎巴嫩登记的叙利亚难民数据，叙利亚难民中女性占比为44%，难民儿童占45.1%，是难民群体的主体。[3] 他们的生存高度依赖援助物资，成功到达难民营的人可以得到帐篷、毯子、床垫和其他生活用品，以难民营为家；大部分则居住在难民营外的临时安置棚户区，其居住环境阴暗潮湿、条件极差，且租金昂贵，难民家庭陷入不可逆转的脆弱性旋涡。

第二，传统女性难以应对生活的剧变，生命安全和健康堪忧。按照叙利亚传统，很多女性会选择婚后在家中相夫教子。失去生活来源的传统家庭主妇，在战乱中饱受侵害，有些人流落街头，依赖乞讨度日，甚至催生了人口

---

① 《联合国儿童基金会：全球约有5000万儿童流离失所》，http://news.cnr.cn/gjxw/gnews/20160907/t20160907_523119499.shtml。
② 王秋力：《叙利亚难民问题研究》，云南大学硕士学位论文，2018，第36~39页。
③ Committee on the Rights of the Children, General Comment No. 6, CRC/GC/2005/6, 1 September 2005. 国际社会公认的法律条文《儿童权利公约》，以及联合国难民署1993年通过的《联合国难民署难民儿童政策》规定难民儿童为年龄低于18岁的所有难民。

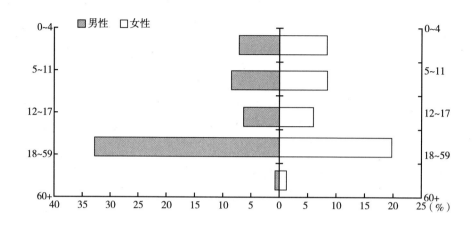

图1 叙利亚注册难民人口统计

资料来源: Refugee Situations, UNHCR, Government of Turkey, 2019, https://data2. unhcr. org/en/situations/syria#_ ga = 2. 66420270. 143484060. 1589118113 – 424302827. 1588982577。

黑市、被迫卖淫等现象。极端组织"伊斯兰国"将女性作为战利品,[①] 更是对女性人身权益的极端损害。此外,性别暴力和早婚现象增多、妇女保健品缺失、避孕服务可及性有限、强迫性剖宫产,以及卫生保健费用高等,[②] 都对女性的身心健康带来极大的危害。

第三,叙利亚女性进入曾是男性垄断的工作场所,社会参与度越来越高,但同时也面临雇主/业主甚至当地援助机构雇员的集体性骚扰。叙利亚危机爆发前,叙利亚失业率高达20%,而女性失业率是男性的两倍。[③] 危机爆发后,女性更多地进入工作场所。据人权观察组织称,因为没有合法居留

---

① "ISIS Holding Thousands of Women and Children as Slaves in Iraq and Syria", October 17, 2014, https://mashable. com/2014/10/17/isis – holds – thousands – as – slaves/.

② 刘媛媛:《联合国叙利亚问题调查委员会在解决叙利亚问题中的作用》,北京理工大学硕士学位论文,2016,第20页。

③ Valentine Moghadam, "Population Growth, Urbanization and the Challenges of Unemployment", in Deborah J. Garner and Julian Schwedler eds. , Understanding the Contemporary Middle East, Boulder: Lynne Rienner Publishers, 2004, pp. 273 – 298.

证件或者害怕被打击报复，在工作中受到性骚扰的女性选择不向相关部门报告，而多数情况下，其遭遇无法引起当局重视。① 很多联合国机构和代表、国际组织都关注到精神和肉体上的侵犯给叙利亚女性带来的创伤。

第四，战乱对难民儿童造成重大威胁。联合国儿童基金会的统计数据显示，叙利亚有近 500 万名战乱儿童。自冲突爆发以来，叙利亚已有 480 万名儿童出生，在他国的难民家庭有 100 万人出生。② 但是因为食物和医疗资源紧缺，卫生条件恶劣，妇女生产的危险性增高，新生儿死亡率高。儿童面临营养不良、无法接种疫苗而患病的风险。大约 650 万人存在食物不足问题。人权委员会公布的叙利亚妇女儿童的营养数据称，叙利亚儿童发育迟缓，孕妇和哺乳期妇女营养不良率高达 21%。③ 据国际救助委员会在伊德利卜和阿勒颇开办的诊所记录，仅 2019 年 10 月就有超过 11% 的 5 岁以下儿童患有急性营养不良；叙利亚西北部 5 岁以下儿童营养不良总发生率为 4.7%。孕妇和哺乳期妇女因为营养不良无法母乳喂养婴儿，有些人只能给婴儿喂食草药茶。④

第五，失去成人庇护的儿童数量增多，儿童发展前途难料。儿童的依赖性、脆弱性、健康成长和发展的需求，决定了他们需要特殊的援助和保护。⑤ 但是自叙利亚内战爆发以来，无数儿童亲历暴力和失去亲人带来的痛苦。战争创伤影响着叙利亚儿童的心理健康，阻碍他们的个人和情感发展。数以百万计的儿童被迫逃离家园，逃避暴力、冲突、灾难和贫穷。为了获得

---

① "Lebanon: Women Refugee from Syria Harassed", Exploited, November 27, 2013.

② "Almost 5 mln Children Born into War in Syria: UNICEF", http://www.xinhuanet.com/english/2020－03/16/c_ 138883274. htm.

③ "Under-Secretary-General for Humanitarian Affairs and Emergency Relief Coordinator, Mark Lowcock Briefing to the Security Council on the Humanitarian Situation in Syria", New York, April 29, 2020, https://reliefweb.int/report/syrian－arab－republic/under－secretary－general－humanitarian－affairs－and－emergency－relief－103.

④ "9 Things to Know about the Tragedy Happening in Syria", International Rescue Committee, March 13, 2020, https://www.rescue.org/article/9－things－know－about－tragedy－happening－syria.

⑤ United High Commissioner for Refugees, Refugee Children: Guidelines for Protection and Care, Annex A: UNHCR Policy on Refugee Children, 1994.

移民机会,有的儿童不得不选择非法越境。国际社会缺乏保护流动儿童的法律、政策和服务,使他们失去了被保护和照顾的权利。据联合国儿童基金会报告,2016 年,共有超过 10 万名未成年人在 78 个国家独自寻求庇护,是2014 年人数的 3 倍。① 失去成人庇护的难民儿童可能受到特殊形式的侵犯,包括强制征召入伍、强迫性的未成年婚姻、儿童性剥削等。② 叙利亚儿童也遭受着战争创伤后的情绪困扰。国际救助委员会在 2020 年初对叙利亚难民的一项调查显示,有 62% 的父母和照顾者说,他们的孩子经常因遭受的创伤或听到飞机的声音而哭泣,47% 的人说他们的孩子会做噩梦或无法入睡。③ 此外,叙利亚难民儿童可能从事暴力或危险工作。反政府武装征募未满 18 岁的儿童入伍,儿童参加战斗并担任武装团体警卫,甚至有可能卷入虐待被拘留人员的暴力行为。④

第六,叙利亚儿童教育权利难以保障。无论是滞留在国内,还是在他国寻求庇护,叙利亚难民儿童普遍面临失学或者无法顺利完成学业的情况。联合国儿童基金会表示,叙利亚内战 6 年后,生活在本国和邻国的共计 270 万名叙利亚儿童无法入学。⑤ 叙利亚境内有 4000 余所学校或毁于军事行动,或被改为流离失所者的避难所。⑥ 联合国难民署统计的难民中一半以上是儿童。在土耳其、黎巴嫩、约旦、伊拉克、埃及等国寻求避难的叙利亚人中,

① 《联合国儿童基金会:全球约有 5000 万儿童流离失所》,2016 年 9 月 7 日,http://news. cnr. cn/gjxw/gnews/20160907/t20160907_ 523119499. shtml。

② United Kingdom Home Office of Visas and Immigration: Children's Asylum Claims, April 16, 2013, https://www. gov. uk/government/publications/processing – an – asylum – application – from – a – child – instruction.

③ "9 Things to Know about the Tragedy Happening in Syria", International Rescue Committee (IRC), March 13, 2020.

④ 2013 年 2 月调查委员会第四次调查报告,http://daccess – dds – ny. un. org/doc/UNDOC/GEN/G13/106/26/PDF/G1310626. pdf? OpenElement。

⑤ 《四成叙利亚难民儿童在土耳其无法入学》,《光明日报》2017 年 1 月 21 日,第 9 版,http://news. gmw. cn/2017 – 01/21/content_ 23534218. htm。

⑥ "Sponsor a Child in Syria", SOS Children's Villages UK, https://www. soschildrensvillages. org. uk/syria.

一半是学生，且 1/3 在 5~17 岁。① 根据联合国儿童基金会 2017 年的数据，包括学龄儿童在内，土耳其境内共有 120 万叙利亚难民儿童，其中有 38 万学龄儿童无法入学。② 2019 年，叙利亚政府控制区形势相对稳定，多数学校正常运行，但教育资源极度紧张。③

二 叙利亚危机期间妇女儿童权益的保障

2011 年以来，数百万叙利亚家庭经历了战乱带来的暴力和伤害。叙利亚政府和国际社会从安全、医疗、教育等方面采取措施保障妇女儿童权益。对于在战争废墟中开展重建的叙利亚人民而言，保障妇女儿童权益是国家稳定的象征，也影响和塑造着叙利亚的社会形态和未来发展。

（一）妇女儿童住房和医疗权益的保障

内战使叙利亚约 1/3 的城市房屋沦为残垣断壁。④ 随着叙政府重新控制全国主要的城镇地区，叙利亚开始重建工作，民众的重新安置问题成为叙政府重建的重要议题，也是关系到叙利亚社会安全和发展的重要问题。叙利亚约一半的人口在冲突中流离失所，解决住房问题将是战后恢复和平稳定建设的核心步骤。叙利亚政府通过了新的房产、土地和所有权认定法，规定了在重建过程中如何安置国内流离失所者和其他群体的问题。2018 年 4 月，叙利亚政府出台第 10 号法令，加大征收无主房屋的进度，以支持重建工作，并"重新设计未经授权或非法的住宅区"。这项措施从大马士革地区开始逐

---

① 杨启光、王小翠：《中东地区国家对叙利亚难民学生的教育援助探析》，《学术探索》2019 年 2 月。

② 《四成叙利亚难民儿童在土耳其无法入学》，光明网，http：//news.gmw.cn/2017-01/21/content_23534218.htm。

③ 参见郑立《叙利亚教育体系的现状与挑战》，《叙利亚发展报告（2019）》，社会科学文献出版社，2020。

④ The World Bank，"The Toll of War：The Economic and Social Consequences of the Conflict in Syria"，July 10，2017.

步在全国开展实施，并为流离失所的叙利亚妇女儿童解决住房问题提供了法律保障。

叙利亚的医疗卫生服务有良好的基础。危机爆发前，政府将国内生产总值的5.4%用于医疗服务建设。叙利亚14个省份共分为71个医疗社区，有1444个保健中心。① 虽然因各地人口的多寡，其分布并不均匀，但叙利亚的初级医疗服务由国家出资，为民众提供免费服务，其普及性和效率在西亚国家中处于前列。叙利亚危机爆发后，战乱使全国逾1/3的医疗设施受损，在叙利亚政府的支持和国际社会的援助下，2019年，叙利亚卫生部管辖的医疗机构数量基本恢复到战前水平。② 叙利亚政府陆续恢复国家的各项医疗计划。从儿童防疫记录来看，危机爆发后，参与防疫计划的儿童数量锐减，但整体处于缓慢回升的态势。根据疫苗种类的不同，全国接种儿童人数占总数的69%～86%。③ 叙利亚自1995年以来就没有小儿麻痹症的患病记录。2013年，叙利亚开展了全国口服小儿麻痹疫苗接种活动。全国5岁以下儿童接种疫苗的人数达到了290万人。④ 叙利亚政府也很重视女性生育健康，2019年，接种疫苗的育龄妇女共计177600人。⑤ 疫苗接种计划将有效地改善叙利亚妇女儿童的健康状况，极大地降低孕产妇和婴儿的死亡率。叙利亚卫生部设立的保健中心为育龄妇女提供生殖健康保健服务，如婚前体检、计划生育、癌症筛查、孕妇护理等。⑥ 此外，叙利亚政府在精神疾病的治疗方面，按照性别、年龄对患者进行了细致的分类，对妇女、儿童进行针对性的治疗。

① Sadhna Shanker, "Gains in Healthcare", *Economic and Political Weekly*, Vol. 39, No. 25, 2004, pp. 2567 – 2568.
② Health Statistical Abstract (15th Issue), Ministry of Health, Syrian Arab Republic, 2019, p. 10.
③ Health Statistical Abstract (15th Issue), Ministry of Health, Syrian Arab Republic, 2019, pp. 18 – 19.
④ 《国家疫苗接种计划》（阿拉伯文），叙利亚卫生部，http：//www. moh. gov. sy/Default. aspx? tabid = 414&language = ar – YE。
⑤ Health Statistical Abstract (15th Issue), Ministry of Health, Syrian Arab Republic, 2019, p. 21.
⑥ 《生殖健康》（阿拉伯文），叙利亚卫生部，http：//www. moh. gov. sy/Default. aspx? tabid = 138&language = ar – YE。

国际组织在叙利亚妇女儿童的医疗和安全保障方面发挥了重要作用。2019 年，联合国在叙利亚各地的救济人数每月平均达到 560 万人，半数以上的救济发放在政府控制的地区。联合国难民署也提供医疗服务，包括社区心理健康建设，以及为无人陪伴的儿童和有特殊需要的人群提供服务等。欧盟在难民儿童权利保护领域取得了一定成就，如其对难民儿童权利保护理念的不断完善，在跨国家、跨地区接收难民儿童方面做出有效努力，以及不断推动难民儿童与欧洲社会融合与互动。2016 年，有 40 万名儿童在欧盟成员国寻求庇护，是 2008 年的 10 倍。[①] 2017 年 4 月，欧盟颁布《保护移民儿童》的文件，旨在保护移民和难民儿童的权利。这些法令和措施对叙利亚儿童寻求庇护提供了保障。

（二）女性权利的保障与性别政治的发展

叙利亚内战期间发生的针对女性的暴力引发了国际社会对女性地位和权利的广泛关注和讨论。2019 年，在伊拉克举办的题为"结束中东战争，赢得和平"的论坛中，欧盟驻伊拉克大使马丁·胡特（Martin Huth）指出，女性的存在和参与是中东稳定进程中绝对重要的因素。[②] 危机爆发前，叙利亚女性的教育权利保障在西亚地区处于较高水平，全国 73.7% 的女性受过教育。[③] 但由于叙利亚的传统价值观，女性大多选择婚后在家相夫教子，很少参与社会活动和公共事务。2011 年危机爆发前，在世界经济论坛进行性别差异调查的 135 个国家中，叙利亚列第 124 位，排在其他阿拉伯邻国之后。[④] 2001~2010 年，女性在劳动力市场的占比从 21% 降至 12.9%，15 岁

---

① "A Child Is A Child：Protecting Children on the Move from Violence，Abuse and Exploitation"，UNICEF Publications，May 2017，https：//www. unicef. org/publications/index_ 95956. html.

② "Ending Wars – Winning Peace in the Middle East"，MERI Forum 2019，Middle East Research Institute，2019. 中东研究中心是一所非营利研究机构，位于伊拉克埃尔比勒（Erbil）市。

③ Sadhna Shanker，"Gains in Healthcare"，*Economic and Political Weekly*，Vol. 39，No. 25，2004，pp. 2567 – 2568.

④ S. Hausmann，L. D. Tyson，S. Zahidi，The Global Gender Gap Report，Geneva：World Economy Forum，2011.

以上的全职女性占85%。①

内战期间的宏观经济环境对两性关系产生影响，反过来，社会和家庭中的性别分工也塑造了国家的宏观环境。迫于生计，许多"家庭主妇"重新走上工作岗位，越来越多的家庭需要依靠女性操持。她们每天都要为支付房租、购买食物和基本物品以及获得医疗保健等服务而辛勤劳作。叙利亚女性对家庭的供养不仅是提供生活必需品，还体现在提供社会保护方面。在父亲缺席的情况下，母亲承担起父亲和母亲的双重角色，这使得女性或多或少地获得了男性所具有的家庭权威，从而有权做出曾经只有家庭中的男性成员才能做出的决定。这一现象客观上导致某些家庭观念和生活习俗发生改变。

这种转变自然而然地渗入社会中。与2011年男性占绝对主导的局面相比，男性和女性在社会生活中的角色以及贡献都发生了变化。这种转变也带来了叙利亚人在观念、习俗、传统、生活方式和两性关系上的改变。

由于叙利亚政府的征兵政策②和国内大大小小的武装冲突，数百万叙利亚男性被杀、被捕和流离失所，这造成叙利亚人口性别失衡，女性占多数并在劳动力市场上取代了男性的位置。参与公共生活的女性人数相较于2011年之前已经增长了几倍，同时叙利亚社会也已普遍接受了女性角色的转变。无论在叙政府控制地区、其他势力控制地区还是侨居国外，叙利亚女性从事的行业更加广泛，从街边摆摊到货运、客运车辆驾驶，从零售商店到电子和电气维修车间，女性甚至进入武装民兵组织等曾经由男性绝对主导的领域。其中，最突出的例子是2013年4月4日组建的、以库尔德女性为主的"妇女保卫军"（Women's Protection Units，库尔德语简称为YPJ）。在对抗"伊斯兰国"、解放拉卡的战斗中，"妇女保卫军"和"人民保卫军"（People's Protection Units，库尔德语简称为YPG）领导的"叙利亚民主军"（Syrian Democratic Force），在抵抗运动中扮演了领导者的角色。身处欧洲的叙利亚

---

① 造成这一现象的原因还有气候导致的农业歉收、经济环境不景气等。Khuloud Alsaba, Anuj Kapilashrami, "Understanding Women's Experience of Violence and the Political Economy of Gender in Conflict: The Case of Syria", *Reproductive Health Matters*, Vol. 23, No. 47, 2016, pp. 5 – 7.

② 2018年6月，叙利亚政府颁布第18号法令，规定18~42岁的男性必须应征入伍。

难民，受到西方性别平等观念的影响，其两性观念也发生转变。这些转变都将从社会关系、价值观和传统习俗等方面给重建中的叙利亚带来变革。

（三）妇女儿童教育权益的保障

大多数叙利亚家庭非常重视子女教育，叙利亚政府也大力扶持教育发展。自20世纪70年代起，叙利亚开始在全国实施义务教育。2000年，初级教育阶段女童的入学率达到91%。[①] 但是由于战争期间，民众生命安全和基本生活难以保障，很多叙利亚家庭仅靠救助或少量收入来支撑家庭的必要支出，很难负担儿童的教育费用，不得不让儿童离开校园，叙利亚儿童的教育权利无从保障。

对于占难民人口一半以上的儿童而言，其教育权利得到国际组织和难民接收国的支持，但仍存在语言文化和教育体系差异等问题。2016年联合国组织召开关于难民和移徙者大规模流动的首脑会议，并通过《关于难民和移民的纽约宣言》，呼吁保护和促进所有儿童的人权，特别是日益增多的难民儿童的权利，明确提出要终止为确定移民身份而拘留儿童的做法。[②] 由联合国难民署倡议和领导，黎巴嫩、伊拉克、土耳其、埃及、约旦五国共同参与的"地区难民与复原计划"（以下简称复原计划）[③] 是救助叙利亚难民的系统性计划。整体来看，该计划实现了"保护与人道主义援助"的基本目标，[④] 教育是这项计划的关键内容。2015年，该计划报告了"接受正式教育的5～17岁青少年儿童人数"和"教育设施的重建"情况；2017年取消了对"重建"的援助计划，而将教育对象具体分为"接受早期幼儿教育的5

---

① Sadhna Shanker, "Gains in Healthcare", *Economic and Political Weekly*, Vol. 39, No. 25, 2004, pp. 2567 - 2568.

② 《关于难民和移民的纽约宣言》，2016年9月19日，http://refugeesmigrants.un.org/zh/declaration.

③ 2014年12月起，在联合国难民署的倡议和领导下，黎巴嫩、伊拉克、土耳其、埃及、约旦五国将各自的难民救助计划整合在一起，形成了一个地区性、多行为体共同参与的救助模式——地区难民与复原计划（Regional Refugee and Resilience Plan）。

④ "Regional Refugee and Resilience Plan in Response to the Syria Crisis", 3RP Annual Report, https://data2.unhcr.org/en/documents/details/68557.

岁以下儿童"、"接受正式教育的 5～17 岁儿童和青少年"以及"接受非正式教育的 5～17 岁儿童和青少年"等内容。

三 叙利亚妇女儿童权益保障面临的问题

2019 年，叙利亚进入国家重建时期，但局部军事冲突仍然存在，安全形势不容乐观。尽管叙利亚政府和国际社会出台了保护妇女儿童权益的相关政策和项目，但叙利亚妇女儿童权益保障问题仍面临重重困难。

（一）叙利亚政府重建政策引争议

经过连年的武装冲突，叙利亚国内人民流离失所情况严重，广大妇女儿童迫切需要解决住房问题。根据挪威难民委员会境内流离失所监控中心（Internal Displacement Monitoring Center）的统计，有超过 200 万的 1～24 岁的儿童、青少年和青年在叙利亚国内流离失所。除了缺乏足够的安全庇护外，他们还面临食物和饮水短缺、居住过于拥挤、营养不良等问题。整体来看，叙利亚全国都存在房屋等基础设施毁坏严重的情况，流离失所者需要长期在救助中心接受食品、教育和医疗援助。但是，人道主义机构的活动和分布呈分散状态，所建救助中心多为应急性的，缺乏永久性设施。[1] 2018 年 6 月，叙国内流离失所者高达 660 万人。[2] 2019 年，叙全国新增流离失所者 1847000 人。[3] 截至 2019 年底，叙境内有 1100 多万人需要紧急人道主义援助，占叙利亚总人口的一半以上。[4] 叙利亚一半的医疗机构已封闭或只能部

① "Syria：Overview"，IDMC，https：//www. internal – displacement. org/countries/syria＃link _ concerns.

② "Syria Emergency"，UNHCR，April 19, 2018，https：//www. unhcr. org/syria – emergency. html? query = syria% 202019.

③ "Syria：Overview"，IDMC，https：//www. internal – displacement. org/countries/syria＃link _ concerns.

④ 《中国代表：解决叙利亚人道问题必须统筹兼顾》，2019 年 11 月 15 日，http：// news. china. com. cn/live/2019 – 11/15/content_ 603150. htm。

分运作，2/3 以上的学校受损或毁坏。缺乏住房、食物和水，以及教育和卫生医疗等基本服务，是叙利亚家庭不得不面对的困境，也给叙利亚政府的安置工作带来巨大挑战。

叙利亚政府出台的所有权认定法规定，民众若无法在 30 天内证明其财产所有权，政府将不会对其做出赔偿，其房产将归国家或地方政府所有。[①]在国际压力下，叙政府将这一期限延长至一年。对难民和流离失所者而言，很难证明自己的房屋或资产所有权。有的人在逃离家园时丢失了文件，有的人不知道国家的新法律，有的人因为各种原因无法前往办理所需的手续，等等。2018 年 4 月叙利亚政府第 10 号法令也没有相关补偿和援助的规定，以前的居民很难在原籍地重新定居。[②] 房产政策的变化是否能够满足妇女儿童，以及全体叙利亚民众的安置需求，成为国际社会关注的重要问题。

（二）地区冲突引动荡，妇女儿童难安定

叙利亚国内的暴力冲突并未偃旗息鼓。2019 年，在叙利亚西北部地区，主要是在伊德利卜南部和西部的部分地区，空袭和地面冲突时有发生。2019 年 10 月 9 日，土耳其向叙利亚北部发动代号为"和平之泉"的第三次越境打击行动。[③] 叙利亚政府军在俄罗斯等盟国的支援下分别于 2019 年 4 月 30 日和 12 月 19 日发动代号为"伊德利卜破晓"的军事行动，政府军及其盟军在冲突降级区东侧发动地面进攻。这些军事行动造成 298534 人流离失所（许多人本就是从叙其他地区逃亡至此），其中约 60%（175540 人）是儿

---

① "Q & A: Syria's New Property Law", Human Rights Watch, May 29, 2018, cited from "Reconstruction and Challenges around Housing, Land and Property", Norwegian Refugee Council, 2019.

② "Legal Obstacles to Housing, Land and Property Rights in Syria", PAX for Peace, March 6, 2019, cited from "Reconstruction and Challenges around Housing, Land and Property", Norwegian Refugee Council, 2019.

③ "Under-Secretary-General for Humanitarian Affairs and Emergency Relief Coordinator, Mark Lowcock: Briefing to the Security Council on the Humanitarian Situation in Syria", November 14, 2019, https://reliefweb.int/report/syrian – arab – republic/under – secretary – general – humanitarian – affairs – and – emergency – relief – 97.

童, 约20% (64087人) 为女性。① 2019年12月, 叙利亚西北部近100万平民流离失所, 为2011年冲突爆发以来的最大规模。② 武装冲突导致供水、医疗设施、学校等民用基础设施遭袭, 叙利亚卫生部和非政府组织开设的医疗机构无法在战乱区域开展工作, 该地区妇女儿童的医疗卫生权益无从保障。③

伊德利卜省毗邻土耳其, 流离失所者人数庞大, 妇女儿童的权益保障形势尤为严峻。自2015年土耳其关闭与叙利亚边境的难民通道后, 该省的人口翻了一番, 截至2019年已近300万人。④仅2019年6月1日至30日, 共计57805名流离失所者抵达伊德利卜及其周围地区。⑤ 据相关管理部门报告, 自2019年5月, 叙利亚北部的难民营已经人满为患, 迫切需要基本生活物资。这些难民营目前收容了约73000人, 其中妇女和儿童占94%。⑥

(三) 气候和环境变化加剧叙利亚妇女儿童的生存挑战

2019年, 因地理或自然灾害造成共计17000名叙利亚人流离失所。⑦ 数十万人住在靠近土耳其边境的难民营和非正式避难所, 生存空间极度狭小。

① "Syrian Arab Republic: Cross-Border Humanitarian Reach and Activities from Turkey", December 2019, https://reliefweb.int/report/syrian – arab – republic/syrian – arab – republic – cross – border – humanitarian – reach – and – activities – 14.

② "9 Things to Know about the Tragedy Happening in Syria", International Rescue Committee, March 13, 2020.

③ 根据叙利亚卫生部统计, 在拉卡、德拉、代尔祖尔等地区, 医疗设施数量仅为个位数, 伊德利卜省没有叙利亚卫生部的医疗设施。Health Statistical Abstract (15th Issue), Ministry of Health, Syrian Arab Republic, 2019, pp. 13, 15.

④ "9 Things to Know about the Tragedy Happening in Syria", International Rescue Committee, March 13, 2020.

⑤ "Syria-IDP Situation Monitoring Initiative (ISMI): Monthly Overview of IDP Movements and Spontaneous Returns in North-west Syria", June 2019, https://reliefweb.int/report/syrian – arab – republic/syria – idp – situation – monitoring – initiative – ismi – monthly – overview – idp – 17.

⑥ 《妇女和儿童仍在阿尔霍尔遭受痛苦》 (阿拉伯文), 2019年5月17日, https://www.enabbaladi.net/archives/289341#ixzz6KFs89FzQ。

⑦ "Syria, Overview", IDMC, https://www.internal – displacement.org/countries/syria#link_concerns.

难民营的卫生服务无法达到紧急情况下的最低标准，营地里缺少可靠的水源，供水时断时续。此外，许多卫浴设施被损坏。水质不洁和卫生条件差导致很多人患有严重的水样腹泻等疾病。随着夏天气温的升高，卫生情况进一步恶化，这些民众的处境令人担忧。妇女儿童经常因被忽视或缺乏医疗保障而患上本可预防的疾病，甚至死于营地内。冬季的强降雨同样给住房没有保障的妇女儿童群体带来灾难。洪水破坏或摧毁了叙境内流离失所者营地的帐篷和其他材料。恶劣天气加剧了叙利亚已然非常严峻的人道主义局势。联合国难民署计划向叙利亚发放冬季救助物资，但实际发放 679151 人，仅完成计划的 42%。① 叙北部不稳定的安全局势使国内流离失所者的流动性受限。在新的流离失所的家庭中，约有一半住在收容家庭中或租房居住，约 19%住在难民营，他们迫切需要粮食、住房、现金和医疗保健服务。② 恶劣的生存环境导致许多儿童因无法接种疫苗而患传染病死亡。

总体来看，叙利亚国内仍存在基本生活物资匮乏、水源缺乏、卫生设施损坏、医疗卫生服务不足等问题，妇女儿童生存条件无法得到保障。

（四）难民接收国容纳度有限，难民妇女和儿童权益难保障

难民妇女和儿童在难民接收国的庇护权受到威胁。因难民接收国内部面临经济社会压力，土耳其、黎巴嫩、埃及等多国出现对叙利亚难民的强制遣返现象。据报道，被遣返的叙利亚难民家庭中儿童和妇女占绝大多数。③

难民儿童的教育权益受到多重挑战。首先，多数难民接收国，包括阿拉伯国家的课程体系与叙利亚的课程体系差异较大，叙利亚学生的适应期较长，辍学率高，这些问题在高年级的学生群体中更为显著。其次，从法律程序看，无论难民身份还是公共服务的获得都要经过重重的法律程序。

---

① "2019 - 2020 Regional Winterization Programme Progress Report", UNHCR, January 2020, https://data2. unhcr. org/en/documents/download/74392.

② UN Office for the Coordination of Humanitarian Affairs, https://www. unocha. org/.

③ 《试图潜入埃及的叙利亚难民被埃及当局拘留，并被威胁遣返至大马士革》（阿拉伯文），https://www. al - monitor. com/pulse/ar/contents/articles/originals/2019/10/egypt - syria - arrest - refugees - human - rights - violations - illegal. html。

叙利亚难民需分别在难民接收国当局和联合国难民署登记，才能获得公共教育服务。有的难民接收国，如约旦要求每六个月重新注册一次，以保持难民的临时保护状态，很多难民无法按期完成登记。另一个法律障碍是通常被称为"三年规则"的法律，该规则要求提供过去三年来在正规学校就读的证明，而不能提供此项证明的学生则无法接受正规教育。许多叙利亚难民长期流离失所，这一规定极大地限制了他们受教育的权利。此外，由于难民接收国资源有限，难民群体与当地民众的关系变得紧张。联合国难民署专员的报告称，难民父母遭受骚扰和歧视后，通常不会送孩子上学。[①]而难民儿童在学校遭受霸凌，或是教师的暴力管教，也成为其辍学的主要原因。根据世界银行的报告，叙利亚难民的辍学率是黎巴嫩和约旦全国平均水平的两倍。[②]

（五）国际组织在叙利亚妇女儿童权益保障方面受限

第一，从国际法的角度看，现有的难民保护公约将国内流离失所者群体排除在保护对象之外，而旨在为这一群体提供保护的规范尚处于争论中，国际社会无法就国内流离失所者保护的方式和程序达成一致。[③] 国际社会的援助必须经当地政府同意，并与他们协调进行。叙北部的"库尔德民主军"限制非政府组织提供的人道主义援助进入其所辖区域，并通过情报机构对所辖社区和家庭进行军事管理，这使得遭受战争创伤的妇女儿童很难接受国际社会的援助。

第二，从执行机制和效率来看，联合国被质疑在应对重大国际安全问题

---

① UNHCR, "Syrian Refugees Living Outside Camps in Jordan: Home Visit Data Findings", 2013, https: // www. unhcr. org/urban/.

② UNHCR, "The Future of Syria: Refugee Children in Crisis", 2013, https: //www. unhcr. org/ media – futureofsyria/; World Bank, "Lebanon: Economic and Social Impact Assessment of the Syrian Conflict", 2013, p. 78, https: //www. worldbank. org/en/news/press – release/2013/09/ 24/lebanon – multiple – shocks – syrian – crisis.

③ "The 1951 Convention Relating to the Status of Refugees", https: //www. unhcr. org/uk/about – us/background/4ec262df9/1951 – convention – relating – status – refugees – its – 1967 – protocol. html.

上存在"能力赤字"。① 因为联合国内部成员，主要是大国间分歧严重，很多调解并未达到预期目标。欧盟在保护难民儿童权利方面取得了一些成绩，但问题也逐渐显现，如决策机制效率低下、执行机制不完善等，加上本土经济发展和社会秩序的制约，制度弊端和实践掣肘使欧盟对叙利亚难民儿童权利的保护不断陷入困境。

第三，国际组织对叙利亚妇女儿童的援助项目面临资金短缺的问题。2019 年，"复原计划"预算为 54 亿美元，但实际只筹集了 58% 的资金，实际需求与可用资金之间的差距日益扩大。② 受资金所限，一些进行难民救助的民间组织也出现政策的转变，如"埃及权利与自由委员会"负责为埃及境内的难民家庭每月提供补助和餐食等援助，还提供奖学金以及针对孕妇和哺乳期妇女的特殊补助等。但是自 2015 年以来，其援助金额已经减少了70%。③

结 语

长年内战使叙利亚人民身陷苦难，给叙利亚妇女儿童的身心发展带来了深远的影响。女性面临着生存压力和角色适应的重重挑战。当内战结束，叙利亚重建开启之时，她们将在社会关系、价值观和传统习俗等方面给重建的叙利亚带来广泛而积极的影响，同时也为叙利亚意识形态和道德层面的重建提供一种出路。

作为叙利亚未来发展重要的关切点，叙利亚儿童权益受到国际社会和非政府组织的高度重视。例如联合国难民署和"复原计划"成员国于 2017 年

---

① 金彪：《联合国应对叙利亚危机中的能力赤字及其影响》，《联合国研究》2014 年第 1 期。

② "After 9 Years of Tragedy, Resilience and Solidarity, the World Must Not Forget Displaced Syrians", UNHCR, March 10, 2020, https：//www. unhcr. org/news/press/2020/3/5e67ade92d6/9 - years - tragedy - resilience - solidarity - world - must - forget - displaced - syrians. html.

③ 《试图潜入埃及的叙利亚难民被埃及当局拘留，并被威胁遣返至大马士革》（阿拉伯文），https：//www. al - monitor. com/pulse/ar/contents/articles/originals/2019/10/egypt - syria - arrest - refugees - human - rights - violations - illegal. html。

启动了关于叙利亚难民儿童的区域性战略框架。通过建立试点项目，投入更多资金，减少童工和童婚现象，并在对难民青少年的教育中加强生计能力的培养。在当前叙利亚复杂的援助政治中，联合国继续起着重要的主导作用，并采取了一系列创新措施，开展人道主义宣传，并部署援助计划。

2019年，叙利亚妇女儿童问题尚未得到实质性解决，需要叙利亚政府和国际社会更广泛的关注和帮助。妇女儿童问题应从重建机制、救助体系等方面系统地解决。整体来看，妇女儿童的权益只有在叙利亚国内局势稳定、经济重建顺利开展的前提下才能得到保障。

B.8
重建中的叙利亚高等教育

郑 立*

摘 要： 2011 年内战爆发后，叙利亚高等教育遭到了严重破坏，政府控制区、反对派控制区及库尔德地区的高等教育发展差异明显。受战争影响，叙利亚高等教育呈现政治化趋势加强、教育质量严重下滑、教育诚信问题突出、高等教育与社会需求严重脱节等特点。随着叙利亚局势好转，叙利亚高等教育也迎来了难得的发展机遇。但是，当前叙利亚高等教育面临的主要问题并不是如何参与到国家重建过程当中，而是如何完成自身的重组、重建、重立并步入发展的正轨。

关键词： 叙利亚 高等教育 战后重建

2011 年内战爆发后，叙利亚教育尤其是儿童教育及难民教育一直是国际社会广泛关注的重点议题之一，而高等教育作为教育体系的重要组成部分却缺乏相应的关注，不仅缺少相关统计数据，而且缺乏战后对叙利亚高等教育发展的系统性研究。2019 年，叙利亚整体局势进入相对平稳期，社会发展趋于好转，高等教育作为促进社会经济发展的重要推动力，在叙利亚重建过程中必然扮演至关重要的角色。但是，就当前叙利亚高等教育发展态势而言，叙利亚政府首要任务是重建高等教育体系，引导高等教育步入正轨。

* 郑立，博士，西北大学高等教育研究中心讲师，西北大学叙利亚研究中心特约研究员。

一　内战爆发后叙利亚高等教育发展概况

内战爆发后，叙利亚高等教育遭受了沉重的打击，尤其是处于交战区的高等院校受损严重，部分学校甚至已经完全丧失了教育功能。在内战爆发前，叙利亚境内共有 58 所高等教育机构，其中公立高等教育机构 12 所。[①] 2019 年，叙利亚境内的 58 所高等教育机构仅有 40%～50% 可以维持运转。[②] 与基础教育相同，叙利亚高等教育"区块化"发展趋势异常显著。政府控制区、反对派控制区及库尔德地区的高等教育发展差异明显。叙利亚难民接受高等教育的情况也不容乐观。

（一）政府控制区高等教育的发展

政府控制区处于非交战区，高等教育机构受损程度较轻，发展也较为平稳。同时，高等教育部在这一地区依然发挥着重要的管理职能。叙利亚内战爆发以来，叙利亚政府一直未放弃在高等教育领域中的改革。高等教育部于 2013 年陆续通过了三项措施：一是建立技术教育委员会，作为叙利亚正规高等教育决策机构的一部分，发展技术与职业高等教育，以更快地响应当地劳动力市场对合格技术类毕业生的需求；二是颁布为叙利亚高等教育系统的学生、教师提供正式科学奖学金的新法令，缓解国内学者与科研人员外流的压力；三是取消叙利亚高等教育机构针对男性的军事训练科目。2014～2015 年，高等教育部又根据劳动力市场的需求和高等教育改革计划的要求，新建大学及新增院系，如在叙利亚中部的哈马市和西海岸的塔尔图斯市新建大学，以应对因叙利亚危机而出现的新的人口变化。此外，高等教育部在全

---

① Faculty of Education , University of Cambridge, "Higher Education in Syria pre-2011", London：British Council and the Council for At-Risk Academics, 2019, p. 12.

② Colleen McLaughlin, Jo-Anne Dillabough, Olena Fimyar, Zeina Al-Azmeh, Mona Jebril, "Syrian Higher Education post-2011：Immediate and Future Challenges", London：British Council and the Council for At-Risk Academics, 2019, p. 28.

国所有高等学府和机构中增设新部门及针对本科生和研究生的高等教育学习课程，以应对劳动力市场的新需求，从而推进高等教育改革计划。这些改革计划由于受到战争影响，成效并不显著，但是可以看出叙利亚政府对于维持政府控制区高等教育平稳发展的信心与决心。但由于受到大环境影响，政府控制区的高等教育质量依然严重下滑。在国际交流领域，由于叙利亚政府受到西方一些国家的制裁，其高等教育机构与西方高等教育院系的交流基本处于停滞状态，但与俄罗斯、伊朗等国的学术交流不断加强。2019 年，叙利亚政府与俄罗斯签订协议，俄罗斯在 2019 学年为叙利亚提供 500 个硕士及博士培养名额，同时加大科研合作力度，以提升叙利亚高校的科研水平。[①] 叙利亚传统公立高等教育机构，如大马士革大学、阿勒颇大学等均处于政府控制区，而这些大学是叙利亚高等教育的根基所在，因此维护政府控制区高等教育稳定对于战后叙利亚高等教育的重建具有至关重要的意义。

（二）反对派控制区高等教育的发展

相较于政府控制区，反对派控制区高等教育发展较为混乱。目前，反对派控制区内的高等教育机构主要分为两类。第一类是由反对派政府支持新建或改建的高校，具有公立性质。这类院校兴建的主要目的是取代过去由叙利亚政府支持的高校，主要包括伊德利卜大学（Idlib University）和自由阿勒颇大学（Free Aleppo University），这两所大学也是反对派控制区规模最大的两所高校。[②] 伊德利卜大学开办于 2015 年，下设有 14 个学院及 6 个研究所，涵盖了医学、工程、教育、媒体、艺术、科学等领域，截至 2019 年，共有

---

① Edward Fox, "Russia Offers Support to Syrian Higher Education", *Al-Fanar*, March 19, 2019, https：//www. al - fanarmedia. org/2019/03/russia - offers - support - to - syrian - higher - education/.

② "Universities of North Syria: Future Hindered by Crises", *Enab Baladi*, July 3, 2019, https：// english. enabbaladi. net/archives/2019/07/universities - of - north - syria - future - hindered - by - crises/#ixzz6M9dBMjE9.

13553 名大学生，426 名教师，其中 80 人拥有博士学位。① 自由阿勒颇大学同样开办于 2015 年，下设有 7 个学院、4 个研究所，共有 5200 名学生，与伊德利卜大学相比规模相对较小。② 第二类是基于当地学生教育需求而自发建立的私立大学，譬如玛丽大学（Mari University）、牛津大学（Oxford University）③ 等。这类大学多以盈利为目的，收费较高，比如玛丽大学的学费就高达 1500～4500 美元。④ 这类学校不仅费用高昂，而且管理异常混乱，许多学校并不具备高等教育机构资质，极大地扰乱了该地区的高等教育秩序，影响了高等教育质量。

为了加强对反对派控制区高等教育的管理，2017 年，在伊德利卜大学、叙利亚牛津大学等高校的牵头下，多所高校协商成立了高等教育委员会（Higher Education Council），主要负责高等教育管理以及私立高等教育机构教育执照的考核和发放。2019 年 1 月，为了进一步整顿该地区高等教育秩序，高等教育委员会通过决议，取消了叙利亚北部部分私立高校的入学考试，从而关闭了诸如叙利亚医学院（Syrian University of Medicine）、应用科学技术高等研究院（Higher Institute for Applied Sciences and Technology）等私立高等教育机构，其中规模最大的为国际救助大学（International Salvation University），拥有 52 个分校及 1127 名学生。⑤ 高等教育委员会的这一举措

---

① Ahmed al-Ogla, "Universities in Syria's Opposition Held Areas Face an Uncertain Future", *Al-Fanar*, June 3, 2019, https：//www. al - fanarmedia. org/2019/03/universities - in - syrias - opposition - held - areas - face - an - uncertain - future/.

② "Universities of North Syria：Future Hindered by Crises", *Enab Baladi*, July 3, 2019, https：//english. enabbaladi. net/archives/2019/07/universities - of - north - syria - future - hindered - by - crises/#ixzz6M9dBMjE9.

③ 叙利亚牛津大学是也门牛津科技大学的一个分支机构，其资质被也门教育部、阿拉伯国家联盟等认可。

④ "Universities of North Syria：Future Hindered by Crises", *Enab Baladi*, July 3, 2019, https：//english. enabbaladi. net/archives/2019/07/universities - of - north - syria - future - hindered - by - crises/#ixzz6M9dBMjE9.

⑤ "Universities of North Syria：Future Hindered by Crises", *Enab Baladi*, July 3, 2019, https：//english. enabbaladi. net/archives/2019/07/universities - of - north - syria - future - hindered - by - crises/#ixzz6M9dBMjE9.

虽然在一定程度上促进了该地区高等教育的有序发展，但是无法从根本上改变该地区高等教育发展的无序状态。一方面，由于反对派控制区处于交战区，战事不断，教职人员及学生流动性较大，教学资源随时存在被损害或被摧毁的可能，即便如伊德利卜大学与自由阿勒颇大学这类设施比较完善的大学，也无法有效保证教学质量；另一方面，由于该地区的大学没有得到叙利亚政府及国际社会的认证，随着叙利亚内战的平息，这类大学能否继续存在仍然存疑。

（三）库尔德地区高等教育的发展

由于历史原因，库尔德地区长期缺少高等教育机构，高等教育普及率相对较低。内战爆发后，为了有效解决这一问题，提升人口质量，当地政府于2016年建立了罗加瓦大学（Rojava University）。截至2017年，已经招收了720名学生，拥有127名教职员工，下设有石油、石化、农业工程、库尔德文学、艺术、教育和妇女研究等相关专业，主校区位于与土耳其接壤的卡米什利市。① 为了缩短人才培养周期，罗加瓦大学将本科四年制压缩为两年制，暑假仅保留10天。② 但是罗加瓦大学师资力量十分薄弱，大多数教师没有博士甚至硕士学位，极大地影响了该校教学质量的提升。不过，与政府控制区及反对派控制区国际交流频繁受阻不同，罗加瓦大学自建立之初便吸引了许多西方国家的专家学者前往交流及支援，这在一定程度上弥补了其师资力量的短缺。

（四）叙利亚难民高等教育概况

教育问题一直是叙利亚难民面对的突出问题之一，虽然各难民接收国均

---

① Edward Fox, "A New University, Born in the Chaos of War", *Al-Fanar*, December 11, 2018, https：//www. al－fanarmedia. org/2018/08/a－new－university－born－in－the－fog－of－war/.

② Edward Fox, "A New University, Born in the Chaos of War", *Al-Fanar*, December 11, 2018, https：//www. al－fanarmedia. org/2018/08/a－new－university－born－in－the－fog－of－war/.

采取了不同的措施以帮助更多的叙利亚适龄儿童及青少年难民接受教育,但叙利亚适龄儿童及青少年难民的失学率依然居高不下。当前,大多数叙利亚难民仍在贫困线上挣扎,根本无力承担高昂的高等教育费用。即使多数国家为叙利亚难民学生提供奖学金,但是学生家长依然无法负担交通费及生活开支。① 此外,语言问题导致许多叙利亚学生无法通过当地高等院校的入学考试,从而阻断了其求学之路。

二 内战爆发后叙利亚高等教育发展特点

内战爆发后,叙利亚高等教育体系基本处于崩溃的边缘,仅政府控制区内的高校可以保持基本运转,其余地区高等教育发展基本处于无序状态。由于外部环境、高等教育管理等诸多因素的影响,叙利亚各地的高等教育表现出不同的发展趋势,但总体而言,内战爆发后叙利亚高等教育呈现出以下四个显著特点。

(一)高等教育政治化趋势加强

叙利亚一直是中东地区采取政府主导型高等教育发展模式的典型国家。政府主导型高等教育发展模式是在中东国家现代化改革推动下形成的,强调政府在高等教育发展中的主导作用,即政府在高等教育发展中扮演第一利益相关者角色,政府是高等教育的出资者、支持者与管理者,高等教育则以满足政府需求、契合政府发展需要为主要目的。② 叙利亚高等教育部负责制定高等教育各阶段的发展政策和高等院校的科研工作政策;制定高等院校的招生原则;负责各高等院校专业之间的科研水平、专业设置、培训和翻译的协调工作,以及学位证书的发放;制定高等院校和其他教育机构的预算草案

---

① Hans de Wit and Philip Altbach, "The Syrian Refugee Crisis and Higher Education", *International Higher Education*, Vol. 9, No. 1, 2019, p. 13.
② 郑立:《中东国家高等教育演进历程及发展模式研究》,西北大学博士学位论文,2018,第5页。

等。政府管理已基本涵盖了高等院校运转的所有层面，因此，高度政治化一直是叙利亚高等教育的一个显著特征。随着内战的爆发，尽管叙利亚政府对国家控制力持续减弱，但是高等教育政治化这一特性非但没有消减反而得到了增强，其主要原因是高等教育机构作为培养社会高级人才的专门性机构具有引导社会舆论、推动社会变革的特殊功能。在战争时期，政府更倾向于加强对高校的管控以控制社会舆论，保持社会稳定。高校教师及专家学者在社会上往往具有较高声望，其言论对社会舆论具有较强的引导性。同时，高校学生思维活跃，容易接受新思想，在社会变革中通常充当排头兵的角色。在叙利亚内战爆发前，叙利亚高校的许多学者及在校大学生就是社会运动的积极参与者和倡导者。因此，内战爆发后，叙利亚政府进一步加大了对高校的管控力度，在高校内部安排了大量的警察及安全部门人员对学生及教师进行监管，高校管理层也被安排了安全部门人员以确保学校课程及教学内容符合政府安全管理需要。① 与政府控制区相同，反对派控制区内的高等教育机构政治化也呈现不断加强的趋势。反对派控制区内的高等教育机构虽然在课程选择上相对自由，但是在很大程度上依然受到政治现实和当地军事力量平衡的影响，诸如伊德利卜大学、自由阿勒颇大学等俨然成了反对派内部争夺话语权的棋子。②

（二）高等教育质量严重下滑

随着内战的爆发，叙利亚高等教育质量呈现断崖式下滑趋势，影响高等教育质量的因素具有多元性与复杂性。从横向比较维度出发，影响叙利亚高等教育质量的因素主要包含五个方面。一是安全形势持续恶化，高等教育资源损毁严重，许多校舍被炸毁，学生缺少学习所必需的仪器设备及教学资

---

① Faculty of Education , University of Cambridge, "Higher Education in Syria pre-2011", London: British Council and the Council for At-Risk Academics, 2019, p. 23.

② "Universities of North Syria: Future Hindered by Crises", *Enab Baladi*, July 3, 2019, https://english. enabbaladi. net/archives/2019/07/universities – of – north – syria – future – hindered – by – crises/#ixzz6M9dBMjE9.

源，极大地影响了学习效果。二是人才流失严重。高等教育人才流失对于处于战争中的国家而言并不是一个新鲜的议题。叙利亚内战自2011年爆发至今，已持续了近10年时间，对社会、经济、文化均造成了极大的破坏，其人才流失情况就更为严重。相关数据显示，截至2019年，叙利亚难民中有2000名大学教职人员，以及近10万名本应进入高校学习的适龄青年。① 因此，有学者提出叙利亚损失了一代足以引领战后重建的专家学者及高素质人才。② 三是高等教育经费持续下降。在内战爆发前，叙利亚政府就曾大幅削减教育经费。内战爆发后，由于军事经费的不断增长，高等教育经费更是进一步被降低，仅能满足高校的基本运转。随着高等教育经费的缩减，许多高校教师的工资也相应减少，而这又进一步加剧了高校教师的流失，从而形成了恶性循环。四是科学研究功能的丧失。科研与教学是高等院校最突出也是最基本的两项职能，是提升高等教育质量的关键所在。与教学不同，科学研究需要大量的资金与智力投入，但随着人才流失加剧及教育经费的减少，叙利亚境内各大学的科学研究工作基本处于停滞状态，这严重阻碍了叙利亚高等教育发展。长期的研究空窗期，也将影响战后叙利亚高等教育体系的重建及高等教育质量的恢复。五是生源质量持续下降。内战爆发前，叙利亚高校入学考试竞争非常激烈，在法律、经济和文学等热门专业考试中甚至存在学生支付金钱找人代考或贿赂教师以通过考试的现象。随着战争的爆发，大量青少年流离失所，参加大学入学考试的人数逐年减少。目前，所有参加大学入学考试的学生均能进入高等教育机构学习，入学考试无法有效地筛选出合格人才，从而导致高等教育生源质量大幅降低。

---

① Colleen McLaughlin, "Syrian Higher Education System Facing Complete Breakdown after Eight Years of War Study", Research News of University of Cambridge, June 8, 2019, https://www.cam.ac.uk/research/news/syrian－higher－education－system－facing－complete－breakdown－after－eight－years－of－war－study.

② Faculty of Education, University of Cambridge, "Higher Education in Syria pre-2011", London: British Council and the Council for At-Risk Academics, 2019, p. 44.

（三）高等教育诚信问题突出

高等教育诚信问题是伴随着高等教育质量下滑而产生的一个衍生性问题。一方面，由于国家动荡以及高校教学质量下降等因素的影响，许多学生无法顺利毕业，为了找到工作，部分学生便选择购买假证以蒙混过关；另一方面，反对派控制区的大量高校教学质量过差，无法得到国际社会认证，他们的毕业生不得不通过购买假文凭以顺利进入劳动力市场。当前，高等教育诚信问题已成为制约叙利亚高等教育发展的突出问题之一。相关调查显示，仅在土耳其的一次招聘活动中，就有 260 名叙利亚人持有假毕业证。[①] 教育诚信问题导致大量不合格的毕业生进入劳动力市场，虽然在短期内可以缓解就业压力，但是从长远角度看，这将极大地影响叙利亚社会长期健康发展并导致劳动力市场混乱。

（四）高等教育与社会需求脱节严重

高等教育与社会需求脱节不仅是叙利亚高等教育面临的一个问题，也是其他中东国家高等院校存在的典型问题之一。中东国家普遍存在重文轻理现象，学生更愿意选择文科类专业，从而忽视了理工科专业的发展，而这又导致了一个严重的问题，即人才培养与市场需求不匹配，大量的文科生无法找到与专业对口的工作，毕业即失业。但是，一些理工类工作却面临着无人可用的尴尬境地。内战的影响和高等教育发展本身的无序性，导致叙利亚学科调整及课程更新更为缓慢，学科偏好差异性也更为明显。有数据显示，在叙利亚，一名石油工程教授每年仅能招收 5 名学生，而法学教授一年则能招收 155 名学生。[②] 同时，无论是在政府控制区还是反对派控制区，高校均缺乏对学生就业能力的培训，从而导致高校毕业生无法有效就业。而且，战乱本

---

① Faculty of Education ，University of Cambridge，"Higher Education in Syria pre-2011"，London：British Council and the Council for At-Risk Academics, 2019，p. 42.

② Faculty of Education ，University of Cambridge，"Higher Education in Syria pre-2011"，London：British Council and the Council for At-Risk Academics, 2019，p. 41.

身极大地压缩了叙利亚境内的就业机会，这使高等教育与劳动力市场发展不匹配、不协调的问题更为突出。这一问题在反对派控制区尤为严重，绝大多数大学毕业生无法找到工作，极大地增加了国家的不稳定因素。

三　叙利亚高等教育面临的挑战

内战给叙利亚高等教育发展带来了极大的冲击。由于叙利亚高等教育体系已处于崩溃边缘，因此当前叙利亚高等教育面临的主要问题并不是如何纳入到国家重建过程当中，而是如何完成自身的重组、重建、重立，以及步入发展正轨。目前，叙利亚高等教育重建主要面临三个挑战。

一是如何在保持高校自主性、创新性的同时保证高校内部稳定。由于长期受到政府主导型发展模式的影响，叙利亚高等教育本身就具有自主性不强、创新能力不够的问题。随着内战的爆发，叙利亚高等教育的政治性不断加强，其自身的自主性与创新性则不断被削弱，极大地影响了叙利亚高等教育的发展。因此，若要大力提升高等教育质量，势必要降低政府对高等教育的管控力度。但是，从叙利亚内战中叙利亚政府对高校的高压政策以及反对派对高等教育话语权的争夺中不难看出，高等教育不仅是培养社会人才的摇篮以及发挥促进社会发展的"智囊团""思想库"的作用，更是保持国家稳定的重要基石和维护国家安全的重要因素。因此，如何平衡高等教育与政治的关系，如何在保持高校内部稳定的同时提升高等教育质量，是叙利亚高等教育面对的最为重要的一个挑战。

二是如何消弭长期内战所带来的心理与文化差异。经过漫长的内战，叙利亚各地区高校的课程设置、教学内容、发展方向均存在较大的差异。学生也因教学内容的不同而形成了不同的价值观与世界观，对叙利亚政府的认同度也不尽相同。因此，如何在重建过程中通过高等教育的整合与互动，加强不同地区间的交流，消除内战给人们所带来的文化与心理差异，真正构建起具有共同价值理念基础的稳定的国家文化是叙利亚高等教育所面临的另一挑战。

三是如何有效吸引高水平人才回国，为高等教育可持续发展提供必要的人才储备。内战时期，导致叙利亚高等教育体系崩坏的一个重要原因即人才流失。大量的教师及高校学生由于战争影响被迫离开叙利亚，导致叙利亚高等教育质量严重下滑。因此，若想解决这一问题，最为便捷的方式就是吸引此类难民返回叙利亚。但是，当前接受过高等教育的叙利亚难民返回故土的愿望普遍偏低。以土耳其为例，在土耳其境内的叙利亚籍学生对叙利亚未来发展前景持乐观态度的为39%，仅有10%的人愿意在内战结束后返回叙利亚。[①] 这对叙利亚高等教育发展带来了相当大的挑战，可能在未来的很长一段时间内，叙利亚高等教育必须依靠现有的教育资源进行自我造血，这在一定程度上会延长高等教育的重建过程与周期。

结　语

2019 年，叙利亚局势整体好转。逐渐平息的战场态势，渐行开启的重建进程，都为叙利亚高等教育的恢复和发展，提供了难得的发展环境。然而，叙利亚高等教育仍然面临诸多困难，资金匮乏和人才缺失等问题依然严峻。如何有效整合高等教育资源，发挥高等教育在社会重建中的重要作用，是当前叙利亚高等教育面临的重要问题。

---

① Hans de Wit and Philip Altbach, "The Syrian Refugee Crisis and Higher Education", *International Higher Education*, Vol. 9, No. 1, 2019, p. 15.

B.9

叙利亚与国际组织交往的历史与现状

张文涛 *

摘 要： 在与国际社会交往过程中，叙利亚与国际组织产生了复杂而
密切的关系。叙利亚是阿拉伯国家联盟和联合国的创始国，
叙利亚借助与国际组织的交往推进其外交战略。叙利亚危机
爆发后，联合国安理会发生严重分歧，虽经其斡旋，叙内战
实现短暂停火，但是并未能阻止危机的进一步恶化。阿盟在
叙利亚危机初期的斡旋也宣告失败。叙利亚与国际组织的互
动是叙利亚外交的重要内容，展示了叙利亚与国际社会的关
系日益复杂化。

关键词： 叙利亚 国际组织 叙利亚危机

叙利亚是在阿拉伯世界一直占据着重要地位的国家之一。纵观叙利亚近
现代历史，无论是在民族主义解放运动中还是在国家现代化建设中，叙利亚
和国际组织都存在着千丝万缕的联系。特别是 2011 年叙利亚危机爆发以来，
阿拉伯国家联盟、联合国等国际组织在解决叙利亚危机方面开展了大量的工
作，国际组织已经成为解决和协调叙利亚问题不可缺少的力量，从而展示出
叙利亚与国际组织日益复杂的关系。

---

* 张文涛，西北大学历史学院世界史专业博士研究生，西北工业大学教育实验学院副研究员。

一 国际组织与近代叙利亚的联系

现代国际组织产生于 19 世纪初。欧洲反法联盟打败了法兰西第一帝国皇帝拿破仑·波拿巴（Napoleon Bonaparte）后，通过建立国际组织应对共同面临的问题，这成为欧洲国家广泛使用的国际交往方式。1815 年，拿破仑战争结束后，欧洲战胜国在维也纳举行会议，会议的一项重要内容是讨论协调解决莱茵河航行船只在不同国家的税率问题，由此诞生了世界上第一个现代意义的国际组织——莱茵河航行中央委员会（CCNR）。① 自此，国际组织的理念在欧洲开始出现，并随着欧洲殖民主义的扩张向欧洲以外地区蔓延。中东地区毗邻欧洲，又曾是英、法等欧洲国家的殖民地，因而成为欧洲国际组织理念推广、实践拓展和影响的地区。

欧洲国家将中东地区纳入其主导的国际组织主要有三方面原因。首先，通过建立宗教非政府组织，传播宗教。其次，通过建立国际组织，改变中东地区的卫生观念，规范卫生管理措施，控制传染病的暴发和传播。最后，通过建立国际组织，制定科学技术规范，协调和统一电报、邮政的现代通信技术的建设和管理标准。19 世纪初，穆罕默德·阿里在埃及实行改革，通过建立学校来推行阿拉伯文化和传播宗教。在叙利亚地区，这些学校最初建在黎巴嫩的贝鲁特及耶路撒冷等地，后来发展到大马士革和阿勒颇等地。当时美国也在这一地区传播宗教。② 美国的长老会和耶稣会在叙利亚建立了"叙利亚新教徒学院"（1866 年）和"圣约瑟耶稣会大学"（1875 年）。③ 教育的发展客观上促进了叙利亚的文化复兴，为阿拉伯民族主义兴起准备了条件。

---

① 入江昭：《全球共同体》，刘青、颜子龙、李静阁译，社会科学文献出版社，2009，第 14 ~ 15 页。

② 伊萨特阿尔·努斯等：《叙利亚地理与历史概要》，马肇椿译，生活·读书·新知三联书店，1974，第 162 ~ 163 页。

③ 黄民兴：《中东历史与现状十八讲》，陕西人民出版社，2008，第 70 ~ 71 页。

在文化复兴的推动下，叙利亚出现了"文艺科学协会"（1847 年）、"东方协会"（1850 年）、"叙利亚科学协会"（1857 年）等非政府组织，这些组织不能被称为国际组织，但是它们的出现标志着叙利亚地区民族意识逐渐形成。在西方文化的影响下，叙利亚地区通过建立非政府组织凝聚民族力量的活动开始萌芽。

在西方殖民侵略的过程中，瘟疫是令殖民者闻而色变的事物。1838 年，为了阻止霍乱从亚洲通过海路传入欧洲，欧洲国家与奥斯曼帝国共同成立高级卫生委员会（Supreme Commission for Hygiene），该组织对途经奥斯曼帝国各港口的船只进行卫生检疫，这也是中东地区国家最早加入欧洲发起建立的国际组织。当时，欧洲国家在黎凡特（Levant）地区采取隔离措施，防止黄热病从这里传往欧洲。①

欧洲国家为了加强与亚洲殖民地的联系，在宗主国与殖民地之间铺设电报线缆，建立电报邮政系统等，为了统一技术规格和服务标准，宗主国通过建立国际组织来推广其电报、邮政体系。从 1858 年开始，英国电报公司先后修建了三条联系伦敦和印度的电报线缆。其中一条就是从地中海途经叙利亚，到幼发拉底河和波斯湾的法奥港，走海底到达印度卡拉奇。② 叙利亚及其周边地区成为英国与印度电报线缆的中转站。

二 国际组织与叙利亚国家的建立

第一次世界大战后，世界上第一个真正意义的全球性国际组织——国际联盟（League of Nations）成立。此后，国际组织在全球范围内如雨后春笋般迅速增加。这一时期，作为阿拉伯民族主义一部分的叙利亚民族主义逐渐形成，叙利亚追求民族独立的愿望越来越强烈。在叙利亚建立民族独立国家

①　Norman Howard-Jones, "The Scientific Background of the International Sanitary Conference: 1851 - 1938", World Health Organization, Geneva, 1975, pp. 11 - 12.

②　The New York Times Archives, "The Indo-European Telegraph", March 26, 1865, https://www.nytimes.com/1865/03/26/archives/the-indoeuropean-telegraph.html.

的过程中，国际联盟发挥了重要作用。1919 年，巴黎和会决定建立国际联盟，而这一时期，正是叙利亚民族主义者要求摆脱殖民统治、建立独立的民族国家之际。1920 年 3 月，叙利亚民族主义者宣布叙利亚独立，并拥立费萨尔·侯赛因为叙利亚国王。1920 年 4 月，同盟国最高委员会（Supreme Council of Allied Powers，SCAP）在意大利圣雷默召开会议，决定将叙利亚交由法国委任统治。法军于 1920 年 12 月初完成对叙利亚的委任统治。1922 年 7 月 1 日，在法国委任统治下建立叙利亚联邦（Syrian Federation），下辖大马士革省、阿勒颇省和阿拉维自治区。

1922 年 7 月 24 日，国际联盟委员会正式批准法国委任统治下的叙利亚成立。1925 年 1 月，法国政府解散了叙利亚联邦，将大马士革和阿勒颇合并为叙利亚省。在法国的委任统治下，叙利亚民族主义者与法国殖民者进行了顽强不懈的斗争。1945 年 5 月，法国军队从贝鲁特登陆，轰炸了在大马士革的叙利亚议会，企图抓捕号召叙利亚独立的政治人物。阿拉伯国家联盟委员会 1945 年 6 月 6 日发表声明，支持叙利亚独立，要求法国军队撤出叙利亚。这时，叙利亚已经基本完成建国任务，受美、英等国邀请，叙利亚成为联合国创始会员国。1946 年 4 月 17 日，法国军队完全撤出叙利亚，叙利亚实现独立。

国际联盟批准法国对叙利亚的委任统治，在追求民族独立的过程中，阿拉伯国家团结起来，组建阿拉伯国家联盟，支持包括叙利亚在内的阿拉伯国家通过武装斗争争取民族独立。叙利亚又通过参加联合国从而获得国际社会的认可，叙利亚正是在与国际组织的互动中完成建国大业的。

三 叙利亚与阿拉伯国家联盟

阿拉伯国家联盟（简称阿盟）成立于第二次世界大战末期，是世界最早的区域性国际组织之一。1945 年 3 月，埃及、伊拉克、约旦、黎巴嫩、沙特阿拉伯、叙利亚和也门 7 个阿拉伯国家代表在开罗举行会议，通过了《阿拉伯国家联盟条约》，宣告阿拉伯国家联盟成立。

阿盟成立后，叙利亚在阿盟中发挥了重要的作用。1948年5月第一次中东战争爆发，叙利亚出动约1万人的部队投入战争，为阿盟在战争初期取得主动起到重要作用。1955年11月，艾森豪威尔政府为了达到分裂阿盟、镇压中东地区民族独立解放运动的目的，分别与土耳其、伊拉克、伊朗等国缔结条约，促成建立"巴格达条约组织"。美英帝国主义势力得以在中东地区进一步渗透。为了反击巴格达条约组织对阿拉伯国家的威胁，叙利亚与埃及等国签署双边或多边防御协定，成立阿拉伯国家防御同盟，与巴格达条约组织针锋相对。

1956年10月，第二次中东战争爆发。战争中，叙利亚与埃及、约旦组成军事同盟，从侧后方牵制以色列，有力地支援了埃及。第二次中东战争后，阿盟内部开始出现分歧。首先是成立于1958年的阿拉伯联合共和国失败，致使叙利亚与埃及交恶。1970年出现的"黑九月"事件①造成约旦与叙利亚不和。② 1977年，埃及因与以色列签署《戴维营协议》而被阿盟开除，叙利亚谋求阿拉伯国家联盟的领袖地位，阿盟内部的矛盾更加凸显。在20世纪80年代两伊战争期间，叙利亚公开支持非阿拉伯国家伊朗，导致自身与伊拉克断交，与阿盟交恶。

2011年3月，叙利亚危机爆发，并很快蔓延到叙利亚各地。叙利亚政府反对派结成联盟，与政府军展开激战。叙利亚内战爆发后，阿拉伯国家联盟积极斡旋促和，自内战爆发至2019年，叙利亚与阿盟的关系大致经历了三个阶段。

（一）阿盟积极斡旋，叙利亚对阿盟寄予希望

2011年初，阿盟成员国突尼斯、利比亚、埃及、巴林、也门等国均发生内乱，中东局势陷入动荡。2011年3月，美国和欧盟开始对叙利亚实施制裁。这时，阿盟对巴沙尔政府持信任态度。巴沙尔提出应展开"国家间

---

① 即1970年9月约旦驱逐境内巴勒斯坦解放组织武装分子的事件。
② Dilip Hiro, *A Comprehensive Dictionary of the Middle East*, New York: Olive Branch Press, 2013, p. 124.

对话",刚刚上任的阿盟秘书长阿拉比(Nabil al-Arabi)于 7 月与巴沙尔会晤。8 月,阿盟呼吁叙利亚结束暴力,要求叙利亚政府实施改革。[①] 叙利亚面对联合国的压力、美国和欧盟制裁,也希望阿盟能够从中调停,借助阿盟的力量,获得外部力量的支持、帮助。

(二)阿盟强势介入,对叙态度转变

2011 年 11 月,阿盟宣布中止叙利亚政府的成员国资格,并要求派遣一支 500 人的观察团赴叙利亚调查战争情况,同时对叙利亚实施经济制裁。制裁内容包括:禁止叙高层人士和官员出访阿拉伯国家;停止与叙利亚中央银行的交往;停止与叙利亚政府间贸易交流;冻结叙利亚政府的资金,停止与叙利亚政府的金融交往,停止与叙利亚商业银行的所有交往;停止所有阿拉伯国家中央银行向叙利亚中央银行就政府间贸易交流的出资;请求阿拉伯各国中央银行监控银行汇款和商业信贷;冻结阿拉伯国家为叙利亚境内项目的出资;等等。阿盟声称,制裁的目的是希望在阿盟框架内解决叙利亚危机。卡塔尔首相兼外交大臣贾西姆表示,"阿盟所做的一切是为了避免外部干涉"[②]。

2012 年 1 月,阿盟要求叙利亚总统巴沙尔·阿萨德将所有权力移交给第一副总统,并要求叙利亚当局在两个月内组建由政府和反对派双方参与的国民团结政府。2012 年 2 月,阿盟外长呼吁组建联合国阿盟维和部队并进驻叙利亚,遭到叙利亚政府的强烈反对。阿盟以支持叙利亚反对派和授予反对派阿盟成员国资格为要挟,要求巴沙尔下台。从 7 月开始,阿盟宣布断绝与叙利亚政府的一切往来,还要求其成员国召回驻叙利亚大使。

---

① 《叙利亚国家电视台:俄外长表示将与叙利亚领导人共同努力度过危机》,中国网,2012 年 2 月 8 日,https://www.china.com.cn/international/txt/2012 – 02/08/content_ 24579407. htm。
② 《美俄航母"集结"周边国家备战,叙利亚或掀大浪》,中国网,2011 年 12 月 1 日,https://www.china.com.cn/military/txt/2011 – 12/01/content_ 24052395. htm。

（三）反恐战争转移焦点，阿盟话语权微弱

"伊斯兰国"迅速兴起吸引了美国、俄罗斯、欧盟乃至整个世界的关注。"伊斯兰国"的迅速扩张，给阿拉伯国家带来巨大破坏，阿盟不得不把主要精力暂时转向打击"伊斯兰国"。2015年3月，阿盟成立阿拉伯国家联合部队，共同打击"伊斯兰国"恐怖组织，但是筹建工作进展缓慢，未有实质性突破。

2015年9月，俄罗斯出兵叙利亚，叙利亚政府军在战场上逐渐掌握主动权。2017年11月，在俄罗斯的帮助下，叙利亚政府基本肃清了"伊斯兰国"在其境内的残余，反恐战争取得阶段性胜利。联合国主导的叙利亚问题日内瓦和谈再度启动。阿盟在叙利亚问题上的话语权更加微弱。

2018年，随着叙利亚政府军在国内战场上取得压倒性优势，阿联酋、巴林等阿拉伯国家向叙利亚政府示好。阿拉伯国家为抗衡伊朗、土耳其等国在叙利亚的影响力，开始寻求改善与叙政府的关系。阿联酋、黎巴嫩、伊拉克等国提出恢复叙利亚阿盟成员资格的建议，但是遭到沙特、卡塔尔等国的坚决反对。随着叙利亚战争的日趋缓和，阿拉伯国家联盟与叙利亚关系缓和，叙利亚重返阿盟的可能性不断变大。

四　叙利亚与联合国

叙利亚是联合国的创始会员国，叙利亚与联合国一直保持着密切的互动关系。1943年12月，叙利亚宣告独立，并举行了议会选举，恢复了宪法，虽然英、法占领军还未完全撤出，实际上叙利亚已经成为完全独立的国家。① 刚刚独立的叙利亚希望参与国际事务，尽快得到国际社会的认可，因此，叙利亚积极加入联合国。1945年5月，叙利亚受邀出席旧金山会议，签署了《联合国宪章》，成为联合国创始会员国之一。

---

① 　王新刚：《中东国家通史·叙利亚和黎巴嫩卷》，商务印书馆，2007，第266～267页。

（一）叙利亚积极参与联合国事务

1947 年 11 月 29 日，联合国大会通过巴勒斯坦分治的第 181 号决议，叙利亚作为联合国成员国，与其他阿拉伯国家一道立即表示强烈反对。大马士革等城市还爆发了大规模游行示威活动。1948 年 5 月 14 日，以色列宣布建国。第二天，埃及、叙利亚等 5 个阿拉伯国家即向以色列宣战，第一次中东战争爆发。以色列建国后，随即申请加入联合国。叙利亚作为联合国成员国，多次阻挠以色列加入联合国的动议。1949 年，以色列成功加入联合国，包括叙利亚在内的阿拉伯国家随即在联合国内部，与以色列展开了激烈的斗争。1949 年 8 月 4 日，联合国安理会举行第 434 次会议，决定邀请叙利亚代表参与讨论巴勒斯坦问题。之后，叙利亚多次受联合国邀请参加关于巴勒斯坦停火的相关会议。

1955 年 11 月，美国艾森豪威尔政府为了达到分裂阿拉伯国家联盟、镇压中东地区民族独立解放运动的目的，分别与土耳其、伊拉克、伊朗等国缔结条约，在中东地区建立"巴格达条约组织"。巴格达条约组织的建立遭到了叙利亚等国的强烈反对，叙利亚、埃及等中东国家认为，巴格达条约组织的建立是对阿拉伯国家的威胁。叙利亚、埃及等国家分别签署双边或多边防御协定，形成了与巴格达条约组织针锋相对的阿拉伯国家防御同盟。1957 年 8 月，叙利亚政府以美国试图帮助土耳其和伊拉克颠覆叙政府为由，驱逐三名美国外交官。9 月，土耳其在土叙边境集结 3.3 万名士兵。苏联在联合国大会上谴责土耳其有意入侵叙利亚，并表示如果叙利亚受到侵犯，苏联绝不会袖手旁观。① 巴格达条约组织的建立把叙利亚和埃及推向了苏联阵营，也使叙利亚与埃及越走越近，直到 1958 年两国合并，建立阿拉伯联合共和国。这一阶段，联合国成为美苏拉拢包括叙利亚在内的中东国家的工具。

20 世纪 60 年代，阿以冲突成为中东国际关系的核心问题。1962 年，叙

---

① Michael B. Bishku，"Turkish-Syrian Relations: A Checkered History"，*Middle East Policy*，Vol. XIX，No. 3，Fall 2012，pp. 40 – 41.

利亚与以色列关系再度紧张，叙利亚将争端诉诸联合国。联合国安理会4月9日通过决议，要求叙以双方恪守1956年签署的停火协定，并谴责以色列违反停火协定，要求以色列政府立即停火。1967年6月，第三次中东战争爆发，叙利亚在战争中惨败，失去了戈兰高地等大约1200平方公里的土地。叙利亚多次在联合国谴责以色列违法联合国停战协定，要求以色列退出戈兰高地、停止破坏历史遗迹、遣返叙利亚难民。

20世纪70年代后，哈菲兹·阿萨德上台。叙利亚国内政局日渐稳定，经济得到发展，国力不断增强。叙利亚对外政策趋于务实，着力树立大国形象。[①] 从1971年下半年开始，叙利亚一改在联合国与以色列针锋相对的做法，更多地采取"只做不说"的策略。1971年8月26日，叙利亚以指责犹太电报局公布戈兰高地定居点问题为由，致信联合国秘书长吴丹，抗议以色列在戈兰高地增加犹太人定居点。之后，叙利亚很少向联合国秘书长和安理会致信或提交议案。反倒是以色列继续在联合国不断通过外交的手段给叙利亚制造舆论压力。从1971年8月至1979年底，以色列在联合国针对叙利亚共62次致函安理会主席或联合国秘书长，指责叙利亚违反联合国停战协定以及虐待战俘等问题，但叙利亚则仅仅在战俘和保护平民等问题上予以回应。这一状况与60年代双方在联合国唇枪舌剑、有来必有往的对抗形成鲜明对比。1973年，第四次中东战争爆发，叙利亚又丧失400平方公里土地。1974年，在联合国和美国的斡旋下，叙利亚和以色列在日内瓦签署戈兰高地军队脱离接触协议，联合国安理会在叙伊边境派驻联合国脱离接触观察员部队，沿戈兰高地在占领区东侧建立一个南北长80公里、东西宽400～6000米的非军事区。

（二）叙利亚危机与联合国的介入

叙利亚危机爆发后，联合国迟迟未予表态，联合国内部各方的不同立场使联合国难以形成统一立场。直到2011年8月3日，联合国安理会才发表

① 王新刚：《中东国家通史·叙利亚和黎巴嫩卷》，商务印书馆，2007，第286～287页。

主席声明，呼吁叙利亚政府要全面尊重人权，遵守相关国际法义务，并追究暴力行为实施者的责任。安理会还要求联合国秘书长在 7 天内就叙利亚局势进行汇报。时任联合国秘书长的潘基文也向叙利亚发出呼吁，希望阿萨德总统不要忽视来自国际社会的多次呼吁，尽快结束当前的局势。①

2011 年 10 月 4 日和 2012 年 2 月 4 日，联合国安理会先后两次就叙利亚问题决议草案进行投票，安理会五大常任理事国意见分歧严重，中俄两国两度投出反对票，否决了对叙利亚政府进行经济制裁和要求巴沙尔政府下台的议案。2012 年 2 月 23 日，时任联合国秘书长潘基文和时任阿拉伯国家联盟秘书长阿拉比共同任命联合国前秘书长科菲·安南为叙利亚危机联合国和阿盟联合特使。3 月 10 日，安南向叙利亚总统提出六点建议，要求各方停止一切形式的暴力武装行动；政府军立即停止在居民区使用重武器，并撤出居民区；允许国际社会开展人道主义援助；给予记者行动自由；保障和平示威的权利等。叙利亚政府随后承诺接受六点建议，叙利亚冲突双方首次宣布停止暴力行动。

2012 年 4 月 21 日，联合国安理会通过第 2043 号决议，决定设立联合国叙利亚监督团。联合国叙利亚监督团分别在霍姆斯、伊德利卜、哈马和德拉市设立常驻点。6 月 15 日，因为叙武装冲突升级，监督团活动中止。8 月 19 日，联合国叙利亚监督团活动完全结束。联合国安理会虽然在叙利亚问题上难以统一，但在部署叙利亚监督团问题上极其罕见的意见一致。但遗憾的是，监督团发挥的作用有限，没有对叙利亚局势产生重要影响。

2012 年初，联合国成立叙利亚问题行动小组。2012 年 6 月 30 日，叙利亚问题行动小组在日内瓦举行外长会议并发表公报，呼吁组建叙利亚所有社会力量参与的过渡管理机构，但各方在过渡管理机构人员构成上未达成一致。② 2013 年 3 月，叙利亚常驻联合国代表贾法里在纽约联合国总部表示，

---

① 《安理会发表主席声明，谴责叙利亚镇压平民》，凤凰网，2011 年 8 月 4 日，https://www.news.ifeng.com/c/7fa6iJMALTt。

② 余国庆：《角逐叙利亚：从日内瓦到阿斯塔纳》，《世界知识》2017 年第 6 期，第 54 ~ 55 页。

叙利亚政府已请求联合国方面对叙利亚冲突中使用化学武器一事进行调查，要求叙利亚反对派交出化学武器。根据美俄就叙利亚化武问题达成的框架协议，叙利亚于 9 月 20 日将其化学武器库清单交给禁止化武组织。随后，联合国通过决议，授权对叙利亚化学武器进行核查和销毁。这是在叙利亚危机爆发以来联合国安理会通过的第一个有关叙利亚的决议。

（三）联合国附属机构与叙利亚

世界银行（World Bank，WB）成立于 1945 年，由国际复兴开发银行、国际开发协会、国际金融公司、多边投资担保机构和国际投资争端解决中心五个成员机构组成。1947 年 4 月 10 日，叙利亚签署国际复兴开发银行章程，正式成为世界银行的成员。1950 年 10 月，世界银行代表团由道西·史蒂芬斯（Dorsey Stephens）率领，首次访问叙利亚。1954 年，世界银行对叙利亚进行了经济普查。在世界银行的协调下，叙利亚于 1962 年成为国际开发协会（International Development Association，IDA）的第 62 个会员。叙利亚危机爆发后，世界银行一直关注叙利亚的经济情况，曾对叙利亚因战争造成的经济损失进行评估。2013 年底，世界银行在叙利亚筹建基金会，用于救助叙利亚难民。

联合国难民署是联合国难民事务高级专员公署（United Nations High Commissioner for Refugees，UNHCR）的简称。叙利亚是国内移民数量（760 万人）和难民数量（2014 年底 388 万人）最多的国家。[1] 联合国难民署在叙利亚危机中主要开展了三方面工作。一是公布难民数据，向国际社会发出救助难民的呼吁。联合国难民署在叙利亚危机爆发以来，通过其网站及新闻媒体，向世界及时公布难民的数量、流动方向及其所需的援助。二是研究难民问题，向国际社会提供难民问题解决方案。联合国难民署多次向欧盟建言，提出叙利亚难民搬迁方案，并呼吁欧盟国家团结应对。三是派驻协调

---

① 《西报：帝国主义在中东——从"阿拉伯之春"失败到难民危机》，环球视野，2015 年 9 月 21 日，http：//www.globalview.cn/html/global/info_ 6073. html。

员，向难民提供帮助。联合国难民署在中东设有办事处，2013 年，土耳其、黎巴嫩、约旦和伊拉克难民压力剧增，为了缓解叙利亚周边国家的难民压力，联合国难民署向法国提出了协助解决难民问题的要求，在联合国难民署的积极协调下，法国政府同意接收部分难民。

五　叙利亚与其他国际组织

1977 年 1 月，叙利亚与欧盟的前身——欧洲经济共同体（简称欧共体）在比利时布鲁塞尔签署合作协议，奠定了双方合作的基础。该协议规定了叙利亚与欧共体广泛的合作范围。叙利亚希望借此促进其经济与社会的发展。欧共体也表示将启动援助叙利亚经济发展计划，内容涉及基础设施投资，帮助叙利亚加快工业化进程，提高农业生产率等。20 世纪 90 年代，欧盟设立"复兴地中海政策"（Renovated Mediterranean Policy），旨在推进中东国家民主化进程，叙利亚获得少部分资金援助。2004 年和 2008 年，叙利亚与欧盟又签署协议，叙利亚加入了欧盟主导的"地中海联盟"（Union of Mediterranean）和"欧洲睦邻政策"（European Neighborhood Policy，ENP）。

2011 年 3 月，叙利亚危机爆发，欧盟明确表示对巴沙尔政权的批评，强烈谴责叙利亚政府的行为。欧盟随后中止了与叙利亚政府的外交关系，欧盟成员国法国、英国、意大利、荷兰等先后关闭在大马士革的使馆，欧盟也同时中止了叙利亚在欧盟的投资项目，欧洲投资银行（European Investment Bank，EIB）停止了给叙利亚政府的贷款项目。2012 年底，欧盟转而支持叙利亚反对派。欧盟一方面采取冻结叙利亚公司和个人的资产、禁止成员国向叙利亚人发放签证等手段，向叙利亚发起多轮经济制裁；另一方面，欧盟还通过决议，对叙利亚提供人道主义援助。在整个叙利亚危机期间，欧盟给予叙利亚的人道主义援助超过 10 亿欧元。[1]

---

[1]　《欧盟将向叙利亚及其邻国追加 4 亿欧元人道援助》，中国青年网，2013 年 6 月 5 日，http：//news. youth. cn/gj/201306/t20130607_ 3331206. htm。

"海湾阿拉伯国家合作委员会"（Cooperation Council for the Arab States of Gulf，简称海合会）与叙利亚关系密切。海合会成立于 1981 年 5 月。1979 年伊朗伊斯兰革命后，与伊朗邻近的海湾国家沙特阿拉伯、阿拉伯联合酋长国、科威特、卡塔尔、阿曼和巴林建立联盟。海合会名义上以开展经贸合作为主，实际上是为应对新兴的伊朗，由 6 个海湾君主制国家成立的政治联盟。叙利亚与海合会成员国同为阿拉伯国家，但是往往就具体的地区议题产生矛盾。两伊战争期间，叙利亚公开支持伊朗，与海合会的关系冷淡。

叙利亚危机爆发后，海合会国家实际上也处于极度危险之中。所谓的"阿拉伯之春"的风暴强势来袭，海湾君主国也感到了自己的政权岌岌可危，幸而局势很快得到控制。但是，在处理与叙利亚的关系上，海合会躲在阿拉伯国家联盟的外衣下，采取观望姿态，并未过多地干涉叙利亚危机。

结　语

叙利亚危机给叙利亚人民带来了深重的灾难，也使叙利亚经济受到重创，严重破坏了叙利亚的文化和社会稳定。在叙利亚危机的解决过程中，联合国、阿拉伯国家联盟、欧洲联盟、海合会以及其他国际组织等扮演了不同的角色。它们有的出于维护世界和平和人类发展的利益，协调叙利亚危机的解决；有的从地区主义的角度出发，从不同方面参与调停和解决叙利亚危机。在国际组织背后，不同国家，特别是一些世界大国也以国际组织为工具，在叙利亚乃至中东地区展开利益角逐。无论怎样，国际组织与叙利亚的互动有着深刻的时代背景和现实影响，对解决叙利亚问题将发挥较大的作用。

B.10
俄罗斯与伊朗在叙利亚
问题上的合作与分歧

吕佳行　王　晋*

摘　要： 俄罗斯是世界大国，伊朗是中东大国，俄伊双边关系对中东政治格局具有重大影响。俄伊两国都支持叙利亚政府，打击叙利亚境内的极端主义和恐怖主义组织，并在叙利亚问题上，保持着密切的沟通与合作。但与此同时，伊朗和俄罗斯在外国军队撤离叙利亚，以及与以色列和沙特关系上，存在着较大分歧。俄罗斯"世界大国"战略地位与伊朗"中东大国"战略地位的差异，是俄罗斯与伊朗在叙利亚问题上分歧的根本原因。

关键词： 叙利亚问题　伊朗　俄罗斯

2019年，俄罗斯和伊朗继续在叙利亚问题上扮演重要的当事方的角色。俄罗斯和伊朗在叙利亚问题上有着相似的立场和关切，共同支持阿斯塔纳进程和索契进程。但是俄罗斯和伊朗在叙利亚问题上也存在着较为明显的分歧和竞争，俄罗斯和伊朗在叙利亚问题上的分歧源自两国对叙利亚问题的理解差异，更源自两国在国际体系中的身份差异。

---

* 吕佳行，西北大学中东研究所硕士研究生；王晋，博士，西北大学中东研究所副教授，西北大学叙利亚研究中心特约研究员。

一 俄罗斯和伊朗在叙利亚问题上的合作

在叙利亚问题上，俄罗斯和伊朗有着相似的立场。比如，俄罗斯和伊朗共同支持叙利亚政府；并积极主持、推进国际机制，帮助缓和叙利亚国内紧张局势；开启叙利亚政治重建进程。

首先，俄罗斯和伊朗共同打击叙利亚境内的极端主义和恐怖主义组织。在叙利亚危机爆发后，伊朗就提出叙利亚境内的恐怖分子和极端分子是叙利亚动荡的主要元凶。"叙利亚动荡……是恐怖分子策划和实施，旨在推翻叙利亚政府，进而在中东地区扩张极端主义和恐怖主义思想。"[1] 伊朗认为极端分子和恐怖分子力图在叙利亚制造混乱，进而将叙利亚转变为中东地区极端分子和恐怖分子的重要基地。在伊朗看来，极端分子和恐怖分子最终的目标是伊朗，因此帮助叙利亚就是帮助伊朗自身。叙利亚危机爆发后，伊朗高层就提出："叙利亚境内的极端分子，其目标是在中东地区扩散恐怖主义和极端主义，因此保卫叙利亚，就是保卫伊朗自己。"[2]

俄罗斯也认为，放任极端主义在叙利亚境内扩散，将会最终威胁俄罗斯自身的国家安全。在俄罗斯看来，叙利亚的动荡局势，将给中东地区的极端分子和组织提供重要的战略机遇。极端势力在中东的壮大，将会威胁叙利亚境内东正教团体的安全。有俄罗斯学者就此提出，俄罗斯介入叙利亚危机的动机有多重层面的因素，其中"东正教的传统伦理道德成为莫斯科对外政策的基石……在这种情况下，弗拉基米尔·普京和他的盟友基里尔牧首开始寻求扮演基督教信仰捍卫者的角色"[3]。历史上，叙利亚及其周边地区居民

---

[1] Michael Eisentadt, "Iran's Military Intervention in Syria: Long-Term Implications", Washington Institute for Near East Policy, October 2015, https://www.washingtoninstitute.org/policy – analysis/view/irans – military – intervention – in – syria – long – term – implications.

[2] Thomas Juneau, "Iran's Costly Intervention in Syria: A Pyrrhic Victory", *Mediterranean Politics*, Vol. 34, No. 3, May 2018, p. 2.

[3] Dmitri Trenin, "The Mythical Alliance: Russia's Syria Policy", *Carnegie*, February 12, 2013, https://carnegie.ru/2013/02/12/mythical – alliance – russia – s – syria – policy – pub – 50909.

与俄罗斯国内的东正教团体关系密切。基辅罗斯全国子民于 10 世纪末正式受洗，该国因此成为君士坦丁堡教会的都主教区，天主教派去的首任都主教是来自叙利亚安提阿教会的东正教教士。有俄罗斯学者就提出，"在我们基督信仰的源头处，总能看到安提阿教会和俄罗斯教会之间的联系"①。随着国内战乱的加剧，叙利亚东正教群体也受到极端分子的迫害和杀戮，俄罗斯国内宗教界和社会舆论，也因此要求普京总统派出部队进驻叙利亚，维护叙利亚国内秩序稳定，保护当地的东正教社团。

俄罗斯也担心叙利亚的极端分子和组织，会威胁中亚和高加索地区的安全与稳定。长期以来，俄罗斯一直担心失去在中亚和高加索地区的影响力，布热津斯基就曾提出，中亚和高加索是俄罗斯地缘战略的"软肋"，提出"有一个欧洲的俄罗斯、一个西伯利亚共和国和一个远东共和国组成的松散邦联制的俄罗斯也更容易同欧洲、新的中亚国家和东方建立更密切的经济关系"②。与此同时，俄罗斯也同样担心极端组织在中亚和高加索地区蛊惑和影响当地的穆斯林。"极端分子和恐怖分子很可能会利用叙利亚……联合中亚和高加索的极端分子和恐怖分子，最终威胁俄罗斯的国家安全。"③

其次，俄罗斯和伊朗力挺叙利亚政府，将其视为抵抗美国和西方国家单边主义的重要阵地。2011 年叙利亚危机爆发后，俄罗斯和伊朗一直坚持承认叙利亚政府的合法性，抵制美国、欧洲和土耳其等国发起的"叙利亚之友"国际会议。伊朗与俄罗斯还先后间接支持援助和直接出兵叙利亚，帮助叙利亚政府军收复失地。伊朗和俄罗斯在多个场合，呼吁叙利亚问题相关当事方"尊重叙利亚主权和领土完整"，反对外来势力对叙利亚事务的干涉。

伊朗一直认为，叙利亚动荡是美国制造的，其目的是肃清伊朗的中东盟

---

① 魏熊生、汪宁：《俄罗斯对叙利亚政策中的东正教因素》，《俄罗斯研究》2020 年第 1 期，第 68 页。

② 〔美〕布热津斯基：《大棋局》，上海人民出版社，2017，第 165 页。

③ Mark N. Katz，"Russia and the Conflict in Syria：Four Myths"，*Middle East Policy*，Vol. 20，No. 2，June 2013，p. 35.

友，进而威胁伊朗的国家安全。伊朗军界高层认为，"很明显，2006年以色列和'黎巴嫩真主党'的战争之后，美国人和他们的仆从们就一直琢磨如何击败我们……既然他们不可能直接击败伊朗，他们也无法击败'黎巴嫩真主党'，那么他们就只能考虑其他的办法——攻击阿拉伯世界的心脏：叙利亚！"①

俄罗斯也认为，美国和其他西方国家在叙利亚的动荡中，发挥着消极的作用。美国不仅直接在叙利亚国内策动反政府宣传，还滥用单边主义干涉叙利亚内政，支持叙利亚反政府政治和军事团体。"俄罗斯将叙利亚视为与美国博弈的重要平台……俄罗斯不希望失去叙利亚，不希望看到美国将俄罗斯彻底驱逐出中东地区。"②

最后，俄罗斯和伊朗都支持通过政治手段解决叙利亚问题。俄罗斯和伊朗尽管都出兵支持叙利亚政府，但是两国都认为军事手段无法彻底解决叙利亚问题，必然需要通过政治谈判来解决。2019年伊朗最高领袖哈梅内伊在接见到访的叙利亚总统巴沙尔·阿萨德时就表示，"战争不能解决任何问题……美国推行的干涉政策，只能加剧事态的严重性"③。

与伊朗相似，俄罗斯也坚持认为只有政治手段才能最终解决叙利亚问题。在俄罗斯看来，叙利亚政府军在战场上的优势，可以通过军事行动予以维持，但是如果彻底解决叙利亚问题，必然需要叙利亚政府与叙利亚各个政治团体和反对派之间进行对话，才能够最终实现。俄罗斯反对以美国为首的西方国家和叙利亚周边邻国对叙利亚内政的干涉，鼓励叙利亚政府积极地与叙利亚政治团体和反对派展开对话，最终促成和平的早日实现。"俄罗斯希望叙利亚政治重建能够早日实现突破……推动叙利亚问题的最

---

① Hamed Mousavi and Amin Naeni，"Iran and Russia Pivot to the East：Was It U. S. Pressure？"，*Middle East Policy*，Vol. XXVI，No. 3，Fall 2019，p. 110.

② Jiri Valenta and Leni Friedman，"Why Putin Wants Syria"，*Middle East Quarterly*，Vol. 23，Issue 2，Spring 2016，p. 1.

③ "Iran Proud of Supporting Syria：Ayatollah Khamenei"，The Iran Project，February 25，2019，https：//theiranproject. com/blog/2019/02/26/iran – proud – of – supporting – syria – ayatollah – khamenei/.

终解决。"①

俄罗斯和伊朗共同支持叙利亚政府,并赞成通过国际机制来协调和解决叙利亚问题。2019 年,俄罗斯和伊朗,继续通过叙利亚问题阿斯塔纳和平机制,来维持叙利亚战场局势的稳定。在 2019 年 4 月阿斯塔纳会议上,俄罗斯、伊朗和土耳其共同表示,将会继续尊重叙利亚领土主权完整,并致力于通过政治手段解决叙利亚问题。② 在 2019 年 9 月阿斯塔纳会议上,俄罗斯和伊朗再次向叙利亚表示,将会支持将叙利亚反政府武装占据的伊德利卜省"归还给"叙利亚政府的倡议,但是"这一过程将会需要时间和耐心",表达了对于叙利亚政府军发动对叙利亚反政府武装大规模进攻的保留态度。③ 而在 2019 年 2 月举行的索契峰会上,俄罗斯、伊朗和土耳其共同表示,将会继续打击现在叙利亚境内的恐怖组织和极端组织,并致力于通过建立"叙利亚宪法委员会",制定新的叙利亚宪法,来开启叙利亚政治重建进程。④

二 俄罗斯与伊朗在叙利亚问题上的分歧

尽管俄罗斯与伊朗在叙利亚问题上存在着利益共同点,但是双方在一系列具体议题上,也存在着明显的分歧。

---

① "What Putin Really Wants in Syria", *Foreign Policy*, February 1, 2019, https://foreignpolicy.com/2019/02/01/what – putin – really – wants – in – syria – russia – assad – strategy – kremlin/.

② "New Name, Same Old Problems: Syria Talk Kick off", *Al-Monitor*, April 30, 2019, https://www.al – monitor.com/pulse/originals/2019/04/russia – turkey – iran – nursultan – astana – talks.html.

③ "What the Latest Astana Summit Tells Us About Iran's Attitude in Syria", *Al-Monitor*, September 17, 2019, https://www.al – monitor.com/pulse/originals/2019/09/astana – summit – iran – turkey – russia – position – syria.html.

④ "For Iran, the Lastest Sochi Summit Was not Just About Syria", *Al-Monitor*, February 22, 2019, https://www.al – monitor.com/pulse/originals/2019/02/iran – syria – sochi – summit – rouhani – mediation – adana – agreement.html.

（一）"撤军"与"留驻"

首先，在叙利亚问题上，俄罗斯与伊朗就"外国驻军"去留，以及叙利亚政治重建的安排上存在分歧。俄罗斯一直要求，伊朗军队能够和其他"外国军队"一起，撤离叙利亚，进而鼓励叙利亚政府积极参加叙利亚政治重建进程。[①] 而伊朗则认为，叙利亚境内的反对派军事团体仍然存在，而且以色列还继续"非法占据"戈兰高地，因此反对将军队大规模撤离叙利亚。

俄罗斯认为，伊朗军事人员大规模留驻叙利亚，会降低叙利亚政府与叙利亚反对派对话的意愿。"伊朗在叙利亚的军事存在，已经成为叙利亚问题和平解决的重要障碍，伊朗的支持给叙利亚政府带来了不切实际的期待。叙利亚政府仍然寄希望于通过武力手段来解决国内争端。"[②] 因此在 2019 年 6 月，俄罗斯副外长亚历山大·格鲁什科（Alexander Grushko）就提出："我们认为，随着叙利亚政府军打击恐怖主义的军事行动不断取得胜利，以及政治进程进入了好转的阶段，外国军事力量将会从阿拉伯叙利亚共和国的土地上撤离。"俄罗斯要求"所有的外国军队都要从叙利亚境内撤离……包括土耳其军队、美国军队、伊朗军队和黎巴嫩真主党武装"[③]。

与俄罗斯不同，伊朗反对从叙利亚撤离军队。伊朗认为，"其他国家在叙利亚战场上胜负都无所谓，但是对于伊朗来说，只能胜利。不能在叙利亚取得全胜，那么不仅会给伊朗带来巨大的灾难，也将给什叶派带来巨

---

① 俄罗斯在叙利亚问题上的政策，可以参见王晋《盟友还是对手？俄罗斯与伊朗、土耳其在叙利亚问题上的关切与挑战》，《俄罗斯研究》2020 年第 1 期，第 39～62 页。

② Yury Barmin, "Russia and Israel: The Middle Eastern Vector of Relations", Russian International Affairs Council, https://russiancouncil.ru/en/activity/workingpapers/russia – and – israel – the – middle – eastern – vector – of – relations/.

③ "Russia Calls for Withdrawal of Foreign Troops from Syria", *Middle East Monitor*, July 13, 2019, https://www.middleeastmonitor.com/20190713 – russia – calls – for – withdrawal – of – foreign – troops – from – syria/.

大的灾难"①。伊朗在宣传中，将叙利亚视为自己的"第 35 个省"②。伊朗希望能够留驻在叙利亚，保卫叙利亚政府，支持叙利亚政府军彻底击败叙利亚反政府武装，统一叙利亚全境。

伊朗将保卫叙利亚政府视为履行宗教义务的一部分。伊朗是建立在什叶派"教法官监国"政治原则上的国家，而叙利亚是伊斯兰世界内，唯一一个什叶派占少数却占据政治主导地位的国家。伊朗将保卫叙利亚政府和击败叙利亚反对派武装视为重要的宗教义务。大马士革的赛依达·宰伊纳布清真寺（Sayyida Zeinab Mosque）是什叶派穆斯林心中的重要圣地。2011 年叙利亚危机爆发后，伊朗不仅直接帮助叙利亚政府军作战，还积极协调和动员来自黎巴嫩、伊拉克和阿富汗的什叶派民兵进驻叙利亚，一同保卫叙利亚政府。

（二）对以色列和沙特的认知差异

俄罗斯和伊朗对于以色列和沙特在叙利亚问题上的作用，有着较大的认知差异。伊朗将沙特和以色列视为叙利亚动荡的重要"帮凶"，伊朗国内不少强硬派甚至要求要直接打击沙特和以色列；而俄罗斯则谋求在中东地区树立"大国"形象，因此需要维持与以色列和沙特的友好关系，重视以色列和沙特在叙利亚问题上的重要作用。

伊朗将以色列视为叙利亚动荡乃至中东动荡的主要因素。伊朗认为"美国是邪恶的'大撒旦'，而以色列是邪恶的'小撒旦'"③。伊朗否认以色列存在的合法性，将其定性为美国的"阴谋"。伊朗认为以色列之所

---

① "Iran, Russia Vie for Influence in Syria", *MEMRI*, September 23, 2019, https：//www. memri. org/reports/struggle－between－russia－iran－control－over－syrias－centers－power.

② Karim Sadjadpour, "Iran's Real Enemy in Syria", Carnegie Endowment for International Peace, April 16, 2018, https：//carnegieendowment. org/2018/04/16/iran－s－real－enemy－in－syria－pub－76085.

③ Steven O'Hern, *Iran's Revolutionary Guard：The Threat that Grows While America Sleeps*, Washington：Potomac Books, 2012, p. 3.

以能够在中东建立起来，并在多次中东战争中击败其他阿拉伯国家，其根本原因是美国的大力支持。在伊朗看来，以色列代表美国的利益，是美国在中东欺压其他伊斯兰国家的"帮凶"。伊朗指责以色列在中东地区"挑拨离间"，分化中东国家的团结。为了维系国家安全，以色列一直尝试利用中东国家间的民族、教派和意识形态纷争，来谋取自己的国家安全利益。"在阿拉伯封锁之墙以外，有其他一些重要的中东和非洲国家，其中最为重要的就是伊朗和土耳其。尽管这两国都是伊斯兰国家，但是他们的外交政策是出于政治利益，而非宗教情感。"① 伊朗抨击以色列介入中东国家间的纷争，认为以色列的干预是造成中东地区动荡的主要原因。

伊朗长期批评和否定沙特的政治体制。一方面，伊朗认为沙特的"王国体制"有违伊斯兰教义，否定沙特政府的合法性。1979 年伊斯兰革命之后，伊朗的君主制度被推翻，开始实施以什叶派"教法官监国"理念为核心的政治制度；沙特阿拉伯却继续保持沙特家族治理下的、尊奉逊尼派瓦哈比教义的君主制度。伊朗认为沙特君主制度有违伊斯兰教义中"认主独一"（Tawheed）原则，是建立在专制君主之上的压迫制度。② 另一方面，伊朗认为沙特是美国和以色列的"代理人"。伊朗认为沙特与美国和以色列保持着亲密的关系，进而成为美国和以色列干涉和压迫中东国家的工具。③ 此外，伊朗和沙特还在争夺伊斯兰世界领导权和石油市场份额等方面展开长期博弈。

在叙利亚问题上，伊朗认为以色列和沙特是叙利亚和平的重要障碍。在伊朗看来，以色列仍然占据叙利亚的合法领土戈兰高地，并且继续向叙利亚境内发动军事袭击，严重干涉了叙利亚的国家主权。伊朗一些强硬派人士一直要求加大伊朗在叙利亚的军事存在，列装更加先进的武器装备，帮助叙利

---

① Mark Tessler, "Israel, Arms Exports and Iran: Some Aspects of Israeli Strategic Thinking", *Arab Studies Quarterly*, Vol. 11, No. 1, Winter 1989, p. 115.

② 伊朗伊斯兰革命的缔造者、最高领袖霍梅尼曾指出，君主制度和世袭制度是违反伊斯兰教义的，并将沙特王室同伊朗被推翻的巴列维王室相提并论。

③ 吴冰冰：《从对抗到合作——1979 年以来沙特与伊朗的关系》，《阿拉伯世界研究》2001 年第 1 期，第 40~44 页。

亚政府军收复戈兰高地，"收复耶路撒冷"和"消灭以色列"。①

伊朗认为沙特是叙利亚境内极端主义和恐怖主义分子的重要支持者。沙特奉行的逊尼派瓦哈比教义，是叙利亚极端分子所奉行的极端思想的主要源泉。沙特暗中支持叙利亚反对派军事武装，并公开支持叙利亚反对派政治团体，事实上成为叙利亚和平的重要障碍。因此伊朗认为，叙利亚政府需要抵制来自沙特等阿拉伯国家的压力，拒绝与沙特等阿拉伯国家恢复外交和经贸联系。2019 年 7 月，伊朗议会国际事务助理议长侯赛因·阿米尔·阿卜杜拉希安（Hossein Amir Abdollahian）造访大马士革会见叙利亚总统巴沙尔，要求叙利亚政府保证不会与美国和沙特"过度走近"。②

与伊朗对以色列和沙特的敌视不同，俄罗斯重视发展与以色列和沙特的双边关系。俄罗斯和以色列关系紧密。一方面，以色列国内有大量俄裔犹太人，这些俄裔犹太人成为以色列和俄罗斯双边关系的重要纽带。普京总统曾经指出，"以色列一半人会说俄语"，朝觐耶路撒冷的俄罗斯东正教徒也一直受到以色列的保护和欢迎。③ 另一方面，俄罗斯重视以色列与美国犹太院外集团的作用，希望以色列成为美国和俄罗斯关系的"传话人"和"协调员"。④ 在叙利亚问题上，俄罗斯默许以色列在叙利亚境内发动针对伊朗及其支持的什叶派军事力量的空袭，支持以色列继续控制"戈兰高地"等叙利亚领土。⑤ 正如俄罗斯副外长谢尔盖·里亚布科夫（Sergei Ryabkov）所

---

① "Israeli Strikes on Iran in Syria May Lead to War", *Jerusalem Post*, January 30, 2019, https://www.jpost.com/Israel – News/Israeli – strikes – on – Iran – in – Syria – may – lead – to – war – US – intelligence – chief – 579184.

② "Muallem, Abdollahian Discuss Strategic Relations Between Syria and Iran", *The Syrian Observer*, July 16, 2019, https://syrianobserver.com/EN/news/51714/muallem – abdollahian – discuss – strategic – relations – between – syria – and – iran.html.

③ 王晋：《以色列与俄罗斯之间的关键议题》，《世界知识》2016 年第 11 期，第 50～51 页。

④ See Zvi Magen, "The Trilateral Israel-US-Russia Meeting: Motives and Ramifications", *INSS Insight*, No. 1178, June 23, 2019.

⑤ 王晋：《以色列在叙利亚问题上的关切、应对与挑战》，《当代世界》2019 年第 1 期，第 59～63 页。

言，"我们从未否定以色列安全的重要性……以色列人知道，美国人也知道，所有人都知道，伊朗、土耳其和叙利亚政府都明白这一点。保卫以色列的安全，是俄罗斯外交的优先目标之一"①。

俄罗斯重视发展与沙特等海湾国家的关系。"对于俄罗斯来说，沙特在军售领域的重要性越发凸显，沙特与俄罗斯在核能领域的合作同样潜力巨大，俄罗斯与沙特重视彼此在能源领域的合作关系。"② 一方面，俄罗斯与沙特是重要的能源出口国，双方在管控国际油价方面，存在着共同的利益。俄罗斯一直是世界石油市场的主要参与者之一。2019 年，俄罗斯石油储量与产量分别为 1062 亿桶与每日 1144 万桶，分别占世界总量的 6.1% 与总产量的 12.1%。③ 但由于俄罗斯相当大多数的石油生产集中在气候恶劣且缺乏基础设施的西伯利亚地区，石油的生产综合成本高达每桶 30 美元，对国际石油价格的波动也更为敏感。④ 所以，俄罗斯需要与沙特保持理性的合作关系，防止国际油价大幅动荡。

此外，俄罗斯希望能够加强与沙特、阿联酋、科威特等国在军火贸易中的合作，挑战美国在中东军售中的"霸主地位"，扩大俄罗斯军事工业在沙特、阿联酋、阿曼和科威特等海湾国家军火市场上的份额。俄罗斯国防出口公司（Rosoboronexport）首席执行官亚历山大·米赫耶夫（Alexandr Mikheyev）曾透露，出口到阿拉伯国家的武器装备，占俄罗斯武器出口总收入的 20%，其中巴林、埃及、摩洛哥、沙特阿拉伯和阿联酋等国是俄罗斯军事装备在中东的主要买家。⑤ 2019 年 10 月，普京在访问沙特阿拉伯期间

① "Top Kremlin Official: We Are Not That Threatening", CNN, January 25, 2019, https://edition.cnn.com/videos/world/2019/01/25/sergei - ryabkov - russian - deputy - foreign - minister - pleitgn - dnt - tsr - vpx.cnn/video/play - lists/around - the - world.

② Mahjoob Zweiri and Matthew Wootton, "The Durability of Managed Rivalry: Iran's Relations with Russia and the Saudi Dimension", Asian Politics and Policy, Vol. 1, Issue 1, March 2009, p. 113.

③ BP, BP Statistical Review of World Energy 2019, London: BP, 2019, pp. 14 - 16.

④ 沙特阿拉伯石油价格仅为每桶 5 美元，其他中东国家石油价格约为每桶 18 美元。

⑤ "Russian Weapons Sales to Middle East Soar", Russia Today Agency, November 20, 2017, https://www.rt.com/business/410410 - russias - arms - sales - middle - east.

就多次表示，希望进一步增进与沙特在军事工业领域的合作，鼓励沙特和其他海湾国家购买更多的俄罗斯武器装备。[①]

三 余论：俄罗斯与伊朗的身份差异

俄罗斯与伊朗在国际体系中的身份存在着较大的差异。伊朗是一个传统的中东大国，悠久的历史和"政教合一"的政治体制，使得1979年后的伊朗，一直试图重塑中东地缘政治秩序，因此成了中东地区现有政治格局的"挑战者"。基辛格就曾敏锐地指出，伊朗需要决定"自己到底是一个国家，还是一项事业"[②]。悠久且辉煌的历史，塑造了波斯民族的大国心态，敢于对抗西方的制裁和压迫。伊朗希望通过"输出革命"的方式，在中东复制自己独特的政治体制。"伊朗伊斯兰共和国以一种严重违反外交豁免原则——威斯特伐利亚国际体系核心原则——的方式在国际舞台上亮相。"[③]尽管进入21世纪后，伊朗外交逐渐放弃了激进的"输出革命"理念，转而谋求务实的外交政策，但是伊朗在中东地区仍然具有较大的影响力。

俄罗斯则将自己定位为一个"世界大国"。一方面，俄罗斯的"世界大国"情怀，源于自身独特的民族历史、宗教情怀和国家版图，"横跨世界两大洲，介乎于东方和西方之间，一只胳膊紧靠中国，另一只胳膊紧靠德国，我们理应在自己的身上将精神天性的两大因素——想象和理智结合起来，让全球的历史统一于我们的文明之中"[④]。另一方面，俄罗斯始终追求成为世界大国，追求国家的地位和军事实力的强大。普京总统执政以后，确立了"以国家利益为核心、以强国富民为使命、以民族精神为动力、以经济发展

---

① "What to Expect from Putin's Visit to Saudi Arabia", *Al-Monitor*, October 10, 2019, https：//www. al－monitor. com/pulse/originals/2019/10/russia－saudi－putin－expectations. html.

② 〔美〕亨利·基辛格：《世界秩序》，胡利平等译，中信出版社，2015，第216页。

③ 〔美〕亨利·基辛格：《世界秩序》，胡利平等译，中信出版社，2015，第196页。

④ 汪剑钊：《别尔嘉耶夫集：一个贵族的回忆和思索》，上海远东出版社，2004，第288~289页。

为前提"的俄罗斯发展战略。①

在构建"世界大国"的目标指引下，俄罗斯需要协调好世界不同地区、不同国家的利益取向，在保证俄罗斯战略目标和国家利益的前提下，与不同国家发展关系。在2011年"阿拉伯之春"爆发后，俄罗斯在中东的影响力不断上升。②在政治上，俄罗斯与伊朗和土耳其一道，通过叙利亚问题"阿斯塔纳进程"和"索契进程"，增加在叙利亚问题上的话语权，进而提升了在中东地区的战略影响力。在经济上，俄罗斯以能源为着力点，通过与沙特、卡塔尔、阿曼和科威特等中东能源国家密切合作，力求构建新的国际能源供应格局。在安全上，俄罗斯扩大了在叙利亚的军事存在，并积极扩展与沙特、土耳其、埃及、苏丹、黎巴嫩和索马里等国家的军事合作关系。

国际体系中存在的巨大地位差异，意味着俄罗斯需要考虑到不同国家各自诉求的同时，也要在中东地区各种复杂矛盾中，保持谨慎小心的态度。俄罗斯学者卢克亚诺夫就认为，俄罗斯不应当在中东地区的纷争中完全倒向其中一方，而应当采取中立姿态，坐收渔利，"一味地支持什叶派打压逊尼派，将是自杀式的行为"③。而俄罗斯的谨慎与小心，与在主流国际和地区体系之外谋求激进政策的伊朗，形成鲜明对比。俄罗斯和伊朗在叙利亚问题上，因此形成了既合作又竞争的微妙关系。

① 俞邃：《普京：能使俄罗斯振兴吗?》，江苏人民出版社，2001，第4页。
② 关于俄罗斯的中东政策，可以参见王晋《盟友还是对手? 俄罗斯与伊朗、土耳其在叙利亚问题上的关切与挑战》，《俄罗斯研究》2020年第1期，第39~62页。
③ Farhad Rezaei, *Iran's Foreign Policy after the Nuclear Agreement: Politics of Normalizers and Traditionalists, Iran and Russia: Completing the Pivot to the East?* New York: Palgrave Macmillan, 2018, Chapter 3, pp. 51 – 80.

中叙关系篇

China-Syria Relations

B.11
中国对叙政策立场与中叙重建合作主张

曹玉军　曹若男*

摘　要： 自叙利亚危机爆发以来，中国推动政治解决叙利亚问题的努力从未停歇。一方面，中国始终坚持政治解决叙利亚问题的基础原则；另一方面，在危机的不同阶段中国解决叙利亚危机的实践与主张又有所区别。中国应对叙利亚危机的政策呈现出阶段化特征。随着叙利亚局势的趋稳及国家重建提上日程，中国以政治对话为基础、经济合作为重点、人道主义援助为辅助等方式积极参与叙利亚重建。2019年叙利亚问题发生较大变化，中国对叙政策随之调整，在坚持"叙人主导、叙人所有"原则的同时，支持通过多边途径解决叙利亚问题；在深化政治互信的同时稳步推进中叙

---

* 曹玉军，西北大学历史学院世界史专业硕士研究生；曹若男，西北大学外国语学院教授。

之间在各领域的交往和合作。

关键词： 中国 叙利亚 叙利亚重建 "一带一路"倡议

一 中国解决叙利亚危机的实践与主张

自 2011 年叙利亚危机爆发以来，中国始终坚持政治解决叙利亚问题的基础原则，尊重和维护叙主权独立和领土完整。但在叙利亚危机的不同阶段，中国的对叙政策主张又呈现出阶段性特征。

（一）危机爆发初期的对叙政策

自 2011 年初，始于突尼斯"茉莉花革命"的中东动乱蔓延至叙利亚，引发叙利亚政治危机。2 月 10 日，叙利亚南部重要城市德拉市爆发示威抗议活动，市民要求"结束复兴党统治、政府扩大民主、惩治腐败、增加工资和社会补助"等。随着冲突升级，群众性示威抗议活动迅速蔓延至中部城市霍姆斯和哈马并向全国扩散，巴沙尔政府动用军队镇压，造成多起平民伤亡事件。2011 年 7 月，巴沙尔政府利用政府军在危机初期的优势，重新控制叙利亚中部和南部的主要城市，但随着 2011 年 6 月叙利亚西北部的伊德利卜省爆发武装冲突，国内冲突不断升级。

叙利亚危机爆发伊始，美国、英国和法国等西方国家，以叙利亚国家"人道主义危机"为由，认为"用一切必要手段"实现叙政权更迭是解决叙利亚问题的主要方式。2011 年 6 月，时任美国国务卿的希拉里·克林顿（Hillary Clinton）发表公开讲话，声称叙利亚巴沙尔政府已经失去合法性。与此同时，中国则主张国际社会应制止暴力，坚持政治解决叙利亚问题的基础原则，维护叙利亚主权独立和领土完整，反对任何形式实现叙政权更迭的军事干预。与其他域外大国相比，叙利亚危机爆发初期中国参与解决叙利亚危机的方式主要有以下几个方面。

第一，强调政治对话是解决叙利亚危机的唯一正确道路。2012 年 2 月 27 日，我国时任外交部部长杨洁篪就中方叙利亚问题的政策主张与所持立场向叙利亚危机特使安南交换看法。中方强调，"政治对话协商、制止暴力、妥善寻求各方所接受的包容性政治解决方案，符合叙利亚人民和国际社会的共同利益，中方愿同国际社会共同努力，继续坚持在叙利亚问题上发挥建设性作用，希望叙利亚问题早日实现公正、和平及妥善解决"。①

第二，否决英法等国主张的叙利亚政权更迭方案。英法等国将叙利亚视为"非法、独裁国家"。2011 年 10 月及 2012 年 2 月，英法等国连同阿拉伯地区反巴沙尔政权国家相继向联合国安理会提交关于实现叙利亚政权更迭的决议草案，以"危害人类罪"和"人道主义危机"为由，要求巴沙尔下台。但是中国与俄罗斯对英法等国主导的方案两次投票否决，不同意外部势力军事干涉主权国家。中国与俄罗斯在叙利亚问题上投否决票，其共同之处只是其外交取向的偶合，远非集体决策的"共谋"。②

第三，与叙利亚政府及反对派保持沟通，积极劝和促谈。在叙利亚危机爆发的早期阶段，中方与叙利亚政府和反对派进行了广泛的接触。2012 年 5 月 6 日至 9 日叙利亚反对派"全国委员会"代表团访华。时任中国外交部发言人刘为民强调，叙政府和包括"全国委员会"在内的反对派组织应加强沟通与交流，中方将积极斡旋冲突各方，继续坚持叙利亚问题政治解决的正确方向。③ 2012 年 9 月 17 日，时任中国外交部部长杨洁篪与叙反对派组织"全国民主变革力量民族协调机构"会谈时表示，叙政府反对派组织

① 《杨洁篪与联合国－阿盟叙利亚危机联合特使安南通电话》，中华人民共和国外交部，2012 年 2 月 28 日，https：//www.fmprc.gov.cn/web/gjhdq_ 676201/gj_ 676203/yz_ 676205/1206 _ 677100/xgxw_ 677106/t908949.shtml。

② 刘中民：《叙利亚决议案：中国为何说"不"？》，《社会观察》2011 年第 11 期，第 67 页。

③ 《外交部发言人证实叙利亚"全国委员会"主席加利温将访华》，新华网，2012 年 5 月 4 日，http：//news.sohu.com/20120504/n342383553.shtml。

"全国民主变革力量民族协调机构"在促进叙利亚政治和解进程中具有不可忽视的作用，中方愿与其保持沟通和增进交流。①

（二）全面内战时期

2011年7月后，域外大国对叙利亚反对派援助增多，叙利亚反对派不断壮大。2011年8月23日，叙利亚反对派在土耳其伊斯坦布尔宣布成立"叙利亚全国委员会"，成为叙利亚域外最具影响力的反政府武装组织。与此同时，伊斯兰极端组织乘势而起，在叙利亚境内肆虐开来。

在此阶段，政治解决叙利亚问题遇到严重障碍。反对派政治力量的构成复杂，有的主张和平谈判，有的主张武力解决，各行其是。在此背景下中方呼吁有关各方要坚持政治解决，通过对话谈判，减少矛盾分歧，兼顾各方利益，寻求持久、可持续的解决方案；坚持标本兼治，改善民生，营造宽容文化，努力和谐共处；坚持多边主义，发挥联合国及其安理会主渠道作用，其他政治及社会力量要秉持公正客观立场。② 中国在此阶段解决叙利亚危机的主要政策主张是以下几个方面。

第一，与国际社会广泛合作，协调各方立场，凝聚各方共识，助推叙利亚问题政治解决。由于此阶段叙利亚各种矛盾错综复杂，外交部部长王毅将此时的叙利亚局势形容为"一团乱麻"，主张有关各方全面执行安理会关于叙问题的第2254号决议，希望各方特别是俄美两方确保叙境内实现真正和全面停火、在推进叙利亚问题政治解决进程中发挥更大作用。③ 2016年10月31日，外交部部长王毅在北京同法国外长艾罗（Ayrault）会谈后见记者时，就叙利亚局势介绍了中方立场和看法。中方主张由联合国安理会在叙利

---

① 《外交部长杨洁篪会见叙利亚反对派组织"全国民主变革力量民族协调机构"代表团》，中华人民共和国外交部，2012年9月17日，https：//www.fmprc.gov.cn/web/gjhdq_ 676201/gj_ 676203/yz_ 676205/1206_ 677100/xgxw_ 677106/t970246.shtml。

② 《外交部长王毅出席联合国安理会叙利亚问题高级别会议》，新华网，2016年9月22日，http：//news.ifeng.com/a/20160922/50009088_ 0.shtml。

③ 《王毅：中方将继续为叙利亚问题的政治解决发挥建设性作用》，中国新闻网，2016年5月16日，http：//www.qlwb.com.cn/2016/0516/622889.shtml。

亚问题上发挥主渠道作用,既有充分的合法性和权威性,也能有效协调国际社会各方立场,增进各方沟通与交流,凝聚各方共识。①

第二,销毁叙化武工作。2013 年 8 月 21 日,叙利亚东古塔(Eastern Ghouta)地区发生化学武器攻击事件。为缓解叙利亚紧张局势,中方主张政治和解与销毁叙利亚化学武器并行。中俄两国依据联合国安理会第 2118 号决议和安理会相关决议授权采取联合行动。中国与俄罗斯、丹麦、挪威在开展叙利亚化武海运护航行动的同时,为安全顺利销毁叙利亚化武、推动政治解决叙利亚问题做出贡献。

第三,积极斡旋冲突双方。中方在充分考虑叙利亚政治现实的多元性和平衡叙利亚各民族、宗教和派别间的利益的基础上,力推叙利亚政治进程的广泛代表性和包容性,呼吁叙利亚各方寻求"中间道路"。2013 年 12 月 6～8 日,中国中东问题特使吴思科出席在巴林举办的第九届"麦纳麦对话会"上强调,"叙利亚问题迎来政治解决的关键阶段,唯有继续支持叙利亚问题政治解决的正确方向,才符合叙利亚人民根本利益"②。2014 年 1 月 22 日,中国外交部部长王毅在出席叙利亚问题第二次日内瓦会议时强调,中方希望叙利亚相关各方拿出政治和解意愿,继续维护和坚持叙利亚问题政治解决的基本方向。③ 王毅同时还表示,叙冲突双方应充分展现诚意,采取有利于推进政治和谈的建设性举措,相互靠拢,相向而行。鼓励谈判双方代表寻求共识,解决矛盾。④

---

① 《王毅谈叙利亚局势:在一团乱麻中寻找新出路》,中华人民共和国外交部,2016 年 10 月 31 日,https://www.fmprc.gov.cn/web/gjhdq_676201/gj_676203/yz_676205/1206_677100/xgxw_677106/t1411661.shtml。

② 《中国中东问题特使吴思科会见叙利亚"全国联盟"主席事务负责人阿克比克》,中华人民共和国外交部,2013 年 12 月 9 日,https://www.fmprc.gov.cn/web/gjhdq_676201/gj_676203/yz_676205/1206_677100/xgxw_677106/t1106765.shtml。

③ 《王毅呼吁叙利亚各方寻求"中间道路"》,中华人民共和国外交部,2014 年 1 月 22 日,https://www.fmprc.gov.cn/web/gjhdq_676201/gj_676203/yz_676205/1206_677100/xgxw_677106/t1121662.shtml。

④ 《王毅分别会见叙利亚冲突双方谈判代表》,中华人民共和国驻旧金山领事馆,2014 年 1 月 23 日,http://www.chinaconsulatesf.org/chn/zgxw/t1121854.htm。

（三）叙利亚政府军逐渐占据主导地位时期

随着极端组织不断扩张以及叙反对派攻城略地，巴沙尔政权处境艰难、岌岌可危。2015年9月俄罗斯正式出兵叙利亚，协助叙政府军收复失地。2016年12月，政府军与反对派经过长期激烈斗争，收复第二大城市阿勒颇。与此同时，叙利亚库尔德武装"民主军"在美国的军事援助下，也在叙利亚东北部地区扩展占领区。2017年8月25日，叙利亚政府军和库尔德武装重新控制代尔祖尔省，肃清"伊斯兰国"在叙利亚的军事存在。[①]

2018年后，叙政府军占据战场形势的主导地位，叙利亚战事逐渐平息，解决叙利亚问题迎来重要机遇。在此阶段，中国对叙利亚的外交政策也随之调整，在推进叙政府和叙国内各派别在联合国框架下加快政治解决进程的同时，继续推动叙利亚局势早日恢复稳定。中方在此阶段就叙利亚问题重点强调做好五方面工作：一是继续斡旋冲突双方，积极劝促和谈，保持沟通；二是继续发挥联合国在叙利亚问题上的主渠道作用，特别是国际社会和冲突相关方要认同联合国秘书长叙利亚问题特使在其中的调节与努力；三是继续保障和参与叙国际支持小组、日内瓦等促和机制，支持一切形式推动叙利亚问题政治解决的促和倡议；四是国际社会应继续向叙利亚人民提供力所能及的人道主义援助；五是提倡各方力量以适当方式参与叙利亚政治、经济重建。[②]

在停火问题上，中方主张叙利亚停火应随着冲突方建立政治互信的基础上，由易到难、从局部到全局不断扩大停火范围。在叙利亚层面，可优先在叙利亚人口稠密区实现人道主义停火，如大马士革、阿勒颇、霍姆斯

① 《叙利亚政府着手恢复国家经济（国际视点）》，2017年8月26日，人民网，http：//world. people. com. cn/n1/2017/0826/c1002 - 29495925. html。

② 《中国政府叙利亚问题特使解晓岩出席叙利亚问题国际研讨会》，中华人民共和国外交部，2018年5月14日，https：//www. fmprc. gov. cn/web/gjhdq _ 676201/gj _ 676203/yz _ 676205/1206_ 677100/xgxw_ 677106/t1559261. shtml。

冲突方可交出重型武器装备；在国际社会层面，安理会应发挥监管作用，督促叙冲突方发表联合声明，授权安理会设停火机制，等条件成熟时部署安全维和行动。①

在和谈问题上，中方继续支持一切有利于推动叙问题政治解决并为各方所接受的促和倡议；继续维护"叙人主导"解决叙利亚问题的政治原则；继续主张通过对话谈判，维护叙利亚主权和领土完整。中国切实履行安理会常任理事国责任，积极推进叙利亚政治和解进程。中方希望叙方抓住时机，灵活展现，推动对话谈判取得实质成果。②

在反恐方面，中方反对一切形式的恐怖主义，愿同包括叙利亚在内的国际社会加强反恐合作，维护地区和世界的安全与稳定。③ 中方主张应加强协调，重在形成合力，鼓励国际社会反恐联盟加强沟通，协同打击恐怖主义。中方主张国际社会应搁置分歧，继续合力反恐，打击恐怖极端组织残余势力，防止他们扩散、回流。④

在难民和人道主义援助问题上，在 2016 年 9 月举行的联合国难民会议上，中国政府承诺向有关国家和国际组织提供 1 亿美元的人道主义援助。其中，包括向联合国儿童基金会提供 100 万美元，用于援助叙利亚难民，以帮助他们克服当前困难。2017 年 2 月，中国政府向叙利亚提供 100 万美元现汇援助，用于支持黎巴嫩的叙利亚难民儿童救助活动。⑤

---

① 《给和平以机会，让人民得安宁——在叙利亚国际支持小组第三次外长会上的讲话》，中华人民共和国外交部，2015 年 12 月 19 日，https：//www. fmprc. gov. cn/web/gjhdq_ 676201/gj_ 676203/yz_ 676205/1206_ 677100/xgxw_ 677106/t1326052. shtml。

② 《王毅谈叙利亚问题外长会：中方有四点期待》，新华网，2016 年 5 月 13 日，http：//news. ifeng. com/a/20160513/48760880_ 0. shtml。

③ 《中国政府叙利亚问题特使解晓岩举行中外媒体吹风会》，中华人民共和国外交部，2018 年 8 月 20 日，https：//www. fmprc. gov. cn/web/gjhdq_ 676201/gj_ 676203/yz_ 676205/1206_ 677100/xgxw_ 677106/t1586531. shtml。

④ 《王毅：反恐、对话、重建是新阶段解决叙利亚问题的三个着力点》，人民网，2017 年 11 月 24 日，http：//www. dzwww. com/xinwen/guojixinwen/201711/t20171124_ 16702956. htm。

⑤ 《中国向在黎叙利亚难民的援助项目执行完毕》，观察者网，2018 年 4 月 13 日，https：//www. guancha. cn/Third - World/2018_ 04_ 13_ 453588. shtml。

二 中国积极参与叙利亚重建

2018 年以来，随着叙利亚战场形势的趋稳，政治解决叙利亚问题已成为国际社会共识。2017 年 8 月 17~26 日，叙政府在大马士革市郊的展览城举办第 59 届大马士革国际博览会，显示出叙政府着手恢复国家经济的信心。① 叙利亚局势的趋稳，为中国参与叙利亚重建提供了条件，中国以政治对话为基础、经济合作为重点、人道主义援助为辅助等方式积极参与叙利亚重建。

（一）中国参与叙利亚重建的优势

首先，中国参与叙利亚重建具有政策和技术优势。中国改革开放以来在基础设施建设等领域具有的技术优势和成功经验促使叙利亚优先选择中国参与其重建。其次，从叙利亚危机伊始，中国推动政治解决叙利亚问题的努力从未停歇，中国始终坚持叙利亚问题政治解决的正确方向，中方积极参与并推进叙利亚问题的国际促和会议，寻求解决叙利亚问题的正确途径。最后，中国在面向叙利亚人道主义的援助队伍中也从未缺席，中国参与叙利亚重建具有无可比拟的政策和技术优势。

1. 叙利亚欢迎中国参与重建

叙利亚政府曾多次表示欢迎中方积极参与叙战后重建。2018 年 9 月 27 日，叙利亚副总理兼外长瓦立德·穆阿利姆（Walid Al-Moualem）表示，叙利亚愿推进同中国广泛领域合作，积极参与"一带一路"倡议，为两国务实合作注入新动力。② 2019 年 3 月 10 日，叙利亚总统巴沙尔·阿萨德（Bashar al-Assad）在会见来访的外交部部长助理陈晓东时表示，叙方珍视

---

① 《叙着手恢复经济 国际博览会时隔 6 年恢复举行民众充满期待》，中国青年网，2017 年 8 月 26 日，https://www.takefoto.cn/viewnews-1250462.html。

② 《王毅会见叙利亚副总理兼外长穆阿利姆》，中国政府网，2018 年 9 月 28 日，http://www.gov.cn/guowuyuan/2018-09/28/content_5326320.htm。

叙中友谊，期待中方为地区的和平、稳定和发展发挥更大作用。① 此外，叙方欢迎中方积极参与叙重建工作的同时，叙政府抵制西方国家参与叙利亚重建。巴沙尔·阿萨德多次表示，不允许西方国家参与叙利亚战后重建："他们（西方）不会成为叙利亚重建的一部分，不允许他们加入，他们会带着钱来，还是不会？他们提供贷款、捐赠和资助……随便什么东西，反正我们都不需要，西方国家离'诚实'这个概念太远：他们不会给予，只会索取。"②

2. "一带一路"倡议与叙利亚重建

叙利亚珍视与中国的传统友谊，欢迎并支持"一带一路"倡议，愿意与中方共同参与共建进程，推动两国合作交流进一步发展。叙利亚总统巴沙尔·阿萨德办公厅政策与传媒事务顾问夏班曾表示，"一带一路"倡议的贸易和经济合作交流项目，将为叙利亚经济恢复发展提供动力，叙利亚希望与中方开展企业项目合作。夏班还表示，"自中叙建交以来，中叙传统关系友好，叙利亚自古便是中国'丝绸之路'的合作对象，我们希望增进与中方沟通与交流，加入'一带一路'倡议"③。

3. 中国参与叙利亚重建具有技术优势

"一带一路"倡议为中国参与叙利亚重建提供了政策优势，而且中国自改革开放以来在基础设施等经济领域积累的技术优势和成功经验，也成为叙政府招募重建合作对象时的优先选择。叙利亚驻华大使伊马德·穆斯塔法（Imad Moustapha）表示："叙利亚欢迎中国企业投资叙利亚经济生产活动，与其他国家相比，中国企业更受到叙利亚人民的欢迎。一方面是因为中国企

---

① 《外交部部长助理陈晓东访问叙利亚》，中华人民共和国外交部网站，2019 年 3 月 10 日，https：//www. fmprc. gov. cn/web/gjhdq_ 676201/gj_ 676203/yz_ 676205/1206_ 677100/xgxw_ 677106/t1644413. shtml。

② 《叙总统：不允许西方参与叙利亚重建 他们只会索取》，观察者网，2018 年 6 月 24 日，https：//www. guancha. cn/internation/2018_ 06_ 24_ 461228. shtml? web? Web。

③ 《叙利亚总统顾问：希望加入中国"一带一路"倡议》，观察者网，2019 年 5 月 2 日，https：//www. guancha. cn/internation/2019_ 05_ 02_ 500033. shtml。

业有强大的基建技术和生产能力，与中国企业合作符合叙利亚自身的利益；
另一方面也是因为叙利亚人民对中国怀有的深情厚谊。"①

（二）中国参与叙利亚重建的主要方式

1. 推动叙利亚政治重建

中国在叙利亚国家政治重建中发挥建设性作用。为推进叙利亚问题的政
治解决，中国同国际社会共同努力，在维护安理会第 2254 号决议等基础上，
坚持助推"叙人主导、叙人所有"的包容性政治进程。2018 年 11 月 19 日，
中国常驻联合国代表马朝旭在安理会解释了中国在叙利亚问题上的三点主
张。第一，在国际社会的共同努力下，助推叙利亚宪法委员会的组建，在平
衡叙政府及反对派各方利益关切的基础上，找到政治解决叙利亚问题的现实
出路。第二，助推叙利亚问题的公正、妥善解决。国际社会确保维护伊德利
卜非军事区正常运作。第三，冲突各方应搁置分歧，从维护叙利亚国家和人
民利益出发，找到符合自身利益，兼顾各方关切的政治解决方案。②

2. 中国援助叙利亚经济技术

中国企业积极参与叙利亚经济重建。2017 年 2 月 5 日，中国向叙利亚援
助和实施叙利亚人道主义援助项目。③ 2017 年 2 月 18 日，东风汽车 S50 轿车
和 AX7 旅行车产品发布会在叙利亚首都大马士革举行。④ 2017 年 5 月，为助
推叙利亚中国企业与叙利亚展开进一步合作与交流，中国贸促会与叙利亚企业

---

① 《"中国人的面孔在叙利亚特别受欢迎"——访叙利亚驻华大使伊马德·穆斯塔法》，人民
网，2019 年 10 月 14 日，http：//world. people. com. cn/n1/2019/1014/c1002 – 31397809.
html。

② 《中国代表呼吁国际社会推动"叙人主导、叙人所有"的包容性政治进程》，人民网，2018
年 11 月 21 日，http：//world. people. com. cn/n1/2018/1121/c1002 – 30413087. html。

③ 《中国与叙利亚签署关于提供无偿援助的经济技术合作协定》，中华人民共和国驻阿拉伯叙
利亚共和国大使馆经济商务参赞处网站，2017 年 2 月 5 日，http：//sy. mofcom. gov. cn/
article/zxhz/201702/20170202510022. shtml。

④ 《东风汽车在叙利亚市场发布两款产品》，中华人民共和国驻阿拉伯叙利亚共和国大使馆经
济商务参赞处网站，2017 年 2 月 21 日，http：//sy. mofcom. gov. cn/article/zxhz/201702/
20170202520076. shtml。

在北京开展对接交流会。来自两国不同生产部门的 150 多名业界代表共同展开合作对谈。① 2017 年 8 月 15 日，叙利亚投资署长伊纳斯同叙利亚 – 中国企业家理事会主席哈密舒在大马士革签署合作协议，共同推动中国企业对叙投资。②

3. 中国为叙利亚提供援助

随着叙重建逐渐被提上国家日程，中方继续通过各类援助，帮助叙利亚经济重建进程。2017 年 1 月，中国国家主席习近平在日内瓦宣布，中国将提供 2 亿元人民币，为叙利亚难民提供人道主义援助。③ 2019 年 3 月 5 日，驻叙利亚大使冯飙向叙利亚政府代表签署协议，将向叙利亚提供 1000 吨大米。④ 2019 年 3 月 6 日，驻叙利亚大使冯飙出席援叙利亚办公设备项目交接仪式，向叙利亚政府交付了电脑、打印机、复印机等办公设备。⑤

三　叙利亚局势的新发展与中国对叙利亚政策的调整

2019 年，中国继续推动叙利亚危机的政治解决进程，同时推进反恐与经济重建工作，在坚持"叙人主导、叙人所有"原则的同时，通过多边途径解决叙利亚问题，稳步推进各领域交往和合作。

---

① 《中国–叙利亚企业对接交流会在京成功举办》，中华人民共和国驻阿拉伯叙利亚共和国大使馆经济商务参赞处网站，2017 年 5 月 11 日，http：//sy. mofcom. gov. cn/article/zxhz/201705/20170502573656. shtml。

② 《叙利亚投资署与叙中企业家理事会签署合作协议》，中华人民共和国驻阿拉伯叙利亚共和国大使馆经济商务参赞处网站，2017 年 9 月 7 日，http：//sy. mofcom. gov. cn/article/zxhz/201709/20170902640502. shtml。

③ 《中国将提供新的人道援助用于帮助叙难民和流离失所者》，中华人民共和国驻阿拉伯叙利亚共和国大使馆经济商务参赞处网站，2017 年 1 月 23 日，http：//sy. mofcom. gov. cn/article/zxhz/201701/20170102506710. shtml。

④ 《对叙利亚紧急粮食援助项目举行交接仪式》，中华人民共和国驻阿拉伯叙利亚共和国大使馆经济商务参赞处网站，2019 年 3 月 10 日，http：//sy. mofcom. gov. cn/article/zxhz/201903/20190302841553. shtml。

⑤ 《援叙利亚办公设备项目举行交接仪式》，中华人民共和国驻阿拉伯叙利亚共和国大使馆经济商务参赞处网站，2019 年 3 月 10 日，http：//sy. mofcom. gov. cn/article/zxhz/201903/20190302841554. shtml。

（一）推动政治解决进程、推进反恐与经济重建工作

安全重建、经济重建和政治重建将是叙利亚重建过程中的三个重点领域。安全重建是前提与保障，政治重建是核心，经济重建是主要目的。2019年6月18日，国务委员兼外长王毅表示处理叙利亚问题要着重把握好三点。一是加快推进政治解决。国际社会应在凝聚现有共识的基础上，开展叙利亚问题的政治协商对话，推进符合叙利亚人民利益和国情的解决方案。二是反恐任务不容停歇。伊德利卜仍是叙利亚问题的"风暴眼"，盘踞着大量极端武装分子，国际社会应统一战线，协调行动，对联合国安理会列名的恐怖组织进行严厉打击，争取早日实现叙利亚人民生活的稳定。三是稳步推进叙利亚经济重建。保障正常公共产品的供给，是叙利亚人民的迫切要求，也是叙利亚重建的必要前提，国际社会重视叙利亚开展经济重建工作。①

（二）坚持"叙人主导、叙人所有"，支持多边机制

中方认为当前形势下应该继续坚持政治解决叙利亚问题的正确方向，继续维护叙利亚主权独立和领土完整，坚持"叙人主导、叙人所有"基本原则，主张联合国安理会在叙利亚问题上发挥主导作用，支持一切形式的联合国促和会谈，支持通过多边机制解决叙利亚问题。2019年3月10日，外交部部长助理陈晓东表示，中方重视与叙利亚发展友好合作关系，愿同叙方一同努力，加强双方交往，增进各领域交流与合作。随着叙利亚战场形势逐渐趋稳，出现政治解决叙问题的积极势头。

（三）深化政治互信，推进各领域交往和合作

源远流长的友好关系，相互的战略需求，是当前中国和叙利亚全面开展深化合作的重要前提与保障。近年来，中叙双边关系不断取得新进展，在深

---

① 王毅：《解决叙利亚问题下一步要着重把握三点》，中华人民共和国外交部网站，2019年6月18日，https://www.fmprc.gov.cn/web/gjhdq_676201/gj_676203/yz_676205/1206_677100/xgxw_677106/t1673215.shtml。

化政治互信的同时，稳步推进各领域交往和合作。中方继续为推动叙问题的妥善解决发挥积极建设性作用。2019 年 6 月 5 日，习近平主席接受俄罗斯主流媒体联合采访时表示："叙利亚是历史悠久的文明古国，也是中东地区重要国家。随着叙利亚危机的爆发，叙国内政治局势的持续动荡，基础设施遭到严重破坏，引发严重的人道主义危机。在新形势下，随着叙利亚战场形势的趋稳，政治解决叙利亚问题成为国际社会共识。在推进叙利亚问题政治解决的同时，叙利亚政府着手重建家园。中叙自建交以来，传统关系友好，中方愿同叙利亚人民共同参与叙利亚重建，恢复叙利亚人民安定生活。"①2019 年 11 月 22 日，国家副主席王岐山会见叙利亚复兴党代表团时强调，中国坚决维护叙利亚主权独立和领土完整，坚持叙利亚人民对国家发展道路的自主选择，坚持政治解决叙利亚问题的基本原则。两国执政党应增进各领域的交流与合作，推动中叙关系在新时代实现更大发展。②频繁的交往，良好的互信，成为中国参与解决叙利亚问题的重要基石。

结　语

自叙利亚危机爆发以来，中国致力于提出反对国际干预的政策主张，并提出政治解决叙利亚危机的外交方案，展现自身立场，体现了中国作为一个大国的责任与担当。中国积极参与叙利亚重建工作，在力所能及的范围内向叙利亚提供援助，赢得了叙利亚的赞许。在新形势下，中国进一步助推叙利亚问题的政治解决，与叙利亚展开更广泛的交流与合作，两国关系也必然迎来新的发展机遇。

---

① 《习近平接受俄罗斯主流媒体联合采访》，人民网，2019 年 6 月 5 日，http：//world. people. com. cn/n1/2019/0605/c1002 - 31120321. html。

② 《王岐山会见叙利亚复兴党代表团》，人民网，2019 年 1 月 22 日，http：//world. people. com. cn/n1/2019/1122/c1002 - 31470260. html。

B.12
"一带一路"倡议与叙利亚经济重建

邵 平*

摘 要： 自 2017 年底政府军扭转战场局势以来，叙利亚战后重建被提上日程。虽然当前叙利亚局势尚未完全稳定，但在政府军控制的地区已经开展战后重建。"一带一路"倡议是推进中国与中东国家发展合作的重要途径，中叙两国在"一带一路"倡议框架下开展经济重建合作取得了突破性进展。中国企业将成为叙利亚经济重建的重要力量之一，但叙利亚经济重建既有机遇也面临挑战。风险评估和降低风险是中国参与叙利亚经济重建需要考量的问题。

关键词： "一带一路"倡议 经济重建 中叙关系

叙利亚内战自 2011 年爆发至 2020 年已经持续 9 年，战乱给叙利亚造成了巨大破坏，国民经济遭受重创，尤其是基础设施成为反政府武装重点打击和破坏的目标，损毁极为惨重，整个国家可谓是满目疮痍。自 2017 年下半年以来，随着叙利亚国内形势的趋稳，政府军逐步收复失地，虽然战争在局部地区仍在继续，但叙利亚已经把国家重建提上议事日程。虽然在当前形势下，大规模的重建依然无法进行，但叙利亚国内各界较为普遍和主流的看法是，叙利亚问题的解决已由军事手段为主进入政治解决为主的阶段，叙利亚经济重建进程也应同步展开。2017 年 8 月 17～26 日，第 59 届大马士革国际博览会

---

* 邵平，西北大学叙利亚研究中心特约研究员，西北大学历史学院博士研究生。

在大马士革市郊的展览城举行，这被叙利亚国内外视为叙利亚国计民生、经济活动恢复的重要标志。这是自 2011 年战争爆发以来，时隔多年之后叙政府再次举办该博览会。博览会的成功举办显示出，自 2017 年在打击"伊斯兰国"极端组织不断取得重要进展后，叙政府已着手恢复发展民生，开展经济重建。

近年来，国际社会对叙利亚重建问题给予高度关注，并围绕重建问题展开讨论，中国也关注着叙利亚重建并做出回应。中国"一带一路"倡议的实施与叙利亚总统巴沙尔·阿萨德提出的"向东看"政策相契合，进而为两国合作提供了更多的可能性。鉴于目前叙利亚局部地区仍处于战争状态，全国范围内的和平尚未到来，政治重建和安全重建也在艰难的进行中，因此，中国"一带一路"倡议更多关注经济重建和经济合作。叙利亚在长期的内战中，遭受巨大的经济损失，基础设施遭受的破坏尤为严重，电力、能源、住房、铁路、公路、桥梁、医疗、教育等方面都需要重建。中国在基础设施建设方面具有先进的技术和雄厚的实力，在多个经济领域也具有成熟的产品和技术。叙利亚政府多次公开表示对中国参与叙利亚重建充满期待，而中国也有意愿在"一带一路"倡议框架下积极参与叙利亚经济重建。

一 叙利亚重建面临的挑战

随着叙利亚境内大部分地区的恐怖分子被肃清，政府军逐步收复失地，叙利亚政府积极恢复经济并向国际社会发出重建信号。但全国范围内的战争并未结束，政治和解并未实现，加之以美国为首的西方国家依然对叙利亚巴沙尔政府实施经济制裁，且叙利亚经济和基础设施重建所需资金缺口巨大，叙利亚重建面临多方挑战。

第一，叙利亚重建被政治化。由于叙利亚在中东地缘政治中重要的地位，以及叙利亚巴沙尔·阿萨德政府长期与伊朗的友好关系，在叙利亚内战爆发伊始，以美国为首的西方国家希望借此机会推翻巴沙尔政权。在内战持续至今而并没有实现此目的的情况下，以美国为首的西方国家仍然希望以向

叙利亚提供重建援助为筹码,达到推翻巴沙尔政权并消灭伊朗在叙利亚的实际存在的目的。

美国国务卿迈克·蓬佩奥公开表示叙利亚境内的伊朗武装撤离是美国援助叙利亚重建的前提条件。2018年,他曾在美国国家安全犹太研究所的年度晚宴上表示,"叙利亚如果无法保证所有得到伊朗支持的武装撤走,将不会从美国得到一分钱用于重建,现阶段还有另外两个相互促进的目标,即通过政治途径和平解决叙利亚问题,以及从叙利亚全境驱逐所有伊朗武装和伊朗支持的武装"①。2019年1月10日,蓬佩奥访问埃及时发表演讲谈及援助叙利亚重建时表明,"在伊朗及其代理人部队撤出之前,在我们看到政治解决取得不可逆转的进展之前,美国不会对巴沙尔控制的叙利亚地区提供重建援助"②。美国等西方国家将中国参与叙利亚重建赋予政治目的和色彩。以色列支持的一家智库(The Begin-Sadat Center fot Strategic Studies)发文说,"随着叙利亚内战进入最后阶段,中国似乎决心在叙利亚重建中占据中心地位","中国在叙利亚扮演日益活跃的角色,可能标志着该地区地缘战略现实的转变"③。

第二,美国和欧盟及其盟友继续对叙利亚经济制裁。在叙利亚内战中,美国和欧盟将经济制裁作为削弱巴沙尔·阿萨德政权的手段,美欧等西方国家坚持地认定,在叙利亚问题没有达成政治协议的情况下,不允许向叙利亚重建出资,或者解除对叙制裁。这些制裁涉及范围广、力度大,不仅限制美欧企业、个人与叙利亚往来,也使其他外国企业对叙投资承受

---

① 《蓬佩奥给援助叙利亚重建开条件:伊朗武装撤出》,人民网,2018年10月12日,http://world. people. com. cn/n1/2018/1012/c1002 - 30336228. html。

② Michael R. Pompeo,"A Force for Good:America Reinvigorated in the Middle East", U. S. Department of States, January 10, 2019, https://www. state. gov/a - force - for - good - america - reinvigorated - in - the - middle - east/, 2020 - 04 - 12.

③ Dr. Gideon Elazar, "Moving Westward:The Chinese Rebuilding of Syria", *BESA Perspectives*: *The Begin-Sadat Center for Strategic Studies*, December 5, 2017, https://besacenter. org/wp - content/uploads/2017/12/673 - The - Chinese - Rebuilding - of - Syria - Elazar - final. pdf, 2020 - 03 - 20.

巨大风险。① 美国和欧盟对叙利亚的制裁，对叙国内经济造成了严重的影响，制裁的影响尤其体现在能源领域，导致能源短缺，使得叙利亚石油收入锐减，国内燃料严重供应不足，货币贬值，物价攀升，使国内经济雪上加霜。

美国对叙利亚的经济制裁始于 2004 年 5 月，叙利亚内战爆发后，美国加大了对叙利亚政府的制裁力度。2011 年 8 月，时任美国总统贝拉克·奥巴马签署总统令，对叙利亚实施"前所未有"的制裁。美国对叙制裁内容包括冻结叙利亚政府和数百家叙利亚企业和个人在美国管辖范围内的所有资产，禁止任何美国人到叙利亚投资或有其他经贸往来。美国政府 2018 年 4 月逮捕一家美国企业在保加利亚分支机构的当地雇员，这家企业涉嫌违反美国针对叙利亚的制裁，另有 3 名美国人因此入狱。路透社报道，美国对触犯制裁条款的惩处不仅针对美国人，那些为叙利亚规避制裁提供帮助的外国企业或个人同样会被列入黑名单，失去大部分与美国人做生意的机会。② 美国参议院 2019 年 12 月通过了国防部 2020 年预算法案，其中包括《凯撒叙利亚平民保护法》（The Caesar Syria Civilian Protection Act）。这项法案授权美国政府以侵犯平民权利为由，对巴沙尔·阿萨德政府的高级官员、军事领导人及其所有支持者实施制裁。这项法案还允许对向叙利亚能源、国防和建筑部门提供了财政、物质和技术支持的俄罗斯及伊朗机构实施制裁，或是对重建做出贡献的实体实施制裁。③ 美国财政部的制裁已经冻结了叙利亚政府以及数百家公司和个人的资产。④ 2020 年 6

---

① 《西方制裁掣肘叙利亚战后重建　吓退外国投资者》，新华网，2018 年 9 月 4 日，http：//www. xinhuanet. com/world/2018 – 09/04/c_ 129946044. htm。

② 《西方制裁掣肘叙利亚战后重建　吓退外国投资者》，新华网，2018 年 9 月 4 日，http：//www. xinhuanet. com/world/2018 – 09/04/c_ 129946044. htm。

③ 《〈凯撒叙利亚平民保护法〉：多年之后终获批准》，半岛电视台中文网，2019 年 12 月 18 日，https：//chinese. aljazeera. net/news/2019/12/18/caesar – law – protect – syrian – civilians – finally – approved。

④ "The Caesar Syria Civilian Protection Act：Why Washington is Both Corrupt and Ignorant"，Strategic Culture Foundation，January 2，2020，https：//www. strategic – culture. org/news/2020/01/02/the – caesar – syria – civilian – protection – act – why – washington – is – both – corrupt – and – ignorant/.

月 10 日，美国国会正式通过了《凯撒叙利亚平民保护法》，宣布对任何支持叙利亚总统巴沙尔的个人和实体进行制裁，禁止任何有关方面参与叙利亚战后重建。[①]

自 2011 年 5 月 9 日，欧盟决定对叙利亚实施包括禁止向叙出口武器及装备、冻结 13 名"应对暴力镇压平民负责的"官员及相关人员的资产在内的首轮制裁。欧盟对叙利亚制裁的对象涉及较广，既有个人也有叙利亚国有石油公司、国际伊斯兰银行、石油运输公司等，也包括在欧盟开展业务的叙利亚企业，而且叙利亚的国防部、内政部、国家安全局、电视广播总局等政府机构也位列其中。欧盟对叙利亚的经济制裁涉及个人和企业的财产、能源、金融、设备、武器，以及日常生活用品等多个领域。[②] 随后欧盟数次更新制裁内容，包括资产冻结、旅行禁令、贸易设限、金融制裁和武器禁运。奢侈品、宝石，用于勘探、开采或提炼石油和天然气的金属、设备和技术都被列入禁止出口清单。此外，还禁止欧盟企业在叙利亚投资或参与发电站建设。[③] 西方国家的大范围制裁使企业在叙利亚投资的风险升高，多数企业选择继续观望。

第三，叙利亚国内经济严重衰退，国内劳动力资源严重缺失。2019 年叙利亚政府面临国内经济崩溃的严峻局面。2011 年内战爆发伊始，叙利亚镑的汇率是 1 美元兑 50 叙镑，而 2019 年则是 1 美元兑换 435 叙镑，创历史新高。为了应对危机，从 2020 年 2 月开始，叙利亚政府使用智能卡发放糖和大米等补贴食品。智能卡于 2019 年 8 月推出，最初用于购买苯和柴油等石油产品，后来又用于购买燃气。该卡允许持卡人每周购买 60 升的苯用于私家车，150 升的苯用于出租车，400 升柴油和 1 个家庭用的煤气罐。新规定允许每个家庭每月最多购买 3 公斤补贴大米、4 公斤糖和 1 公斤茶

① 《中东：抗疫、复苏和冲突的拉锯战》，《光明日报》2020 年 6 月 30 日，第 16 版。
② 张金荣、詹家峰：《欧盟对叙利亚的经济制裁及影响》，《当代世界》2013 年第 6 期，第 38 页。
③ 《西方制裁掣肘叙利亚战后重建 吓退外国投资者》，新华网，2018 年 9 月 4 日，http://www.xinhuanet.com/world/2018-09/04/c_129946044.htm。

叶，这对一个叙利亚家庭来说是不够的。[1]

在近 10 年的战争中，叙利亚人口出现明显负增长现象。截至 2016 年初，叙利亚由于战争造成的死亡人数在 40 万（联合国，2016 年 4 月）至 47 万人（叙利亚政策研究中心，2016 年 2 月），还有更多的人受伤。大约 620 万人在国内流离失所，其中包括 250 万儿童，超过 560 万人正式登记为难民（联合国难民署，2019 年）。[2] 在战争中死亡人口以男性青壮年为主，这使国家劳动力资源严重短缺。联合国开发计划署和叙利亚经济科学协会合作撰写报告，对叙利亚危机之前和危机期间叙利亚就业和生计状况进行了评估。报告指出，叙利亚社会存在着普遍的失业情况，劳动力市场却存在着巨大缺口。劳动力的供给和需求之间存在明显的断层。劳动力人口下降幅度高达51%，而技术人员和专业人员的短缺更是高达 80%。[3]

二　叙利亚国内经济和基础设施受损情况

叙利亚内战已持续多年，国民经济遭受重创。截至 2017 年叙利亚国内生产总值累计损失达 2260 亿美元，约为 2010 年叙利亚国内生产总值的 4 倍。[4] 虽然在 2018 年、2019 年叙利亚国内生产总值分别增长 6.2%[5]、4.9%[6]，

---

① Elizabeth Tsurkov, Suhail al-Ghazi, "'People Can't even Afford to Buy Bulgur': Discontent Is on the Rise as Syria's Economic Crisis Worsens", February 28, 2020, https://www.mei.edu/publications/people - cant - even - afford - buy - bulgur - discontent - rise - syrias - economic - crisis - worsens.

② "The World Bank in Syrian Arab Republic", The World Bank, April 1, 2019, https://www.worldbank.org/en/country/syria/overview, 2020 - 04 - 16.

③ 《联合国报告：叙利亚危机后劳动力锐减　幅度高达51%》，联合国新闻网站，2019 年 1 月 7 日，https://news.un.org/zh/story/2019/01/1025972。

④ World Bank Group, "The Toll of Tar: The Economic and Social Consequences of the Conflict in Syria", July 10, 2017, p. 7.

⑤ FAO, "Special Report-FAO/WFP Crop and Food Security Assessment Mission to the Syrian Arab Republic", Food and Agriculture Organization of the United Nations World Food Programme Rome, Licence: CC BY-NC-SA 3.0 IGO, 9 October 2018, p. 2. https://www1.wfp.org/publications/syrian - arab - republic - faowfp - crop - and - food - security - assessment - mission - october - 2018, accessed 12 April 2019.

⑥ Economist Intelligence Unit, *Country Report : Syria*, February 10, 2020, p. 10.

经济有所复苏，但国民经济原有的秩序被打乱，第一产业、第二产业损失巨大，金融领域货币贬值、通货膨胀、债台高筑等，加之，美国和欧盟对其持续实施经济制裁，导致叙利亚国民经济依然十分脆弱。阿勒颇、霍姆斯、大马士革市郊等，以及许多中小城镇沦为战场，武装冲突破坏了公共基础及服务设施，如住房、医院、学校、电厂、水厂等，导致许多城市的部分或全部公共服务体系瘫痪，同时许多地区的公共基础设施被摧毁。

叙利亚农业遭受超过 160 亿美元的损失。战争导致作物和畜牧生产受损，并且农业设施、机械设备等被破坏，诸如拖拉机、机械设备、商业养殖场、兽医诊所、家畜圈舍、温室、灌溉系统和加工设施损失估计超过 30 亿美元。重建叙利亚农业部门未来三年所需的初始费用总额在 107 亿~171 亿美元。①

叙利亚工业部门同样损失惨重。叙利亚工业部长穆罕默德·马恩·贾兹巴（Mohamed Man Jazba）在接受媒体采访时表示，由于武装分子蓄意破坏工业基础设施、生产线，并将大量设备运往国外，反政府武装和恐怖组织摧毁了叙利亚境内的工业设施，叙利亚工业部门损失高达约 24 亿美元。全国工业设施共计 13 万个，目前恢复作业的 7.1 万个，其余设施还在修复。②

叙利亚全国约 7% 的居民住房被完全毁坏，约 20% 的居民住房被部分毁坏。各城市住房遭到破坏的程度不同，代尔祖尔市是房屋被完全破坏程度最高的城市，受损率高达 10%；帕尔米拉是住房被部分破坏程度最高的城市，受损率达到 32.8%；阿勒颇由于 8% 的房屋被毁，23% 的房屋部分受损，也是房屋受损严重的城市之一。③ 内战也对叙利亚教育设施造成了毁灭性的打

---

① 《联合国全面评估叙利亚战争对该国农业的影响》，中国经济网，2017 年 4 月 4 日，http://intl.ce.cn/specials/zxgjzh/201704/04/t20170404_21703598.shtml。
② 《叙利亚工业部门因恐怖分子行动损失约 24 亿美元》，俄罗斯卫星通讯社，2019 年 2 月 1 日，http://sputniknews.cn/economics/201902011027545728/。
③ World Bank Group, "The Toll of War: The Economic and Social Consequences of the Conflict in Syria", July 10, 2017, p. 18.

击，超过 7000 所学校被毁，约 200 万儿童失学。①

　　叙利亚国内多处医疗设施受损或被迫关闭。2011 年 3 月至 2019 年 8 月，医生促进人权协会（PHR）证实，叙利亚至少有 350 个独立的卫生设施遭到 583 次袭击，912 名医务人员死亡。② 医疗设施频繁遭受军事打击，这给医务人员造成安全威胁，部分医务人员被迫停止医疗工作，选择逃离危险地区。截至 2019 年底，叙利亚各地只有 64% 的医院和 52% 的医疗中心全面运作，70% 的医护工作者已离开该国。③ 近两年，由于战争在叙利亚西北部仍然持续，更加剧了西北部地区医疗系统、设施的损毁和医疗资源的短缺。2016～2019 年，共有 494 起针对医疗设施的袭击，其中有 337 起发生在西北部。截至 2019 年，叙利亚西北部的 550 家医疗机构仅有半数仍在维持运转。④ 世界卫生组织表示，叙利亚西北部不同地区医疗机构所承受的压力差别巨大，部分地区人口数量骤减，医院废弃空置，而另一些地区的卫生系统则超负荷运转，供不应求。⑤

　　在叙利亚内战中，能源设施成为军事打击的目标，导致能源生产受阻。叙利亚石油和矿产资源部长阿里·加尼姆（Ali Ghanem）表示，自 2011 年叙危机爆发以来，石油部门的直接和间接损失总计达 810 亿美元。叙利亚能源供给存在很大缺口。石油部门遭受巨大损失，叙每日能供给约 1780 万立

①　"Education Challenges", UNICEF Syrian Arab Republic, https：//www. unicef. org/syria/education, 2020 – 03 – 10.

②　"PHR：UN Plan to Investigate Recent Attacks on Health Care in Syria Woefully Insufficient", *Physicians for Human Rights*, September 16 , 2019, https：//phr. org/news/phr – un – plan – to – investigate – recent – attacks – on – health – care – in – syria – woefully – insufficient/, March 10 , 2020.

③　《叙利亚冲突即将进入第十年：1100 万人需要人道援助》，联合国新闻网站，2020 年 3 月 11 日，https：//news. un. org/zh/story/2020/03/1052601。

④　《世卫组织：过去四年叙利亚医疗设施遭 494 次袭击，致 470 人死亡》，联合国新闻网站，2020 年 3 月 11 日，https：//news. un. org/zh/story/2020/03/1052611。

⑤　《叙利亚：一线医务人员描述绝望处境　世卫组织紧急运送物资》，联合国新闻网站，2020 年 2 月 28 日，https：//news. un. org/zh/story/2020/02/1051681。

方米天然气、2.45 万桶石油，但石油日需求量达 13.6 万桶。①

叙利亚电力设施在内战中遭到破坏。虽然电力线路和变电站还有部分使用功能，但全国大部分地区电力供应能力较差，还有一些地区已经多年无法与公共电力供应连接。伊德利卜泽祖恩（Zeyzoun）电厂、阿勒颇热电站和代尔祖尔附近的阿尔蒂姆（Al-Teem）电站在战争中被完全摧毁。燃料短缺和运营、维护不足导致公共电力供应量急剧下降。2015 年叙利亚全国发电量降至 16208 千兆瓦时，而 2010 年为 43164 千兆瓦时，降幅约为 62.5%。电力供应的减少已经造成了严重的混乱。大多数城市每天只有几个小时的电力供应。政府通过在全国范围内削减负荷、实施配给政策，电力的短缺影响到饮用水、教育和医疗服务的供给。② 据叙利亚电力部透露，自 2011 年以来，叙电力部门的损失至少为 40 亿美元。③

在战争期间，叙利亚供水设施遭受重创，损失已超过 20 亿美元。受损设施包括水坝、抽水站、供水管道、饮用水蓄水箱、水井、净水站和管理部门办公楼。④

三 中叙经济重建对话、探索合作途径

（一）中国愿积极参与叙利亚重建

自内战局势好转以来，叙利亚政府多次明确表示将开展国家重建，中国愿在"一带一路"倡议框架下参与叙利亚重建。2017 年，时任中国外交部

---

① 《叙官员称战争造成叙石油损失超 800 亿美元》，新华网，2019 年 10 月 4 日，http://m. xinhuanet. com/mil/2019 - 10/04/c_ 1210300130. htm。

② World Bank Group, "The Toll of War: The Economic and Social Consequences of the Conflict in Syria", July 10, 2017, p. 19.

③ 《叙电力部门自叙危机爆发以来损失超过 40 亿美元》，中华人民共和国驻阿拉伯叙利亚共和国大使馆经济商务处，2019 年 11 月 17 日，http://sy. mofcom. gov. cn/article/jmxw/201911/20191102914130. shtml。

④ 《叙利亚水资源部战争期间损失超过 20 亿美元》，俄罗斯卫星通讯社，2020 年 1 月 31 日，http://sputniknews. cn/economics/20200131130557804/。

发言人陆慷在记者会上表示，中方愿同国际社会一道为今后叙重建发挥积极作用。① 同年，中国外交部部长王毅在会见叙利亚总统政治与新闻顾问夏班（Chaban）时表示，中方将为叙利亚重建做出自己的努力。王毅表示，当前叙利亚形势正在转入新的发展阶段，政治解决是主要方向，反恐、对话和重建是当前解决叙利亚问题的三个着力点，国际社会应重视并积极支持叙利亚重建。②

2018 年，国务委员兼外长王毅在纽约出席联合国大会期间会见叙利亚副总理兼外长穆阿利姆（Muallem）时表示，中方高度重视中叙关系，不会缺席叙利亚重建进程，愿为叙利亚经济社会发展发挥积极作用。中方赞赏叙方积极响应"一带一路"倡议，愿以此为契机，推动两国经济往来的进一步发展。③

2019 年，国家主席习近平在接受俄罗斯塔斯社、《俄罗斯报》联合采访时表示，对叙利亚这样一个历史悠久的文明古国，在近年来持续动荡中遭受的人民苦难和国家破坏表示痛心，对中叙两国人民传统友好关系表示肯定，期待叙利亚局势的政治解决进程继续向前推进，并谈到中国愿意在力所能及的范围内参与叙利亚重建，以帮助叙利亚人民早日恢复正常生产生活。④ 同年，国家副主席王岐山在中南海会见由叙利亚阿拉伯复兴社会党副总书记希拉勒·希拉勒（Hilal Hilal）率领的代表团时表示，中方愿通过共建"一带一路"为叙经济社会重建发挥积极作用。希拉勒表示，叙利亚珍惜中方长期以来给予的友爱和支持。⑤ 中国政府叙利亚问题特使解晓岩在莫斯科举行

① 《外交部发言人：中方愿为叙利亚重建发挥积极作用》，人民网，2017 年 9 月 22 日，http：//world. people. com. cn/n1/2017/0922/c1002 – 29553578. html。
② 《王毅：反恐、对话、重建是新阶段解决叙利亚问题的三个着力点》，人民网，2017 年 11 月 24 日，http：//world. people. com. cn/n1/2017/1124/c1002 – 29666498. html。
③ 《王毅会见叙利亚副总理兼外长穆阿利姆》，人民网，2018 年 9 月 28 日，http：//world. people. com. cn/n1/2018/0928/c1002 – 30319154. html。
④ 《习近平接受俄罗斯主流媒体联合采访》，人民网，2019 年 6 月 5 日，http：//world. people. com. cn/n1/2019/0605/c1002 – 31120321. html。
⑤ 《王岐山会见叙利亚复兴党代表团》，人民网，2019 年 11 月 22 日，http：//cpc. people. com. cn/n1/2019/1122/c64094 – 31470311. html。

的新闻发布会上表示，中国将是叙利亚重建进程的主要参与者之一。随着叙利亚境内安全环境的改善和政治调解取得成功，越来越多的中国公司将积极参与叙重建项目。①

2020年1月，国务委员兼外长王毅在接受埃及《金字塔报》书面采访中谈道："在叙利亚问题上，中方历来主张在坚持政治解决和全面反恐的同时，统筹推进重建进程，为实现叙利亚长治久安、人民安居乐业提供根本保障。自危机爆发以来，中方向叙利亚提供了大量人道主义援助，举办重建研修班，用实际行动支持叙利亚恢复重建工作。中方支持中国企业参与叙重建，我们愿意在推进重建过程中同各方进行协商合作，目的只有一个，就是还叙利亚人民一个稳定、繁荣的家园。"②

叙利亚期待中国参与重建。叙利亚总统巴沙尔·阿萨德早在2016年接受媒体采访时表示，大马士革在重建进程中将仰仗俄罗斯、中国和伊朗。③2018年，巴沙尔·阿萨德表示叙利亚欢迎中国企业来叙投资，参与叙经济重建。④2019年，巴沙尔·阿萨德在接受凤凰卫视采访时再次谈到，叙利亚希望成为中国"一带一路"倡议的参与方，叙利亚已经在这一倡议的框架内向中国提出六个涉及基础设施的项目，并期待中国能够选择合适的项目并开展建设。⑤

叙利亚媒体人认为，"一带一路"将带动叙利亚恢复发展。2019年4月，叙利亚多位媒体人公开表示了对"一带一路"倡议帮助叙利亚恢复经济和社会发展的期待。叙利亚《复兴报》总编辑阿卜杜勒·拉提夫·奥姆

① 《解晓岩：中国在叙利亚重建方面将发挥重要作用》，俄罗斯卫星通讯社，2019年12月18日，http://sputniknews.cn/politics/201912181030260225/。

② 《王毅接受埃及〈金字塔报〉书面采访》，人民网，2020年1月8日，http://world.people.com.cn/n1/2020/0108/c1002-31540300.html。

③ 《叙总统：叙利亚重建将仰仗俄罗斯、中国和伊朗》，环球网，2016年3月31日，https://world.huanqiu.com/article/9CaKrnJUTxp。

④ 《叙利亚总统欢迎中国企业参与叙经济重建》，新华网，2018年11月15日，http://www.xinhuanet.com/2018-11/15/c_1123718128.html。

⑤ 《阿萨德：叙利亚正就加入"一带一路"倡议与中国进行谈判》，俄罗斯卫星通讯社，2019年12月16日，http://sputniknews.cn/economics/201912161030247806/。

兰认为，"一带一路"的目标是推动沿线国家共同发展，叙利亚历经多年动荡，社会经济和社会生活秩序需要恢复，而"一带一路"倡议所涉及的基础设施、公路、电力等行业，正是叙利亚需要建设的领域。叙利亚《光明报》总编辑巴沙尔·穆尼尔认为，中国长久以来不干涉他国内政、平等友善的外交政策，中国在叙利亚危机中坚持以和平方式解决的主张，以及中国向叙利亚人民提供人道主义援助，使"一带一路"倡议在叙利亚具有天然的亲和力，包括叙利亚在内的各国人民信赖"一带一路"，愿意与中国进一步发展各领域的关系。叙利亚资深媒体人马希尔·伊赫桑认为，近年来叙利亚的国家发展战略是"向东看"，这与中国的"一带一路"倡议高度契合，叙中双方在未来合作前景广阔。[1] 2019 年，叙利亚驻华大使伊马德·穆斯塔法接受人民日报海外网专访时表示："我们鼓励中国企业到叙利亚投资。与其他国家的企业相比，中国企业会受到叙利亚更热烈的欢迎。"[2]

（二）中叙两国积极推进重建合作

自 2017 年叙利亚国内局势好转以来，在"一带一路"倡议框架下，我国与叙利亚政府在重建问题上开展了多次对话，共商合作。同年，中国阿拉伯交流协会和叙利亚驻华大使馆在北京联合主办"首届叙利亚重建项目洽谈会"，中国建筑五局、中国能源建设集团、中国水电建设集团、中装建设集团、中国葛洲坝集团、中铁建设集团、中国东方民生集团、太平洋建设集团、中标建设集团、中国兵器工业集团、中国重工投资有限公司、昆仑银行等近 200 家企业参与了重建项目洽谈合作。[3] 在北京举办的中国–叙利亚企

---

[1] 《综述：叙利亚媒体专家认为"一带一路"将带动叙恢复发展》，环球网，2019 年 4 月 30 日，https：//world. huanqiu. com/article/9CaKrnKkaRF。

[2] 《"中国人的面孔在叙利亚特别受欢迎"（我在中国当大使）——访叙利亚驻华大使伊马德·穆斯塔法》，人民网，2019 年 10 月 14 日，http：//world. people. com. cn/n1/2019/1014/c1002 - 31397809. html。

[3] 《首届叙利亚重建项目洽谈会在京举行》，人民网，2017 年 7 月 10 日，http：//world. people. com. cn/n1/2017/0710/c1002 - 29395150. html。

业对接交流会上，中国贸促会和叙利亚－中国商务理事会签署谅解备忘录，建立机制性合作，为两国企业贸易投资合作搭建平台。① 叙利亚重建投资和法律工作委员会在北京成立，叙利亚驻华大使馆与北京市京师律师事务所签署了相应法律文件，双方合作领域包括交易结构设计、商业谈判法律支持、协调境外当地的中介机构等，该委员会能够帮助中国企业更好地了解叙利亚重建政策和投资法规，从而使中国企业全面而深入地参与叙利亚重建项目。② 叙利亚投资署长伊纳斯同叙利亚－中国企业家理事会主席哈密舒在大马士革签署合作协议③，该协议的签署意在推动中国企业对叙投资。中国贸促会在北京举办中国－叙利亚企业对接交流会，来自两国基础设施、能源、制造业等领域的 150 余位企业代表在会上进行了企业对口交流。④

2020 年 3 月 4 日，我国与叙利亚政府签署了《中华人民共和国政府和阿拉伯叙利亚共和国政府经济技术合作协定》⑤，此项合作协定的签署将更好地推动中国向叙提供援助、人员技术培训和重建等方面的支持。

四 "一带一路"倡议框架下中叙基础设施合作现状

中国与叙利亚具有良好的贸易传统。据中华人民共和国驻阿拉伯叙利亚共和国大使馆经济商务处统计，截至 2010 年底，中国对叙非金融类直接投

---

① 《中国－叙利亚企业对接交流会在京举办》，中国国际贸易促进委员会，2017 年 5 月 11 日，http：//www.ccpit.org/Contents/Channel_3434/2017/0511/804745/content_804745.htm。

② 《中国和叙利亚建立了投资和法律工作委员会》，俄罗斯卫星通讯社，2017 年 7 月 9 日，http：//sputniknews.cn/politics/201707091023065885/。

③ 《叙利亚投资署与叙中企业家理事会签署合作协议》，中华人民共和国驻阿拉伯叙利亚共和国大使馆经济商务处，2017 年 9 月 7 日，http：//sy.mofcom.gov.cn/article/zxhz/201709/20170902640502.shtml。

④ 《中国－叙利亚企业对接交流会在京成功举办》，中华人民共和国驻阿拉伯叙利亚共和国大使馆经济商务处，2017 年 5 月 11 日，http：//sy.mofcom.gov.cn/article/zxhz/201705/20170502573656.shtml。

⑤ 《中叙签署经济技术合作协定》，中华人民共和国驻阿拉伯叙利亚共和国大使馆经济商务处，2020 年 3 月 5 日，http：//sy.mofcom.gov.cn/article/zxhz/202003/20200302942283.shtml。

资存量为 1681 万美元，中国企业在叙累计签订承包工程合同额为 18.2 亿美元，累计签订劳务合作合同额为 482 万美元，2010 年末在叙利亚劳务人数为 1100 人。中国在叙利亚的新签大型项目包括湖北宏源电力工程股份有限公司承担的水泥厂自备电站项目等，在叙开展合作业务的主要中资企业有中石油、中石化、中石化十建公司、中纺、中材建设、北方公司、湖北宏源电力、中兴、华为、四川机械设备公司等。①

虽然叙利亚内战对中叙两国的商贸往来和经济合作造成不利影响，但从 2011 年内战爆发至今，中叙两国双边贸易并未中断。随着 2017 年战争局势好转，中叙双边贸易额逐年增长，双方努力开展重建合作。叙利亚政府希望对接中国"一带一路"倡议，以中国先进经验优先开展国内基础设施重建。中国众多企业进入叙利亚实地考察、寻找商机，以期通过"一带一路"倡议进入重建市场并与当地企业开展广泛合作。

表 1　2011～2019 年中叙进出口贸易额情况

单位：亿美元

年份	进出口		中国出口		中国进口	
	金额	增幅（%）	金额	增幅（%）	金额	增幅（%）
2011	24.55	-1.16	24.29	-0.6	0.26	-35.1
2012	12.01	-51.1	11.90	-51.0	0.11	-57.7
2013	6.95	-42.1	6.90	-42.0	0.05	-54.5
2014	9.86	41.9	9.84	42.6	0.02	-60.0
2015	10.3	4.3	10.24	4.1	0.04	100
2016	9.18	-10.7	9.15	-10.6	0.03	-25.0
2017	11.04	20.3	11.03	20.5	0.01	-66.7
2018	12.74	15.5	12.73	15.5	0.01	0
2019	13.15	3.2	13.14	3.1	0.01	0

资料来源：中华人民共和国海关总署。

① 《近年中叙经贸合作情况》，中华人民共和国驻阿拉伯叙利亚共和国大使馆经济商务处，2011 年 6 月 13 日，http：//sy. mofcom. gov. cn/article/zxhz/201106/20110607596800. shtml。

（一）大马士革国际博览会成为中叙两国企业的交流平台

大马士革国际博览会创办于 1954 年，是中东地区历史最长、规模最大的博览会之一，自创办以来每年举行一次，但在 2012～2016 年因战争而中断，直到 2017 年该博览会恢复举行。这是自叙利亚危机爆发后，叙政府首次举办的大马士革国际博览会，可以看出叙政府希望借此传递国内局势正在好转的信息，并借此发出叙利亚重建的信号，试图重振国际社会对叙利亚重建和叙利亚经济恢复的信心。

2017 年 8 月，叙利亚政府举办第 59 届大马士革国际博览会，涉及能源、建材、汽车、家具、机械装备、家用电器等多个领域的 20 余家中国企业参与。① 2018 年 9 月叙利亚政府举办第 60 届大马士革国际博览会，中国是第三大参展企业来源国，中国企业特别是工程、机械和汽车等相关企业受到欢迎。吉利汽车展区的当地合作联络人阿巴斯认为，"中国企业精准把握了叙利亚市场的需求，同时展现出合作诚意，在未来叙利亚重建进程中，中国企业与产品必将占据重要位置，这也是不少叙利亚本地企业、代理商以及叙民众乐于看到的局面"②。

2019 年 8 月，叙利亚政府举办了第 61 届大马士革国际博览会。本届博览会有来自 38 个国家和地区的约 1700 家企业参展，展区面积首次超过 10 万平方米。③ 会前，博览会组委会就表示了欢迎中国企业积极参加，并愿意为中国企业提供一定面积的免费展位。④ 中国驻叙利亚大使冯飚出席了本次

---

① 《第 59 届大马士革国际博览会开幕》，中华人民共和国驻阿拉伯叙利亚共和国大使馆经济商务处，2017 年 8 月 18 日，http：//sy. mofcom. gov. cn/article/todayheader/201708/20170802629359. shtml。

② 《为重建家园打开希望之窗》，人民网，2018 年 9 月 18 日，http：//world. people. com. cn/n1/2018/0918/c1002 - 30299050. html。

③ 《第 61 届大马士革国际博览会开幕》，新华网，2019 年 8 月 29 日，https：//baijiahao. baidu. com/s? id = 1643177398456943568&wfr = spider&for = pc。

④ 《叙利亚将举办第 61 届大马士革国际博览会，组委会欢迎中国企业参加》，中华人民共和国商务部，2019 年 4 月 16 日，http：//www. mofcom. gov. cn/article/i/jyjl/k/201904/20190402853449. shtml。

展会，并视察中国企业展位，50 多家中国企业参展，展出了机械电子、装饰建材等产品，这些产品受到叙利亚客商的普遍欢迎。[1]

（二）中国企业参与叙利亚基础设施重建情况

自叙利亚内战爆发以来，中国向叙利亚提供了大量的人道主义救援物资。在中国参与叙利亚国内基础设施重建的过程中，援助和商业合作形式并存，中国向叙利亚提供医疗设备、电力设备等物资援助。中国部分大型企业也纷纷开始跟踪电力、能源、汽车等项目，部分私营企业进入叙利亚进行实地考察。

2016 年 10 月和 2017 年 1 月，中国政府分别向世界卫生组织提供了 200 万美元和 100 万美元现汇专项援助，用于支持世界卫生组织的多个叙利亚相关项目，包括向叙利亚难民提供医疗卫生服务、加强叙利亚基础卫生保健及扩大卫生服务范围等。[2] 中国政府和世界卫生组织合作援助的大马士革穆瓦萨特医院急诊中心改造项目，是中国"南南合作援助基金"支持世界卫生组织在叙利亚实施的人道援助项目之一，项目包括穆瓦萨特医院急诊中心的水路、电路改造，加装电梯，提供床位以及医疗设备等。[3] 2018 年，福田汽车为叙利亚援助两台大型多功能移动医疗单元人道主义救援设备，该设备由两辆福田欧辉医疗大巴和两辆救护车组成，可便捷地提供基本诊疗、手术、体检、医疗转运等卫生服务，具备移动医疗和远程医疗功能。[4]

叙利亚电力系统受损严重，尤其是恐怖袭击对电力系统造成重大损失。中国电力企业与中东地区国家的电力合作始于 20 世纪 90 年代，1993 年四

---

[1] 《驻叙利亚大使冯飚出席第 61 届大马士革国际博览会并视察中国企业展位》，中华人民共和国驻阿拉伯叙利亚共和国大使馆经济商务处，2019 年 9 月 2 日，http：//sy. mofcom. gov. cn/article/todayheader/201909/20190902895617. shtml。

[2] 《中国与世界卫生组织合作参建人道项目》，央视网新闻网，2018 年 2 月 11 日，http：//news. cctv. com/2018/02/11/ARTIbKgfTYxRGmtLnTqQ8qWj180211. shtml。

[3] 《崔彬参赞陪同齐前进大使参观穆瓦萨特医院急诊中心改造项目》，中华人民共和国驻阿拉伯叙利亚共和国大使馆经济商务处，2018 年 2 月 12 日，http：//sy. mofcom. gov. cn/article/zxhz/201802/20180202711621. shtml。

[4] 《品质客车现身"一带一路"人道救援　福田欧辉再担国际重任》，中国机械工业联合会，2018 年 5 月 14 日，http：//www. mei. net. cn/qcgy/201805/778647. html。

川省机械设备进出口公司承建叙利亚迪什林（Tishrin）水电站，是早期中国企业承建中东电力工程的代表性项目。[①] 内战期间该水电站被叙利亚反政府武装控制，随着叙利亚政府军逐渐收复失地，2019 年 11 月俄罗斯军队驻叙利亚司令部发言人表示，该水电站已转由叙利亚政府军控制。[②] 2018 年中国向叙利亚援助一批电力设备，包括 800 台变压器、60 公里长电缆和其他配电设备，可用于改善电网，缓解电力供应不足。[③] 我国国家电网有限公司高级培训中心与国家行政学院国际和港澳培训中心联合举办的 2019 年培训班，吸收叙利亚学员在北京接受培训，学习我国电网建设的先进经验。[④]

在叙利亚内战前，中国能源企业自 2003 年已经开始与叙利亚开展合作。中国石油天然气勘探开发公司与叙方签署戈贝比（Gbeibe）。油田二次采收（water injection）项目合同，中方投资约 1 亿美元，合同承建期为 25 年。中国与印度石油天然气公司联合收购幼发拉底石油公司 38% 的股份。叙利亚政府与中石油公司签署修建炼油厂的备忘录。[⑤] 叙利亚内战爆发后，中国在叙利亚投资的能源项目遭到战争的严重破坏，无法正常运转，加之战争形势恶化，中国石油企业于 2013 年撤离叙利亚。[⑥] 由于局势尚未完全稳定，中国石油企业目前还未重新进入叙利亚并重启合同。

中国的工程机械已进入叙利亚重建市场。2019 年中国辽原筑机两套 LB1500 型沥青搅拌站出口叙利亚，并同时派出两名安装工程师。[⑦] 山重

① 季玉华、窦如婷：《"一带一路"背景下中国电力企业投资中东电力市场分析》，《企业经济》2019 年第 11 期，第 37 页。

② 《俄媒：叙利亚第二大水电站转为叙政府军控制》，环球网，2019 年 11 月 18 日，https：//world. huanqiu. com/article/9CaKrnKnR4r。

③ 《中国向叙利亚援助一批电力设备　叙电力局长：缓解燃眉之急》，中国电力网，2018 年 10 月 12 日，http://www.chinapower. com. cn/guoji/20181012/1251303. html。

④ 《"一带一路"倡议下共享中国发展经验研修班开班》，中国电力新闻网，2019 年 10 月 17 日，http://www.cpnn. com. cn/zdyw/201910/t20191017_ 1171169. html。

⑤ 王有勇：《中国与叙利亚的能源合作》，《阿拉伯世界研究》2006 年第 3 期，第 34 页。

⑥ 《商务部：中国石油企业已撤离叙利亚》，中国广播网，2013 年 8 月 30 日，http：//finance. cnr. cn/gundong/201308/t20130830_ 513454869. shtml。

⑦ 《为和平而来，辽原筑机挺进叙利亚》，中国路面机械网，2019 年 7 月 24 日，https：//news. lmjx. net/2019/201907/2019072413295729. shtml。

建机有限公司向叙利亚出口两台 MC386 挖掘机。① 另外还有龙工叉车等机械工程车辆出口至叙利亚，在叙利亚重建中发挥作用。农用机械有山东萨丁重工的 100 台大型拖拉机在 2019 年出口叙利亚。②

中国汽车企业早在内战爆发前就已进入叙利亚市场，中国汽车的价格、性能和外观在当地具有竞争优势，在叙利亚汽车市场占有一定份额，中国汽车企业看好重建的叙利亚市场前景。在第 59 届大马士革国际博览会上，众多中国汽车企业参展，包括一汽、奇瑞、比亚迪、北汽、东风、江淮、长安、吉利等。③ 2015 年，厦门金旅客车获得叙利亚 100 台公交车项目订单，这是自叙利亚内战后，中国客车首次批量出口叙利亚。④ 2017 年 2 月，中国东风汽车与叙利亚代理商赫鲁夫集团合作，在大马士革举行了东风 S50 轿车和 AX7 旅行车产品发布会，该集团将与东风汽车合作，在叙利亚对上述两款产品进行组装生产和销售。⑤ 2018 年 2 月，中兴汽车与叙利亚最大的汽车进口商马洛克公司合作 SKD 组装建厂项目签约，SKD 皮卡生产线计划于当年 5 月安装调试完成，启动车辆的生产组装，实现年产 3000 台的皮卡产能。同时马洛克公司第一批 235 台采购订单也已经下达生产。⑥ 在 2018 年的第 60 届大马士革国际博览会上，叙利亚马洛克公司总经理阿卜杜勒·马洛克表示，该公司位于霍姆斯省的工厂将于当年 11 月开始满负荷运转，在未来 2 年计划每年生产约 1 万辆中国长安和吉

① 《山重建机积极行动确保发车任务》，21CME 工程机械网，2019 年 3 月 16 日，http://www.21cme.cn/article-113280.html。

② 《深化国际合作 萨丁重工再添大型拖拉机百台订单!》，中国机械工业联合会，2019 年 7 月 23 日，http://www.mei.net.cn/nyjx/201907/836615.html。

③ 《中国汽车企业看好叙利亚市场前景》，中国汽车工业协会，2017 年 8 月 21 日，http://www.caam.org.cn/search/con_5210909.html。

④ 《金旅客车为何依然穿行叙利亚》，中国客车网，2016 年 9 月 2 日，http://www.chinabuses.com/buses/2016/0902/article_73698.html。

⑤ 《东风汽车在叙利亚市场发布两款产品》，中华人民共和国驻阿拉伯叙利亚共和国大使馆经济商务处，2017 年 2 月 21 日，http://sy.mofcom.gov.cn/article/zxhz/201702/20170202520076.shtml。

⑥ 《中兴汽车叙利亚海外工厂建设 续写资助品牌出口传奇》，中兴汽车网，2018 年 3 月 19 日，http://www.zxauto.com.cn/news/readnews.asp?id=1295。

利汽车。① 2019 年 9 月，由叙利亚政府采购的中国 113 辆安凯客车出口叙利亚，运抵后在大马士革等城市投入运营用于改善城市公共交通状况。②2020 年 2 月，东风风光 ix5 在叙利亚上市。③

结　语

在当前叙利亚内战好转的形势下，中叙经贸合作逐步增多，双边贸易往来逐渐频繁。2017~2019 年，中叙两国贸易额逐年增加，叙利亚政府赞同中国"一带一路"倡议，叙利亚总统巴沙尔·阿萨德适时提出"向东看"政策，正是希望与俄罗斯、伊朗和中国等"东方国家"合作重建工作。遭受近 10 年的战争破坏，叙利亚国家百废待兴，各类物资缺乏。基础设施重建关系着国计民生，电力、能源、住房、铁路、公路、桥梁等主要基础设施建设是叙利亚政府的重要建设工程，同时，重建对基础设施建设所需的工程机械、钢铁、建材等具有极大的需求。中国在基础设施建设领域丰富的经验和先进的技术是中国企业的巨大优势，叙利亚重建还要加快恢复工农商贸等民生行业，对各类工业制造设备及产品、日用品等同样具有巨大需求。叙利亚重建市场既是机遇也有挑战。在世界银行《2020 年营商环境报告》中，叙利亚的营商便利性被列于 190 个经济体中的第 176 位④，营商环境并不理想。中国企业进入叙利亚重建市场需提高风险防范意识，以降低企业有可能面临的风险和损失。

---

① 《长安和吉利未来 2 年拟每年在叙生产 1 万辆汽车》，俄罗斯卫星通讯社，2018 年 9 月 10 日，http：//sputniknews. cn/economics/201809101026310756/。

② 《"一带一路"再结硕果，113 辆安凯客车出口叙利亚》，环球网，2019 年 9 月 18 日，https：//biz. huanqiu. com/article/7Q4y0mlU4xy。

③ 《全球化战略再提速　东风风光 580 摩洛哥上市》，东风汽车集团有限公司，2020 年 3 月 1 日，https：//www. dfmc. com. cn/news/media/news_ 20200301_ 0931. html。

④ The World Bank，"Doing Business 2020"，October 24，2019，https：//openknowledge. worldbank. org/bitstream/handle/10986/32436/9781464814402. pdf。

附　录

Appendices

B.13

2018~2019年国内外叙利亚
问题研究述评

杨玉龙*

摘　要：　在2018~2019年国内外叙利亚问题研究方面，叙利亚重建问题、叙利亚危机与大国博弈、叙利亚难民问题是三个主要的研究热点。气候变迁、粮食安全等研究是较为新颖的分析视角，对反思和分析叙利亚危机的爆发有着一定解释力。目前国内学界更为关注的是叙利亚重建进程的走向和前景，以及中国在叙利亚战后重建进程中的角色和地位。国内学界对叙利亚问题的研究更侧重于政策性和现实性，在叙利亚重建问题方面有着较为先发性的研究动力和成果。中国学界在区域

* 杨玉龙，博士，西北农林科技大学马克思主义学院讲师，西北大学叙利亚研究中心特约研究员。

国别研究领域，应注意学术成果的国际化，提升中国学界的
国际影响力。

关键词： 叙利亚问题　中外研究动态　研究述评

2018～2019 年，叙利亚问题研究依然是重要的国际学术研究热点，国
内外学者发表或出版了数以百计的相关研究论著。此外，随着叙利亚战场形
势好转，极端主义组织"伊斯兰国"实体化的覆灭，巴沙尔政府恢复了对
国内大部分领土的实际控制权，国内外学界对叙利亚问题的研究关注点开始
转移，国内学界对叙利亚重建问题做了较为前沿的分析和研究；而国外学界
立足于实证主义的社会调查等跨学科与多维度研究范式，对叙利亚危机爆发
的根源做了溯源性的全面研究，其研究方法的多元性和实证性值得国内学界
借鉴。

一　2018~2019年中国叙利亚问题研究述评

（一）叙利亚重建

叙利亚重建已成为叙利亚问题中的重要议题之一，在叙利亚国内渐趋稳
定的政治环境下，叙利亚政府已稳步开启了在经济社会领域的重建进程，而
政治重建进程也在俄罗斯、土耳其、伊朗的主导下稳步推进，叙利亚问题政
治解决路径已经夯实。基于此，2018～2019 年国内许多学者关注并撰写了
许多与叙利亚重建相关的论文，分别涉及叙利亚重建的议题、进程、障碍和
前景，叙利亚重建也不同程度涉及中国"一带一路"建设在该地区推行的
可行性和安全风险。

王晋在《叙利亚重建面临的政治、经济和外交挑战》一文中认为，在
政治上，多年的内战使得叙利亚传统军政合一的威权政治体制受到重创，

"中央集权"政治架构被武装割据的"地方分权"的政治现实所取代；在经济上，叙利亚国内经济形势进一步恶化，巴沙尔执政后努力推动的多元化经济发展模式也因战争而完全陷入停滞；在对外关系上，连年内战削弱了叙利亚对外影响力，叙利亚也从过去的"地区大国"转变为被地区大国和域外大国影响甚至操纵的对象。这些新的变化是叙利亚战后重建的现实基础，也将决定未来叙利亚内政外交的大体走向。因此，"叙利亚未来将呈现出政治权力'分散'、外部影响'增大'和经济重建'困难'三方面的特征"[①]。王晋在《叙利亚重建的困境、归因与超越》[②] 论文中系统地梳理和分析了当前叙利亚重建进程面临的问题，并分析了其主要原因，对未来前景也做了相应的展望和研判。他认为，政治重建核心问题是叙利亚政府与反对派以及库尔德人势力在中央政府的权力分配、地方自治制度等方面的政治博弈；经济重建需要恢复国民经济正常化，但核心问题是重建资金不足；安全重建的关键问题是叙利亚政府军与反对派武装之间在军事层面的博弈；在外交方面，叙利亚政府需要恢复与周边大国和国际社会的关系正常化。该文认为叙利亚之"重建"需要解决"重建"的定义、协调和帮扶等议题，这关系到叙利亚实现平稳和快速转入重建国家的和平轨道。

（二）叙利亚危机与大国博弈

在大国博弈研究方面，2018～2019年仍然是叙利亚问题多方竞争与博弈的基本态势。董漫远的《叙利亚乱局：博弈新态势与前景》论文重点评析了叙利亚危机中大国博弈态势及其前景走势。该文认为，叙利亚前途与命运已沦入大国主宰轨道，并成为大国交易的重要筹码。涉及叙利亚问题的各方基于自身利益分别"傍"美国和俄罗斯，阵营分野与分化鲜明。压缩或扩大"碎片化"区域，成为美俄两大阵营现阶段在叙利亚角逐的焦点。叙

---

① 王晋：《叙利亚重建面临的政治、经济和外交挑战》，《国际关系研究》2018 年第 2 期，第 27～46 页。
② 王晋：《叙利亚重建的困境、归因与超越》，《西亚非洲》2019 年第 1 期，第 3～29 页。

利亚乱局与中东地区其他热点形成紧密联动，并推动地区格局加速演变。①
叙利亚乱局的本质是美俄在叙的大国博弈，目前美俄势力范围已大体确定，
而叙利亚全面和平仍需时日。李光、李绍先撰写的《叙利亚局势新发展及
各方博弈》一文分析了 2019 年以来叙利亚问题的最新局势发展，并对各方
博弈做了相应的判断。该文认为土耳其在叙北的军事行动极大地打击了叙库
尔德人势力，使叙利亚局势进入新的阶段。两大力量呈现为"美退俄进"
的结构，美土关系有望回升，同盟关系或有所加强；而土耳其与叙利亚两国
关系在俄罗斯的调解下有望实现和解。② 刘莹撰写的《叙利亚危机中的中美
俄竞合关系》从宏观的中美俄三边关系视角分析了叙利亚危机政治解决方
案和中美俄三国外交政策和手段的比较分析。该文认为中美俄三国在叙利亚
问题上不同的外交政策和手段的实施，表明了新时期大国关系竞争与合作并
存，但也对未来中美俄三边关系提出了新的挑战。③ 该文分析了美俄两国在
叙利亚危机中的博弈及其三个不同阶段，也分析了中俄两国在叙利亚问题方
面的协调一致观念。

王晋撰写的《以色列在叙利亚问题上的关切、应对与挑战》④ 一文集中
探讨了叙利亚危机爆发以来以色列在叙利亚问题方面的战略考量和应对方
案。自叙利亚危机爆发以来，国内外学者高度关注了冲突参与方在叙利亚的
多方博弈和战略竞合，但对以色列的战略考量及其具体实践缺乏深度研究。
该文认为虽然以色列在叙利亚有着强烈的利益诉求，高度专注伊朗在叙利亚
境内的战略部署和军事行动，但以色列政府充分考量了叙利亚问题的复杂
性，以及自身在中东地区战略地位的特殊性，且出于对叙利亚反对派的政治
不信任，以色列在叙利亚问题方面采取了战略克制政策，并未大规模直接介

---

① 董漫远：《叙利亚乱局：博弈新态势与前景》，《国际问题研究》2018 年第 5 期，第 44 ~
58 页。

② 李光、李绍先：《叙利亚局势新发展及各方博弈》，《现代国际关系》2019 年第 11 期，第
28 ~33 页。

③ 刘莹：《叙利亚危机中的中美俄竞合关系》，《国际论坛》2019 年第 4 期，第 60 ~73 页。

④ 王晋：《以色列在叙利亚问题上的关切、应对与挑战》，《当代世界》2019 年第 1 期，第
59 ~63 页。

入叙利亚战乱。此外，以色列通过"外科手术式"的小规模军事手段参与叙利亚战场，以较小的成本换取其利益最大化。以色列在叙利亚问题方面也面临着一些长期挑战，分别关系戈兰高地、真主党军事力量以及俄罗斯在叙利亚的防空军事体系等一系列军事和安全困扰问题。

（三）叙利亚难民问题

叙利亚难民问题依然是近年国内外叙利亚问题研究的热点之一，难民问题具有长期性和复杂性的跨国影响，其影响范围不仅包括叙利亚周边国家，还包括欧洲地区的一些国家。2018～2019 年叙利亚难民外溢情况已得到有效控制，随着战场形势明晰化和叙利亚国内和平态势发展，除伊德利卜地区外已没有大规模战事。国内学界进一步研究和分析了约旦等叙利亚周边中小国家在难民危机中的相关情况和面临的多元挑战。

余国庆、陈瑶撰写的《困扰约旦的叙利亚难民问题》① 一文集中分析了叙利亚难民问题对约旦国家社会稳定、经济社会发展等造成的一系列挑战。约旦在难民危机爆发初期，开放边界允许难民进入和临时定居，但随着战事不断升级扩大，上百万难民涌入约旦境内，约旦的社会和经济承载力远不足以安置不断涌入的难民。对此，约旦政府实施了严格的难民准入管控机制，但由于约旦自身国力的有限性，国际社会对约旦的支援不力，致使约旦境内难民问题长期化和复杂化，加剧了约旦已存在的社会经济发展问题。

杨启光、王小翠撰写的《中东地区国家对叙利亚难民学生的教育援助探析》一文着重分析了叙利亚难民学生的教育援助问题，2011 年叙利亚危机爆发后，叙利亚境内数百万难民涌向周边国家或欧洲地区，其中难民学生的教育问题愈发突出。虽然土耳其、约旦和黎巴嫩等国给予了叙利亚难民学生一定的教育援助，但也面临着许多矛盾性问题。因为这些国家的教学课程体系、教学语言都与叙利亚国民教育有许多差异。对此，许多中东国

---

① 余国庆、陈瑶：《困扰约旦的叙利亚难民问题》，《阿拉伯世界研究》2019 年第 5 期，第 61～76 页。

家采取了改编和开发教材、语言过渡等方式帮助叙利亚学生融入所在国的教育体系，并帮扶叙利亚教师参与难民学生的教育过程，积极对难民学生进行学历认证工作。[①]

（四）叙利亚问题中的民族和宗教因素

影响叙利亚问题走向的民族或宗教因素也是 2018～2019 年国内叙利亚问题相关研究的热点之一。朱传忠撰写的《叙利亚穆斯林兄弟会发展新动向》一文重点分析了 2011 年以来叙利亚危机期间穆兄会的发展动向。该文认为叙利亚穆兄会在叙利亚危机期间日益成为一支重要力量，穆兄会自身寻求改变，实现内部整合，尝试与叙利亚政府和解；积极寻求与国内外反对派之间的合作，更换领导人，加强组织建设，甚至建立自己的武装力量。在政治主张方面，该文将穆兄会的政治思想整合为国家观、宗教观、民族观、国际政治观等方面。[②] 在影响力方面，该文认为穆兄会已经被边缘化，在未来叙利亚国家重建和政治走向方面，穆兄会难以发挥重要和关键性的影响力。

汪波、穆春唤撰写的《叙利亚库尔德人内战前后的政治发展》一文是对叙利亚库尔德民族政治势力在叙利亚危机后的政治发展概况的总体分析。该文认为在叙利亚内战爆发前，库尔德人曾是这个国家饱受欺压和排斥的少数民族。为争取民族权利，叙利亚库尔德人从内战前就开始组织政党开展运动。叙利亚内战爆发后，叙利亚库尔德人的政治组织建立了自己的武装。在以美国为首的西方国际反恐联盟的支持下，库尔德人武装通过打击"伊斯兰国"极端组织控制了叙北部库尔德人居住的大片土地，并极力寻求政治自治。在俄罗斯的支持下，库尔德政治力量提出了战后在叙利亚建立联邦制的构想。[③] 目前，叙利亚库尔德人已经在叙北部建立了库尔德联邦区，并期

---

① 杨启光、王小翠：《中东地区国家对叙利亚难民学生的教育援助探析》，《学术探索》2019 年第 2 期，第 52～57 页。

② 朱传忠：《叙利亚穆斯林兄弟会发展新动向》，《西亚非洲》2019 年第 3 期，第 120～141 页。

③ 汪波、穆春唤：《叙利亚库尔德人内战前后的政治发展》，《阿拉伯世界研究》2018 年第 2 期，第 90～102 页。

望内战结束后建立自己的自治区，但叙利亚库尔德人的政治发展进程正受到来自土耳其及国内其他阿拉伯反对派的阻挠和抵制等不利因素的影响。

二 2018～2019年国外叙利亚问题研究评述

2018～2019年国外学术界对于叙利亚问题的研究有着非常丰富的学术成果，涉及多个学科的研究主题，研究内容涉及叙利亚危机起源与前景、大国博弈与地区干涉、气候变迁问题等；同时，国外学界对于叙利亚问题研究有着多元化的研究方法，如数据分析、结构访谈、跨学科理论、自然科学等。从研究群体分布来看，国际学术界关于叙利亚问题研究的学者群体主要为集中在三个区域的群体，其一是中东地区本土学者群体，其二是欧美主要国家的学界或政策研究智库的学者群体，其三是第三世界非中东地域的其他亚非地区学者群体。对于叙利亚问题研究的学术群体分布具有广泛性和多元性，国内学界在关于中东研究学术评述方面，不仅要重视欧美发达国家学界的研究现状，也要对亚非地区学界研究予以一定关注，特别是中东学者对本地区相关问题的研究。

（一）叙利亚危机的起源、演变和前景

叙利亚危机产生的根源是国外学术界近年来关注的重要研究话题，虽然叙利亚危机已经稳中向好，国家重建逐步展开，但关于为什么叙利亚会爆发大规模的内战和冲突，依然是叙利亚研究学者们在不断探求的学术命题。国外学界出版和发表了一些专题研究叙利亚危机起源、演变和前景的重要学术著作和论文。

萨默尔·N.阿布德（Samer N. Abboud）的著作《叙利亚：全球政治的热点》（*Syria：Hot Spots in Global Politics*）是关于叙利亚危机研究的重要著作之一。首先，该书从历史角度回顾了复兴党在叙利亚的兴起和掌权过程；其次，阿布德重点分析了叙利亚危机爆发的根源，特别是叙利亚危机初期国内政治与社会抗争运动参与者群体的社会与政治背景及基础，以及在叙利亚

境内形成的暴力组织网络，如叙利亚自由军、努斯拉阵线、人民保卫军、"伊斯兰国"等；再次，该书着重铺陈和分析了叙利亚危机的演变过程，对于叙利亚问题和谈的日内瓦进程、阿斯塔纳进程等有较多论述；最后，该书认为叙利亚危机终结之时，该国将进入"威权主义和平"轨道。[1] 阿克瑟·海尔吉·埃夫森（Axel Helgi Ívarsson）撰写的《分层化改革：2011 年动乱前叙利亚经济自由化时期的社会阶层》（Classified Reforms：Social Classes in Syria during the Economic Liberalisation Period prior to the 2011 Uprising）一书从社会分层角度分析了 2011 年叙利亚危机爆发前该国社会经济自由化的阶层分化影响，对于理解和分析叙利亚危机的起源具有一定理论和现实意义，该文使用社会阶层理论来研究 2011 年动乱前几年叙利亚政治经济结构。作者认为，在动乱爆发的前几年，中低阶层的社会经济状况停滞不前或恶化表现为失业和贫富差距扩大。叙利亚在经济自由化方面的投资模式显示了利润与那些和政权有关系的上层阶级、统治阶级的正相关，社会阶层在叙利亚社会经济不满中发挥了重要作用，这些不满在为 2011 年动乱爆发发挥了部分作用。[2]

琳达·玛塔尔（Linda Matar）和阿里·卡德里（Ali Kadri）合作主编的《叙利亚：从国家独立到代理人战争》（Syria：From National Independence to Proxy War）一书是近年来对叙利亚危机爆发根源相关问题分析方面最为全面和深入的学术著作之一。这本分析叙利亚危机根源的专著是由多名具有不同学科背景的学者共同完成的，因而具有强烈的跨学科性。同时，该书没有贸然对叙利亚国家未来做出预测，而是从 1946 年叙利亚国家独立后做了详尽的历史分析，以及对叙利亚国家与社会的多个角度的深刻阐释，分析了危机与内战爆发的多重根源。该书分别从历史根源、经济社会、政治和公共部门四个维度分析了叙利亚国家与社会在独立以后历史进程中存在的不稳定因素，从威权政治、教派主义、经济衰退与失业、伊斯兰主义、公共卫生体

---

① Samer N. Abboud，Syria：*Hot Spots in Global Politics*，Cambridge：Polity Press，2018.

② Axel Helgi Ívarsson，*Classified Reforms：Social Classes in Syria during the Economic Liberalisation Period prior to the 2011 Uprising*，Leiden University Bachelor Thesis，2018.

系、粮食安全等多个视角剖析了叙利亚国家在政治、经济、社会、宗教等层面存在的弊端。① 显然，叙利亚危机的爆发难以从单一视角做出客观和完整的解释，而目前学界主要的分析成果也来自各个学科的不同解释，难以形成跨学科的多因论综合型阐释。该书的主要学术价值是从跨学科、多维度的不同视角解释了叙利亚国家与社会在独立后数十年发展过程中不断积累恶化的弊端，而且从公共部门等视角分析具有很鲜明的独特性和创新性，为国内外学界加强对叙利亚危机根源的研究做出了不小的学术贡献。

（二）叙利亚危机中的大国博弈与外部干涉

2018 年国外学术界对于叙利亚危机中的大国博弈与外部干涉问题做了较多的研究，研究对象主要围绕俄罗斯、美国、伊朗和土耳其四国介入叙利亚危机的相关主题研究，包括以上四国介入叙利亚危机的动因、政策、效果等方面。

埃米尔·阿斯兰·苏莱曼诺夫（Emil Aslan Souleimanov）和瓦莱里·祖萨蒂（Valery Dzutsati）的《俄罗斯的叙利亚战争：一个战略陷阱?》（Russia's Syria War：A Strategic Trap?）一文，分析了俄罗斯军事介入叙利亚危机的动机及其影响。该文认为如果俄罗斯退出叙利亚，伊朗和叙利亚难以承受来自西方和逊尼派阿拉伯国家的压力。因此，"失去"叙利亚将是俄罗斯总统普京的"失败战争"，这将对他在国内执政产生不利影响。但是，俄罗斯长期留在叙利亚也包含许多不利因素，如俄罗斯可能陷入以色列和伊朗之间的交火中，因而被拖入旷日持久的冲突；或者与其战术性盟友伊朗和土耳其产生利益冲突。目前，符合俄罗斯在该地区利益的冲突结束愿景仍然是不明确的。②

葛格雷·瓦尔加（Gergely Varga）撰写的《超越美国治下的和平：阿拉

① Linda Matar and Ali Kadri, *Syria：From National Independence to Proxy War*, London：Palgrave Macmillan, 2019.

② Emil Aslan Souleimanov and Valery Dzutsati, "Russia's Syria War：A Strategic Trap?", *Middle East Policy*, Vol. 25, No. 2, 2018, pp. 42–49.

伯之春后美国的战略》（Beyond Pax Americana：US Strategy after the Arab Spring）一文，分析了美国在中东地区战略实施的挫败及其调整。该文认为自从美国成为全球大国以来，它一直寻求在包括中东在内的战略重要地区保持其霸权。为了确保该地区的区域霸权，美国历来阐述了三个主要战略目标：其一是维持强大的联盟关系，其二是限制对手的影响，其三是维护地区秩序。自2001年"9·11"恐袭事件以来，美国对外实施全球反恐战争，它采取了一些重大战略决策包括伊拉克战争、遏制伊朗以及对以色列的无条件支持，还有在叙利亚危机方面的不连贯政策破坏了上述战略目标。就美国当前的战略挫折而言，鉴于美国近年来在战略方面不得不付出的巨大成本，特朗普为减少美国在该地区的存在而进行了战略调整。但是，美国参与中东地区的一些结构性事务，以及它在该地区存在的永久战略利益表明，美国并不会在中东政策方面推行大规模的超脱行为。①

谢尔克·科尔曼吉（Sherko Kirmanj）和阿卜杜拉·库哈·萨德克（Abdulla Kukha Sada）在《伊朗对伊拉克和叙利亚的外交政策：战略重要性和地区权力平衡》（Iran's Foreign Policy towards Iraq and Syria：Strategic Significance and Regional Power Balance）一文中，分析了伊朗在叙利亚危机期间对叙利亚的外交政策及其地缘政治考虑。该文认为叙利亚和伊拉克政权的什叶派属性及其联结伊朗与黎巴嫩真主党的地缘战略考量，是伊朗决定介入叙利亚和伊拉克事务的主要动力。该文还认为伊拉克是伊朗用来推进其地区战略目标的政治工具，以维持中东地区权力平衡。为了实现这一目标，伊朗的目标是在叙利亚和伊拉克建立一支类似于伊斯兰革命卫队（IRGC）的军队。②

詹克·萨拉朝卢（Cenk Saraçoğlu）的《叙利亚冲突与土耳其伊斯兰民

① Gergely Varga, "Beyond Pax Americana：US Strategy after the Arab Spring", *Corvinius Journal of International Affairs*, Vol. 2, No. 3, 2018, pp. 19 – 29.

② Sherko Kirmanj and Abdulla Kukha Sadq, "Iran's Foreign Policy towards Iraq and Syria：Strategic Significance and Regional Power Balance", *The Journal of Social, Political, and Economic Studies*, Vol. 43, No. 1, 2018, pp. 152 – 172.

族主义危机》（The Syrian Conflict and the Crisis of Islamist Nationalism in Turkey）一文，分析了土耳其介入叙利亚危机对其国内政治的影响。该文认为土耳其对叙利亚冲突的立场从一开始就充满了正义与发展党（Justice and Development Party，以下简称为正发党）关于土耳其社会和中东的意识形态愿景。正发党将叙利亚战争视为实现和巩固其新伊斯兰民族主义概念的跳板。因此，土耳其参与这场战争也直接反映了国内政治和意识形态的斗争，叙利亚战争是正发党推行其伊斯兰民族主义计划的试验场。然而，土耳其政府的地区野心最终被叙利亚冲突和伊斯兰民族主义的复杂动态所摧毁，因而迫使正发党进行某些话语修正，以缓解这种意识形态危机。①

（三）气候变迁与叙利亚危机研究

气候变迁与国际政治的关系是近年来国外学术界非常重视的研究课题，属于比较新兴的环境政治学研究范畴，2018 年，国外学术界依然保持了对气候变迁与叙利亚危机内在关联相关问题研究上的热度，同时也有学者通过学术批判呼吁学界加强对该问题的科学研究深度，寻找其内在关联的客观性依据和逻辑联系。

杜伊古·乌凯什（Duygu Ülker）等学者撰写的《气候变化对社会经济的影响：以叙利亚为例》（Socio-economic Impacts in a Changing Climate：Case Study Syria）一文，是一篇基于新视角研究和解构叙利亚危机的文章。该文从近年来中东地区气候变迁视角，分析了其对叙利亚社会经济的影响，进而成为叙利亚危机产生的重要因素之一。该文认为气候变化在未来几年内会为冲突地区带来不稳定因素。气候变化结果有所不同取决于各国的自然环境及社会特点，如气候脆弱性、社会政策、民族因素等。该文通过对 2006～2010 年叙利亚严重干旱的社会经济影响分析，认为 2007～2010 年的干旱对 2011 年叙利亚国内动乱、移民、冲突和恐怖主义有着重要影响。作者认为

---

① Cenk Saraçoğlu, "The Syrian Conflict and the Crisis of Islamist Nationalism in Turkey", *Turkey Policy Quarterly*, Vol. 16, No. 4, 2018, pp. 11-26.

通过已有气候变化的长期影响研究表明，在中东这样一个水资源匮乏和文化、民族多元化的地区发生潜在冲突的概率较高。①

托比阿斯·埃德（Tobias Ide）的《中东的气候战争？干旱、叙利亚内战与气候－冲突研究现状》（Climate War in the Middle East? Drought, the Syrian Civil War and the State of Climate-Conflict Research）是对气候变化条件与叙利亚危机内在关联的一篇反思性学术评述。该文主要的学术价值是批判性地反思了现有的关于气候变化与叙利亚危机产生内在关联的学术定论，主张学界加强对该问题的深入研究，不要过早地得出两者内在关联的草率结论。埃德认为目前围绕叙利亚案例的气候变迁与内战冲突爆发的研究存在三个重要缺点：其一是不同方法的支持者之间对话有限，其二是缺乏对比方法，其三是缺乏理论层面的参与。作者认为，这些研究缺点不仅对学术问题，而且对政策建议方面也会产生不利影响。解决上述缺点将提高叙利亚气候与冲突联系方面的知识，同时也将推进有关气候变化安全影响的更广泛研究水平，并提高研究人员提供政策相关建议的能力。②

（四）叙利亚危机中的民族和宗教相关问题

伊兰·扎拉亚特（Ilan Zalayat）撰写的《现实政治与圣战：伊朗在叙利亚使用的什叶派民兵》（Realpolitik and Jihad: The Iranian Use of Shiite Militias in Syria）一文分析了伊朗对叙利亚危机的干预手段和具体方式。该文认为自 2011 年以来一直参与叙利亚战争的什叶派民兵，由伊朗政府派遣至叙利亚执行军事任务，他们以军事手段来实施伊朗针对叙利亚的长期计划。该文认为叙利亚是伊朗试图通过在整个地区确立其霸权（进而威慑）来保卫其政权的一种手段和测试，什叶派民兵正在努力确保伊朗在叙

① Duygu Ülker, Orhan Ergüven, Cem Gazioğlu, "Socio-economic Impacts in a Changing Climate: Case Study Syria", *International Journal of Environment and Geoinformatics*, Vol. 5, No. 1, 2018, pp. 84 – 93.

② Tobias Ide, "Climate War in the Middle East? Drought, the Syrian Civil War and the State of Climate-Conflict Research", *Current Climate Change Reports*, Vol. 4, No. 4, 2018, pp. 347 – 354.

利亚的影响力，包括政治、军事和宗教影响，确立对于叙利亚人口和领土的控制力。①

　　努克哈特·A. 桑德尔（Nukhet A. Sandal）撰写的《神学团结和族群宗教认同的再定义：土耳其阿拉维派和叙利亚阿拉维派的案例》（Solidarity Theologies and the Redefinition of Ethnoreligious Identities：the Case of the Alevis of Turkey and Alawites of Syria）一文主要论述了叙利亚危机爆发后土耳其和叙利亚两国阿拉维教派之间关系的重大变化。② 该文认为土耳其阿拉维派和叙利亚阿拉维派虽然属于教义、传统不同的两个同名教派，在 2011 年叙利亚危机爆发后，土耳其政府支持叙利亚境内的逊尼派反对派，激发了土耳其国内逊尼派对阿拉维派的歧视，其结果是土耳其阿拉维派产生了对叙利亚阿拉维派的同情，土耳其阿拉维派公开支持和表达对叙利亚阿拉维派的怜悯，并向土耳其境内叙利亚阿拉维难民提供援助。共同被歧视的命运和两者较为相似的什叶派宗教传统，使这两个不同源的什叶派支派日益产生更加亲密的身份认同关系，在未来很可能产生新的相互归属感和跨教派合作。

　　雷蒙德·兴纳布什（Raymond Hinnebusch）撰写的《叙利亚的教派主义与治理》（Sectarianism and Governance in Syria）系统地分析了阿萨德家族执政时期叙利亚国内存在的教派主义问题及其治理的可能性。该文认为叙利亚国家政治体制及国家治理模式对于教派主义有着显著影响，复兴社会主义实践早期一定程度上通过民粹主义压制了教派主义观念及其冲突，但家族化和教派化了的复兴党威权主义倾向却又埋下了教派主义隐患，并且在 20 世纪七八十年代刺激了叙利亚国内的教派主义冲突。巴沙尔执政时期叙利亚国内教派主义观念和风险不断上升，并且在叙利亚危机爆发后扮演了重要角色，

---

① Ilan Zalayat，"Realpolitik and Jihad：The Iranian Use of Shiite Militias in Syria"，*Digest of Middle East Studies*，Vol. 40，No. 1，2019，pp. 1 – 33.

② Nukhet A. Sandal，"Solidarity Theologies and the Redefinition of Ethnoreligious Identities：the Case of the Alevis of Turkey and Alawites of Syria"，*British Journal of Middle Eastern Studies*，Vol. 34，No. 3，2019，pp. 234 – 255.

其工具化很大程度上影响着叙利亚内战格局和走向，造成了严重的社会张力和社会分裂。①

布尔库·厄兹查里克（Burcu Özçelik）撰写的《解释库尔德民主联盟党在叙利亚北部的自治实践：2012～2018》（Explaining the Kurdish Democratic Union Party's Self-Governance Practices in Northern Syria, 2012－2018）主要论述了叙利亚库尔德民主联盟党（简称库尔德民联党）在2012～2018年的政治主张和实践过程，特别是该党在叙利亚北部建立的相对独立的自治政治体系。2016年3月17日，库尔德民联党单方面宣布北部叙利亚民主联盟建立，自治区包括分别是北部阿勒颇省阿夫林地区、科巴尼以及哈萨克省的杰齐拉地区。虽然叙利亚库尔德民联党声称自己建立的是民主自治体系，但是库尔德民联党及其武装民兵人民保护部队被指控犯有侵犯平民人权的行为，并建立了一党制。该文通过对库尔德民联党的政治实践分析认为，库尔德民联党在其治理实践中表现出民主坚持与违反人权的复杂性政治表现。一方面，库尔德民联党参与了民主建设的混合机制；另一方面，却存在着胁迫和暴力的非法行为，以及巩固领土控制权和主张意识形态霸权。②

结　语

叙利亚重建问题、叙利亚危机与大国博弈、叙利亚难民问题是目前叙利亚研究的三个主要热点。气候变迁、粮食安全等研究是较为新颖的分析视角，对反思和分析叙利亚危机的爆发有着一定解释力。从研究范式来看，国外学界使用的定量分析工具、田野调查和自然科学等具有实证性的研究方法，对于叙利亚危机深层次的阐释和解构有着微观解读的学术意义和现实价值。目前，国内学界更为关注的是叙利亚重建进程的走向和前景，以及中国

① Raymond Hinnebusch, "Sectarianism and Governance in Syria", *Studies in Ethnicity and Nationalism*, Vol. 19, No. 1, 2019, pp. 41－66.

② Burcu Özçelik, "Explaining the Kurdish Democratic Union Party's Self-Governance Practices in Northern Syria, 2012－18", *Government and Opposition*, Vol. 13, No. 1, 2019, pp. 1－21.

在叙利亚战后重建进程中的角色和地位；叙利亚危机中的大国博弈，特别是美俄中三国的外交政策等问题，也是国内外交学界或国际关系学界比较关注的研究问题。

总体而言，国内学界对于叙利亚问题的研究更侧重于政策性和现实性，并在叙利亚重建问题方面有着较为先发性的研究动力和成果。通过对国内外学界的研究对比还可以发现，中国学界在区域国别研究领域，可以更为主动地尝试国际化研究路径，积极在国际化期刊上发表学术成果，提高中国学界在包括叙利亚问题在内的区域国别研究的国际话语权，让国外学界更为清晰和直接地了解我国学界在这些地区或国际热点问题方面具有中国特色或中国视角的研究观点，接轨国际可以大大提高我国区域国别研究的话语内涵，对我国开展区域国别研究大有裨益。

B.14

2019年叙利亚大事记

潘小玉　王可*

1月

1月1日　美国国务卿迈克·蓬佩奥安抚盟国以色列，重申美方支持以色列的立场。他强调即便美军撤离叙利亚，美国对以色列的保护"一点都没有变"。

1月2日　一支库尔德武装车队当天从叙北部阿勒颇省曼比季地区撤离。这一撤离行动旨在履行已达成的协议，使叙北部地区民众生活恢复正常。

1月4日　以总理内塔尼亚胡当天与俄罗斯总统普京通电话，讨论了叙利亚局势及该地区最新发展态势，同意在叙利亚继续加强军事协作。

1月5日　美国国防部幕僚长史维尼宣布辞职。

1月6日　美国总统国家安全事务助理约翰·博尔顿称，从叙利亚撤军需要满足特定"条件"，包括清除极端组织"伊斯兰国"在叙残余势力以及确保美军在叙利亚的库尔德盟友得到保护。

叙反对派首席谈判代表纳斯尔·哈里里呼吁部分阿拉伯国家改变立场，不要与叙总统巴沙尔·阿萨德领导的政府修复关系。

1月7日　美国总统特朗普和法国总统马克龙通电话，就叙利亚问题等进行讨论。

1月8日　土耳其总统府发言人卡林表示，土方希望美国在从叙利亚撤

---

* 潘小玉，西北大学历史学院硕士研究生；王可，西北大学历史学院硕士研究生。

军期间，收回此前提供给"人民保护部队"等叙利亚库尔德武装的武器。

土耳其总理埃尔多安在议会演讲中称，土方不可能同意保护美军在叙利亚的库尔德盟友，土方针对在叙"恐怖组织"新一轮军事行动的准备"基本"完成。

1月10日 联合国难民署表示，黎巴嫩境内约7万名叙利亚难民正受到极端天气威胁，其中包括约4万名儿童。

土耳其外长恰武什奥卢表示，土耳其将在叙利亚采取军事行动打击库尔德武装"人民保护部队"。

1月11日 美军正式开始从叙利亚撤军，美媒称美军已在近期从叙利亚撤出第一批军用装备。

1月12日 《华尔街日报》援引消息人士报道，美国派遣陆军及海军舰队正前往叙利亚，以便协助美军撤离。

1月13日 伊朗外长扎里夫表示，伊朗将和伊拉克共同努力推动叙利亚重返阿盟。

1月14日 美国方面重申不希望土耳其方面进攻叙利亚库尔德武装，土方则对美方前一天"警告"表达不满。

土耳其总统埃尔多安与美国总统特朗普就叙利亚局势通电话，讨论了落实叙利亚北部曼比季安全合作路线图、在叙北部建立"安全区"和美国从叙撤军等问题。

1月15日 土美总统就土耳其在叙利亚建立"安全区"达成谅解。同一天，叙利亚外交部发表声明，抨击了埃尔多安关于在叙边境建立"安全区"的言论。

新任联合国秘书长叙利亚问题特使吉尔·彼得森在叙首都大马士革表示，将尽全力推动达成叙问题的政治解决方案。

1月16日 叙利亚北部城市曼比季发生一起爆炸事件，造成至少30人死伤。极端组织"伊斯兰国"宣称制造了此次袭击。

阿拉伯联合酋长国宣布，将向目前居住在黎巴嫩境内的叙利亚难民提供1840万阿联酋迪拉姆（约合500万美元）紧急人道援助，用于应对极端天

气威胁。

1月17日 以色列国防军发表声明说，以军方当天与到访的俄罗斯军方代表团举行系列会议，双方同意继续在叙利亚展开协作。

1月18日 打击极端组织"伊斯兰国"国际联盟在叙东部代尔祖尔省实施空袭行动，造成20名平民死亡。

1月20日 4名在叙利亚曼比季遇袭身亡的美军人员遗体被运回美国本土，美国总统特朗普亲赴机场迎接。

第四届阿拉伯经济和社会发展峰会在黎巴嫩首都贝鲁特闭幕。会议审议并通过《贝鲁特宣言》，呼吁国际社会共同努力确保叙利亚难民重返家园，切实减轻难民接收国的负担。

叙利亚首都大马士革发生一起爆炸，没有造成人员死亡，1人在爆炸发生后被逮捕。

土耳其总统埃尔多安在与美国总统特朗普通电话时表示，土耳其已准备好接管叙利亚曼比季安全事务。

1月21日 叙东北部哈塞克省发生一起汽车炸弹袭击，造成4名叙库尔德武装人员死亡，另有2名美军士兵受伤。

叙利亚军方称，以色列当天凌晨对叙利亚发动导弹袭击，叙防空系统摧毁了大部分来袭导弹。

1月22日 叙利亚西北部城市拉塔基亚发生一起汽车炸弹袭击事件，造成1人死亡、14人受伤。

1月23日 叙利亚库尔德武装攻下叙东南部的巴古斯村，即极端组织"伊斯兰国"占领的最后一座叙利亚村庄。

约旦民航管理部门官员访问叙利亚，商议两国恢复通航事宜。

俄罗斯总统普京与土耳其总统埃尔多安在莫斯科举行会谈，双方讨论了叙利亚局势、在土叙边界叙利亚一侧设立"安全区"等问题。

1月24日 数百名叙利亚难民从黎巴嫩多个地方出发，经黎叙边境多个口岸返回叙利亚。

1月28日 叙利亚总理伊马德·哈米斯表示，叙利亚同伊朗当天签订涉及多个领域的长期经济合作协议，双方还就银行业合作、发电站和港口建设等达成协议。

1月29日 叙总统巴沙尔·阿萨德表示，叙利亚同伊朗达成的一系列合作协议和项目具有战略意义，将为两国坚定面对部分西方国家发动的"经济战争"打下坚实经济基础。

哈萨克斯坦国家安全委员会副主席比利斯别科夫表示，目前仍有300多名哈萨克斯坦人滞留在伊拉克、叙利亚和阿富汗等战乱地区，其中约100人加入了非法武装组织。

法国外交部表示，如果叙利亚库尔德武装将在叙关押的法国籍极端分子驱逐回法国，这些极端分子将立即被绳之以法。

1月30日 伊拉克外交部部长穆罕默德·阿里·哈基姆表示支持叙利亚重返阿拉伯国家联盟。

1月31日 美国国会参议院通过一项修正案，反对美国政府从叙利亚和阿富汗"贸然"撤军。修正案认定，"伊斯兰国"和"基地"组织仍然对美国安全构成严重威胁。

2月

2月2日 叙北部阿勒颇省曼比季地区上午发生一起爆炸事件，造成1人死亡、5人受伤。

打击极端组织"伊斯兰国"的国际联盟深夜空袭了叙东部代尔祖尔省的一处叙政府军阵地，造成两名士兵受伤。

2月4日 叙利亚政府将在受战争破坏的阿勒颇市疏散约4000个家庭，为这些家庭提供替代居所直至其房屋修复或重建完毕。

2月7日 美国《华尔街日报》报道，驻叙利亚美军打算4月底以前全部撤离。

2月8日 叙中部哈马省一村庄发生一起地雷爆炸事件，造成7名平民死亡，另有1人受伤。

2月9日　据叙媒报道，美国主导的打击极端组织"伊斯兰国"国际联盟在叙东部代尔祖尔省实施空袭，造成3名平民死亡。

叙利亚库尔德武装主导的"叙利亚民主军"对极端组织"伊斯兰国"在叙东部幼发拉底河东岸地区的最后据点发起军事行动。

2月11日　叙利亚军方称，以色列军方当晚向叙利亚南部库奈特拉省发射多枚炮弹和4枚导弹，所造成的损失仅限设备方面，没有造成人员伤亡。

美国中央司令部司令、陆军上将约瑟夫·沃特尔表示，美国可能会在最近几周内开始从叙利亚撤出美军地面部队。

2月12日　据叙媒报道，美国主导的打击极端组织"伊斯兰国"国际联盟11日以来对叙东部代尔祖尔省多次实施空袭，造成至少90名平民死伤。

2月13日　叙利亚北部边境遭汽车炸弹袭击。

2月14日　俄罗斯总统普京、土耳其总统埃尔多安和伊朗总统鲁哈尼在俄南部城市索契就叙利亚局势和美国决定从叙利亚撤军等问题举行三方会谈。会谈后发表的联合声明说，三国将坚定不移地维护叙利亚主权、独立、统一和领土完整，并遵守《联合国宪章》的目标和原则。

2月15日　俄罗斯国防部发言人伊戈尔·科纳申科夫说，2018年4月发生在叙利亚的"化武袭击"事件系西方国家"导演"，对国际关系体系造成了不良影响。

2月16日　叙利亚和俄罗斯将于19日在叙东南部开设两条人道主义通道，供叙利亚与约旦边境地区的鲁克班干难民营难民撤离到叙利亚其他地区。

叙利亚反对派武装"叙利亚民主军"称，他们将继续进攻极端主义组织"伊斯兰国"在叙利亚东部代尔祖尔省的最后据点，将很快宣告战事取得胜利。

俄罗斯总统普京与法国总统马克龙进行电话交谈，双方一致支持尽快启动叙利亚宪法委员会工作。

2月18日 俄罗斯国防部军事警察总局局长弗拉基米尔·伊万诺夫斯基对记者表示，约60%的俄警军在叙利亚行动期间获得了战斗经验。

叙利亚环境部长马赫卢夫和到访的黎巴嫩难民事务部长加里卜就推动在黎叙难民回归问题进行了讨论。马赫卢夫表示，叙方已为叙难民回归采取了一切必要措施，尽力满足难民需求并简化补办证件流程。

2月20日 西班牙驻安曼大使馆发表声明说，西班牙今年将从约旦接收600多名叙利亚难民，并将他们安置到西班牙的不同城市。

伊拉克安全部队抓获24名从叙利亚渗透进入伊拉克北部的极端组织"伊斯兰国"武装分子。

2月21日 美国白宫表示，美将在叙利亚暂时保留一支约200人的小规模维和部队。

土耳其总统埃尔多安与美国总统特朗普就叙利亚局势通电话，讨论美国从叙利亚撤军等问题。

2月22日 美国白宫宣布以"维和"为名义在叙利亚留驻200名军人，美国支持的叙利亚库尔德武装表示"欢迎"，称希望美方决定能"鼓励"欧洲盟友维持在叙利亚的军事存在。

美国政府官员修正今后继续驻扎叙利亚的美军人数，从200人上调至大约400人。

2月23日 埃尔多安在卡赫拉曼马拉什省的一场集会上表示，已有31.1万名难民从土耳其返回叙利亚。土耳其在叙利亚北部的军事行动清除了安全威胁，使大批难民得以返回叙利亚的阿夫林、伊德利卜、杰拉卜卢斯等地。

2月24日 叙中部哈马省萨拉米耶地区当天发生一起地雷爆炸事件，造成超过20人死亡。

2月25日 叙利亚总统巴沙尔·阿萨德访问伊朗，拜会伊朗最高领袖大阿亚图拉阿里·哈梅内伊。巴沙尔和哈梅内伊同意"为两个友好国家的利益，继续推进各层面合作"。巴沙尔表示，伊朗坚定支持叙利亚，并以帮助叙利亚为荣。

2月26日 叙首都大马士革北部和叙东部代尔祖尔省当天各发生一起爆炸袭击，共造成4名平民死亡，其中包括3名儿童，另有多人受伤。

联合国人道主义事务协调厅高级官员盖拉尼向安理会汇报叙利亚局势时说，预计2019年叙利亚将有1170万人需要人道主义援助。

2月27日 俄罗斯总统普京与以色列总理内塔尼亚胡在会谈中表示，在彻底消灭盘踞在叙利亚的恐怖组织势力后，或将成立由叙利亚政府、反对派等所有相关方参加的叙利亚问题工作组。

突尼斯总统府说，即将于3月底召开的阿拉伯国家联盟（阿盟）峰会上讨论叙利亚重返阿盟问题。

2月28日 叙利亚政府呼吁叙利亚和约旦边境鲁克班干难民营的叙利亚难民返回家园，并承诺为难民回归提供交通方面的"一切便利"。

新一批大约1700名叙利亚难民从黎巴嫩返回叙利亚。这是黎方今年以来组织的第二批，也是黎巴嫩新政府上月底成立后组织的首批叙利亚难民回国。

3月

3月1日 叙利亚库尔德武装主导的"叙利亚民主军"当晚恢复进攻极端主义组织"伊斯兰国"最后据点，预料一周至数周内结束战斗。

3月2日 叙利亚库尔德武装主导的"叙利亚民主军"当晚重新进攻极端组织"伊斯兰国"在叙东部幼发拉底河东岸地区的最后据点巴古兹镇。

据叙利亚媒体报道，美国主导的打击极端组织"伊斯兰国"国际联盟当天在轰炸叙利亚东部时使用了国际禁止的白磷弹。

3月3日 美俄商讨美国主导的国际联盟与俄罗斯如何消除在叙利亚军事行动之间的冲突，并就其他议题交换意见。

以色列总理内塔尼亚胡称，以方将与俄方合作，确保所有外国军队撤离叙利亚。俄方暂时没有回应这一说法。

3月4日 沙特外交大臣朱拜尔称现在讨论沙特恢复与叙利亚外交关

系、叙利亚重返阿拉伯国家联盟等事宜为时尚早。

沙特外交大臣朱拜尔与到访的俄罗斯外长拉夫罗夫举行会谈，双方均认为应谋求政治解决叙利亚问题

约旦民航管理委员会决定重新允许本国航空公司使用叙利亚空域。

3月5日　土耳其海关和贸易部长鲁赫萨尔·佩克詹表示，土方拟定下周开放毗邻叙利亚西北部阿夫林地区的一处口岸。

叙北部阿勒颇省哈纳赛尔镇附近发生一起地雷爆炸事件，造成5人死亡、1人受伤。

叙北部阿勒颇省再次发生地雷爆炸事件，造成7人死亡、14人受伤。

3月6日　科威特副首相萨巴赫与俄罗斯外长拉夫罗夫举行会谈后在新闻发布会上说，如果叙利亚能够重返阿拉伯国家联盟，科威特将十分欢迎。

美国国务卿蓬佩奥日前表示，美国支持在联合国主导下通过政治进程解决叙利亚问题。

3月8日　土耳其国防部长胡卢西·阿卡尔表示，土耳其与俄罗斯军队当天开始在叙利亚伊德利卜地区联合巡逻。

3月9日　联合国难民事务高级专员菲利波·格兰迪在黎巴嫩首都贝鲁特表示，联合国难民署将继续向黎境内叙利亚难民提供帮助，支持他们自愿、安全返回家园。

3月10日　叙利亚总统巴沙尔·阿萨德表示，叙利亚将坚定奉行"东向"政策，推动叙利亚和中国的双边关系与务实合作取得新进展。

摩洛哥内政部在一份声明中说，摩洛哥政府当天将8名曾在叙利亚参战的本国公民接回国内。由于涉嫌参与恐怖活动，这些人将接受相关部门调查。

3月11日　美国主导的打击极端组织"伊斯兰国"国际联盟对叙东部代尔祖尔省实施空袭，造成50名平民死亡。

3月12日　红十字国际委员会官员表示，伊方将接受大约2万名从极端组织"伊斯兰国"在叙利亚据点撤出的伊拉克人遣返，其中多数是平民

和武装人员的家属。

3月14日 联合国、欧洲联盟等国际组织以及数十个国家在欧盟总部开会，为叙利亚难民募款，鼓励各国积极认捐。联合国说，叙利亚难民危机已经成为全球最大的难民危机，本年度募款需求高达数十亿美元。

3月17日 美国主导的打击极端组织"伊斯兰国"的国际联盟对叙东部代尔祖尔省实施空袭，造成10名平民死亡。

联合国秘书长叙利亚问题特使吉尔·彼得森同叙副总理兼外长穆阿利姆就叙问题政治解决进程举行会谈。

3月18日 叙利亚国防部长阿里·阿卜杜拉·阿尤布、伊朗武装部队总参谋长穆罕默德·巴盖里和伊拉克政府军总参谋长奥斯曼·加尼米在叙首都大马士革举行会晤，就反恐合作、开放边界、叙局势发展等问题进行磋商。

"叙利亚民主军"持续进攻极端组织"伊斯兰国"在代尔祖尔省的最后据点。

3月19日 美国打算在叙利亚境内留驻将近1000名军人，继续支持叙利亚库尔德武装。

3月22日 叙利亚外交部强烈谴责美国总统特朗普日前有关戈兰高地的言论，强调有关言论"绝不会改变戈兰高地曾经是、也将一直是叙利亚、阿拉伯领土这一事实"。

3月23日 反政府武装炮击中部省份哈马省北部两村庄，导致21人吸入有毒气体，出现窒息症状。

3月25日 叙利亚表示坚决反对美方承认以色列对戈兰高地的"主权"，认为此举是"对叙利亚主权和领土完整的公然侵犯"。

俄国防部表示，3名俄军人今年2月底在叙利亚与武装分子交战中阵亡。

3月27日 中国常驻联合国副代表吴海涛在安理会叙利亚政治进程公开会上，呼吁继续推进叙利亚政治解决进程。吴海涛表示，联合国应加强同叙政府协调，推动尽快组建具有代表性、为各方所接受的叙利亚宪法委员会，平衡照顾叙利亚政府等各方合理关切，以启动持续有效的叙利亚政治进程。

叙利亚官方媒体说，以色列军方当晚对叙利亚阿勒颇市东部地区发动袭击，造成当地设施损毁。

叙外交部致函联合国人权高专米歇尔·巴切莱特，敦促其对美国总统特朗普承认以色列对戈兰高地的"主权"表明立场，对美方这一宣告给国际法律体系造成的危害发出警告。

3月30日　叙利亚民众抗议美国承认以色列对戈兰高地拥有主权。

4月

4月3日　俄外长拉夫罗夫表示，俄方没有试图将委内瑞拉变成"第二个叙利亚"，俄军是在对销往委内瑞拉的军事技术装备进行定期维护。

4月7日　叙中部城市迈斯亚夫遭反政府武装炮弹袭击，造成5名平民死亡，另有15人受伤。

4月8日　数百名叙利亚难民从黎巴嫩境内多个地方出发，经多个边境口岸返回叙利亚。

4月11日　叙利亚南部库奈特拉省发生一起地雷爆炸事件，造成3名儿童死亡。

4月13日　叙利亚军方称，以色列袭击了叙中部哈马省一处军事目标，造成3名士兵受伤。

4月14日　叙利亚总统巴沙尔·阿萨德表示，加强叙利亚、伊拉克两国关系符合两国人民利益，有助于打击恐怖主义。

叙北部阿勒颇省首府阿勒颇市遭反政府武装火箭弹袭击，造成11名平民死亡，另有11人受伤。

4月17日　俄罗斯外长拉夫罗夫呼吁尽快组建叙利亚宪法委员会。

4月19日　叙利亚总统巴沙尔·阿萨德与来访的俄罗斯总统叙利亚问题特使亚历山大·拉夫连季耶夫就新一轮叙利亚问题阿斯塔纳会谈举行磋

商。双方讨论了新一轮会谈将涉及的各项议题，强调叙俄两国就相关议题保持协调的重要性。

4月20日 叙利亚总统巴沙尔·阿萨德与到访的俄罗斯副总理尤里·鲍里索夫举行会谈，双方重点讨论了各领域双边合作以及关于此前签署的能源、工业、贸易等领域协议的落实情况。

4月23日 由于石油严重短缺，目前叙利亚多地加油站大量停业，同时相关部门收紧了私家车加油额度。

4月24日 俄军官员说，自2015年以来，叙利亚与俄罗斯协同消灭9万多名恐怖分子，但不受叙利亚政府控制的部分地区有可能成为残余极端分子和分离主义势力的"温床"。

叙首都大马士革当天上午发生一起汽车爆炸事件，造成1人死亡，另有5人受伤。

4月28日 以色列释放的两名叙利亚囚犯通过戈兰高地库奈特拉口岸返回叙利亚。

4月29日 俄罗斯外长拉夫罗夫表示，在叙利亚被美国及其支持的库尔德武装关押的恐怖分子若被释放将构成严重罪行。

4月30日 中国常驻联合国代表马朝旭在安理会叙利亚问题公开会上发言。马朝旭表示，中方愿同联合国等有关各方加强沟通协调，共同推进叙利亚政治进程，大力改善叙利亚人道局势，支持叙利亚政府开展难民重返和经济社会重建工作。

多位叙利亚媒体专家近日表示，"一带一路"倡议将为叙利亚恢复经济和社会发展带来动力，叙政府和人民欢迎"一带一路"。

5月

5月8日 俄罗斯外长拉夫罗夫和土耳其外长恰武什奥卢电话讨论了叙利亚最新局势，强调俄土两国协作解决叙利亚问题的重要性。

叙政府军收复哈马省北部和西北部的3座城镇和1处战略高地。

5月9日 叙库尔德武装主导的"叙利亚民主军"当天在叙东部代尔祖尔省一座城镇向抗议民众开火，造成6名平民死亡、4人受伤。

5月11日 叙政府军在叙西北部收复多个反政府武装据点，将战线推进至反对派武装大本营伊德利卜省省界。

5月12日 叙反对派武装向中部哈马省的城镇塞格拉比耶发射火箭弹，导致4名儿童和1名妇女死亡，另有6名儿童受伤。

5月13日 俄罗斯电视台报道称，两艘配备"口径"巡航导弹的俄罗斯现代化军舰已驶入叙利亚进行部署。

一艘载有8名叙利亚难民的船在黎巴嫩北部城镇舍卡附近的地中海海域沉没，造成5人失踪。

5月14日 叙利亚一军方人士称，叙政府军当天继续在哈马省北部、伊德利卜省南部进行军事行动，并收复了哈马省西北部加卜平原部分地区。自上月底在哈马省北部、伊德利卜省南部展开军事行动以来，叙政府军已收复了13座城镇。

5月17日 中国常驻联合国代表马朝旭表示，中方认为要坚决打击恐怖主义，维护叙利亚独立、主权和领土完整，早日恢复叙利亚全境的安全稳定。中方高度关注叙利亚西北部局势，支持对恐怖组织的恶劣行径进行反击。

叙利亚军方称，叙防空系统当晚拦截了来自叙西南部库奈特拉省方向的多个"敌对目标"。

5月18日 叙防空系统当晚在叙南部领空拦截了多个"不明物体"。报道未说明"不明物体"的具体性质。

5月22日 据叙媒报道，已有逾2万名叙利亚难民经纳西卜－贾比尔口岸回国。

5月24日 叙利亚政府否认有关政府军在叙西北部使用化学武器的说法，指出"这是西方在威胁和恐吓叙利亚"。

5月26日 叙政府军重新收复哈马省西北部重要村镇纳布德村。

5月27日 以色列空军当空袭叙利亚境内一处军事设施，造成叙政府

军1名士兵死亡、1名士兵受伤。

5月28日　中国常驻联合国代表马朝旭安理会在叙利亚人道问题公开会上表示，中方高度关注叙利亚人道局势，支持联合国及有关各方为改善叙利亚人道局势做出不懈努力。中方认为，叙利亚境内人道问题应从实际出发、有针对性地加以解决。

联合国官员穆勒表示，超过半数的叙利亚人或逃离国家或在境内反复陷入流离失所的困境，希望国际社会高度关注叙利亚正在恶化的人道局势。

塞浦路斯海警在该国西北部海域救起9名叙利亚难民。

6月

6月2日　叙利亚军方称以色列凌晨向叙西南部地区发动导弹袭击，造成3名士兵死亡，另有7人受伤。

以色列当晚向叙中部霍姆斯省一机场发动导弹袭击，造成1名士兵死亡，另有2人受伤。

6月3日　叙利亚库尔德军方称向挪威移交5名"伊斯兰国"成员遗孤。

6月12日　叙利亚媒体称凌晨以色列导弹袭击叙南部地区。袭击仅造成设施损毁，未有人员伤亡报告。

外交部发言人耿爽宣布，叙利亚副总理兼外长穆阿利姆将访华。

黎巴嫩军方截获一艘叙利亚难民偷渡船，扣押船上10名叙难民。

6月13日　叙利亚执政党阿拉伯复兴社会党中央领导机构成员迈赫迪·达哈勒·阿拉在接受采访时表示，美国实行贸易保护主义破坏国际准则"损人害己"，在中美经贸摩擦中"美方将承受更大损失"。

俄空天军对炮击叙利亚伊德利卜省土耳其观察点的武装人员进行了4次轰炸，消灭了大批武装分子。

6月14日　土耳其总统埃尔多安就土军观察点遭袭警告叙利亚，宣称如果叙利亚政府军继续攻击土耳其军方在叙利亚伊德利卜省的观察点，土方不会保持沉默。

6月15日 叙利亚首都大马士革西部一弹药库发生爆炸。

6月16日 叙北部阿勒颇省一座村庄遭炮弹袭击，导致12名平民死亡、15人受伤。

6月17日 王岐山在中南海会见叙利亚副总理兼外长穆阿利姆。

6月18日 以色列总理内塔尼亚胡宣布以美俄将举行叙利亚问题三方会议。

国务委员兼外交部长王毅同叙利亚副总理兼外长穆阿利姆在北京举行会谈，就维护国家主权、恢复国家稳定、打击恐怖主义、开展经济中间以及共建"一带一路"等问题进行讨论。

6月19日 俄邀黎巴嫩参加新一轮叙利亚问题阿斯塔纳会谈，旨在寻求叙利亚危机解决方案。

6月23日 叙利亚共产党总书记尼穆尔在接受采访时表示，美国贸易保护主义行为危害的不仅仅是某个企业或国家，而是世界的和平与福祉。

6月24日 以美俄在耶路撒冷以色列总理办公室举行叙利亚问题三方会议，主要讨论伊朗在叙利亚的军事存在问题。

6月27日 重建叙利亚科技展近日在叙首都大马士革举行。

中国常驻联合国代表马朝旭在安理会关于叙利亚政治进程公开会上表示，推进政治进程是解决叙利亚问题的唯一出路。

7月

7月1日 以色列战机空袭叙利亚境内多个军事目标，导致至少4名平民死亡、21人受伤。

7月2日 中国政府向黎巴嫩政府交付人道主义援助物资，用于帮助在黎巴嫩的叙利亚难民以及接纳难民的黎方社区。

7月3日 叙利亚南部苏韦达省发生一起爆炸袭击事件，导致至少3名平民死亡，另有7人受伤。

7月4日 英国海外领地直布罗陀当局扣押悬挂巴拿马旗、装载伊朗原油的"格蕾丝1号",指认它违反欧洲联盟制裁、向叙利亚运送原油。

7月5日 美国政府叙利亚问题特别代表詹姆斯·杰弗里要求德国向叙利亚派遣地面部队,以打击极端组织"伊斯兰国"残余力量。

7月8日 德国政府拒绝美国提出的由德国向叙利亚派出地面部队打击恐怖主义的建议。

7月9日 叙利亚东部代尔祖尔省发生一起地雷爆炸事件,致使7名儿童死亡。

7月10日 叙利亚文物和博物馆总局谴责土耳其军队在叙北部阿夫林地区非法挖掘和破坏古迹。

在叙利亚访问的联合国秘书长叙利亚问题特使吉尔·彼得森表示,与叙利亚政府就宪法委员会等问题进行的讨论取得切实进展,已接近达成一致。

7月11日 叙利亚东北部哈塞克省发生一起爆炸袭击事件,造成11名平民受伤。

7月12日 黎巴嫩真主党领导人赛义德·哈桑·纳斯鲁拉表示,鉴于叙利亚局势好转,真主党将从叙利亚境内撤走部分武装人员。

7月13日 英国外交大臣亨特表示,如伊朗方面确保油轮"格蕾丝1号"的目的地并非叙利亚,英国愿释放该油轮。

7月14日 叙利亚北部城市阿勒颇遭火箭弹袭击,导致6名平民死亡,另有9人受伤。

7月17日 联合国儿童基金会呼吁各方关注叙利亚霍尔难民营约4.9万名儿童的遭遇,并为他们提供人道援助。

7月22日 叙利亚反对派武装向叙中部哈马省两个城镇发动炮击,造成7名平民死亡,另有多人受伤。

土耳其当局要求未在伊斯坦布尔注册的叙利亚难民于8月20日前离开伊斯坦布尔。

7月23日 土耳其东南桑利乌尔法省边境地区遭到来自叙利亚境内的火箭弹袭击,造成6人受伤。

7月24日 以色列军方向叙利亚南部德拉省的哈拉山地区发动导弹袭击，袭击未造成人员伤亡。

7月29日 俄罗斯总参谋部作战总局局长谢尔盖·鲁茨科伊指责美国在叙利亚坦夫周边地区训练反对派武装以袭击叙利亚政府军和破坏油气设施；同时，鲁茨科伊指责美国私人军事公司在叙利亚东部非法开采走私属于叙合法政府的石油。

叙利亚政府军收复中部省份哈马的城市与村庄。

7月30日 中国常驻联合国副代表吴海涛就叙利亚人道问题表示，国际社会应共同为叙利亚反恐及人道问题寻求综合、长期解决方案。

8月

8月1日 叙利亚军方宣布同意在伊德利卜冲突降级区实施停火。

叙利亚南部库奈特拉省遭以色列导弹袭击。

8月2日 第13轮叙利亚问题阿斯塔纳会谈在哈萨克斯坦首都努尔苏丹结束。与会的一些叙利亚反对派武装代表同意即日起在伊德利卜地区实施停火。

叙利亚中部哈马省的反对派武装向西部沿海地区发射火箭弹，造成1名平民死亡、3人受伤。

8月3日 叙利亚中部一军用机场发生爆炸，造成多人死伤。

8月4日 土耳其总统埃尔多安表示，土耳其军队将进入叙利亚北部，在库尔德武装控制区内投入行动。

8月5日 叙利亚军方因反对派武装拒绝遵守停火协议并多次发起袭击而将重启军事行动。

土耳其政府呼吁美国政府放弃支持叙利亚"人民保护部队"，停止向"人民保护部队"提供军事援助。

8月7日 土耳其与美国军事谈判代表团就在叙土边界建立"安全区"问题达成一致。

叙利亚东北部哈塞克省发生一起爆炸袭击，造成包括 3 名儿童在内的多名平民死伤。

中国常驻联合国副代表吴海涛表示，叙利亚各方应在谈判中化解分歧，寻找政治解决方案。

8 月 8 日　叙利亚外交部拒绝美国和土耳其在叙北部建立"安全区"。

8 月 11 日　叙利亚政府军收复伊德利卜省和哈马省交界处的哈贝特镇，取得今年 4 月以来最重大地面进展。

叙利亚极端分子发出 6 架无人机接近俄驻叙赫迈米姆空军基地，该基地第一时间在安全距离内将这些无人机摧毁。

8 月 14 日　一架叙利亚政府军战机在伊德利卜省被极端组织击落。

8 月 15 日　直布罗陀当局放行油轮"格蕾丝 1 号"。油轮随后改名为"阿德里安·达里亚 1 号"。

8 月 19 日　土耳其调遣一支运载弹药的车队越境进入叙利亚北部，意图增援叙利亚反对派武装。该车队抵达目的地前遭到空袭。土耳其国防部随即发声谴责，叙利亚也指责土耳其向极端组织提供军事支持。

8 月 20 日　俄罗斯外交部长拉夫罗夫表示，俄罗斯正密切关注叙利亚伊德利卜地区局势，并与土耳其军方保持密切沟通。

中国政府叙利亚问题特使解晓岩在日内瓦呼吁国际社会携手努力，维护政治解决叙利亚问题的正确方向。

8 月 22 日　叙利亚政府军收复西北部伊德利卜省南部重镇汉谢洪。

8 月 23 日　叙利亚军方收复反对派武装控制的叙西北部多个村镇。土耳其总统埃尔多安表示，叙利亚政府军对反对派武装采取的军事行动破坏有关各方为解决冲突所做的努力，并威胁土耳其的国家安全。

8 月 24 日　叙利亚首都大马士革周边地区遭以色列导弹袭击，叙成功拦截大部分来袭导弹。

8 月 27 日　俄罗斯总统普京与土耳其总统埃尔多安在参加莫斯科国际航空航天展览会的间隙会晤。普京表示，双方就使叙利亚西北部伊德利卜省局势"正常化"达成一致。

叙利亚境内库尔德武装成员声称开始从叙利亚与土耳其边境撤离。

叙政府军集中爆破残留爆炸物。

8月29日 土耳其总统表示不允许美国拖延在叙北部设立"安全区"的计划。

8月30日 叙利亚军方同意自31日上午起在伊德利卜省实施停火。但叙军方保留"对恐怖分子任何破坏停火的行为"进行回击的权利。

8月31日 美军对叙利亚西北部伊德利卜省的极端组织头目实施打击。

9月

9月5日 土耳其总统埃尔多安表示，若土方得不到更多的国际援助，不能在叙利亚东北部地区设立"安全区"，土耳其将被迫向叙利亚难民打开通往欧洲的大门。

9月6日 叙利亚防空系统在哈马省摧毁两架、截获一架来自反对派武装的无人机。

9月8日 土耳其和美国军队首次在叙利亚"安全区"进行联合巡逻。叙利亚外交部谴责美国与土耳其的联合行动。

9月10日 英国外交部指认"阿德里安·达里亚1号"将原油出售给叙利亚政府，违背伊方书面保证。

9月11日 "叙利亚民主军"突袭叙东北部哈塞克地区，绑架30名平民。

9月12日 美国国务院指认"阿德里安·达里亚1号"将原油出售给叙利亚政府。

9月15日 叙利亚北部阿勒颇省发生一起汽车炸弹袭击事件，造成11名平民死亡，另有7名平民受伤。

叙利亚总统巴沙尔·阿萨德宣布大赦，犯有逃兵役等罪行的罪犯将获减刑或免刑。

9月16日 俄罗斯、土耳其、伊朗三国总统在土耳其首都安卡拉会晤，

就叙利亚宪法委员会人员构成达成一致。

9月19日 叙利亚方面在大马士革东南的阿格赖巴镇击落一架无人机。

中国常驻联合国代表张军在安理会表决叙利亚人道问题决议草案后做解释性发言，表示在当前局势下强推表决有重大分歧的决议草案不具建设性，中国因此投了反对票。

9月21日 叙利亚方面在叙南部击落一架搭载炸弹的无人机。

9月23日 叙利亚政府和反对派就宪法委员会权限和核心程序规则达成协议，联合国秘书长古特雷斯随即在纽约联合国总部宣布叙宪法委员会成立。

世界卫生组织呼吁各方对集中在伊拉克北部的叙利亚难民营提供医疗援助。

9月24日 土耳其和美国军队在叙利亚北部"安全区"进行第二次联合地面巡逻。

9月28日 叙利亚副总理兼外交部长瓦利德·穆阿利姆要求美国和土耳其立刻从叙利亚撤军。

9月30日 连接叙利亚东部代尔祖尔省阿布卡迈勒市和伊拉克西部加伊姆镇的口岸重新开放。该口岸自2014年被极端组织"伊斯兰国"占领后，一直处于关闭状态。

10月

10月6日 土耳其总统埃尔多安与美国总统特朗普通电话，磋商叙利亚问题。白宫表示，对于土耳其将在叙利亚北部推进的军事行动，美军"不支持、不参与"，并将撤离相应区域。

10月7日 美国从叙利亚北部撤军。土耳其军队对叙东北部边境的"叙利亚民主军"发动袭击。

美国总统特朗普警告，若土耳其对叙利亚东北部地区发起的军事行动突破限度，他将"彻底摧毁"土耳其经济。

俄罗斯外长拉夫罗夫对伊拉克库尔德自治区进行了首次访问,伊拉克库区官员呼吁俄罗斯保护叙利亚库尔德人。

10月9日 土耳其军队继续打击被其视为恐怖组织的库尔德武装,代号"和平之泉"。叙利亚政府谴责土耳其的行动,表示将采取一切合法手段抗击。

10月10日 中国外交部发言人耿爽表示,叙利亚主权、独立和领土完整必须得到尊重和维护。

10月11日 叙利亚东北部边境城市卡米什利发生一起汽车爆炸袭击,致多名平民死伤。极端组织"伊斯兰国"宣称制造了此次袭击。

土耳其外长恰武什奥卢呼吁北约在土方开展的反恐行动中与其保持"团结一致",北约秘书长斯托尔滕贝格则呼吁土方在叙利亚北部的军事行动中"保持克制"。

10月12日 土耳其夺取叙利亚东北部边境城市拉斯艾因,并继续对哈塞克省边境城市卡米什利市发动炮击。

俄罗斯总统普京表示,在叙利亚非法存在的外国军队应撤出,而受到叙方邀请的俄方也愿意撤军。

法国和德国宣布,鉴于土耳其目前在叙利亚东北部地区的军事行动,将暂停或限制对土耳其出售军事物资。此前,芬兰、挪威、荷兰已做出相似表态。

10月13日 土耳其占领叙利亚北部边境城镇泰勒艾卜耶德并控制一重要路段。

叙利亚库尔德武装政治代表机构及"叙利亚民主军"与叙政府军达成协议,叙政府军将沿叙土边境进驻,收回被土军及其支持的叙反对派武装占领的地区。

10月14日 叙政府军进驻多个先前由"叙利亚民主军"控制的地区,包括阿勒颇省重镇曼比季和哈塞克省泰勒塔姆尔镇。

土耳其武装部队控制叙利亚北部边境城镇泰勒艾卜耶德和拉斯艾因。

美国总统特朗普表示,土耳其在叙利亚北部的军事行动对地区和平稳定

构成威胁，美方将对土耳其实施多项制裁，并要求土方立即停止相关行动。

10 月 15 日 土耳其总统埃尔多安拒绝美国总统特朗普提出的与叙利亚库尔德武装停火的提议，但同意与美国保持对话。

俄罗斯军队进入叙利亚东北部重镇曼比季，以填补美国军队撤离留下的"空缺"，避免叙利亚军队与土耳其军队交火。

10 月 16 日 叙利亚政府军进驻叙土边境重镇艾因阿拉伯。

联合国安理会就叙利亚东北部局势举行内部磋商，安理会成员就叙东北部局势和土耳其在叙军事行动交换意见。

美国副总统彭斯率团赴土耳其以寻求在叙利亚北部停止军事冲突。

10 月 17 日 土耳其和美国就土军在叙北部暂时停火和建立"安全区"问题达成协议。

土耳其外交部长恰武什奥卢表示，土耳其方面获得俄罗斯承诺，即叙利亚库尔德武装将不会留在毗邻土耳其的叙利亚北部边境地区。

欧盟峰会第一项议题关于土耳其在叙利亚东北部的军事行动。欧盟对土方出兵叙利亚持反对态度，谴责土方军事行动，并要求土耳其撤军。

叙利亚外交部发表声明表示，土耳其近期在叙北部展开的军事行动使其失去了阿斯塔纳担保国地位，土耳其此举与阿斯塔纳进程的相关原则和决议"完全矛盾"。

10 月 18 日 土耳其军队及其支持的叙反对派武装对叙利亚东北部哈塞克省拉斯艾因市及周边地区进行空袭和炮击，造成 8 名平民死亡、25 人受伤。

10 月 19 日 美国国防部长埃斯珀表示，从叙利亚东北部撤出的约 1000 名美军士兵将部署至伊拉克西部地区，执行打击极端组织"伊斯兰国"等任务。

10 月 20 日 叙利亚库尔德武装撤出边境重镇拉斯艾因。随后，土耳其军队及其支持的叙反对派武装占领了拉斯艾因。

10 月 21 日 德国国防部长卡伦鲍尔表示，她将向北约提议，由北约成员国在叙利亚东北部设立由俄罗斯和土耳其共同参与的"国际安全区"。

美国总统特朗普表示，美军将在叙利亚保留少量驻军以确保叙境内油田的"安全"。

10月22日 俄罗斯总统普京与土耳其总统埃尔多安在俄罗斯索契举行会谈，就结束土耳其在叙北部的军事行动签署谅解备忘录。双方就在土叙边界叙方一侧30公里内设立"安全区"达成共识。撤离完成后，土俄军人将在叙土边境特定地区联合巡逻。

叙利亚总统巴沙尔·阿萨德前往伊德利卜省前线，在该省哈比特镇接见政府军人员。这是2011年叙利亚危机爆发以来，巴沙尔首次公开前往伊德利卜省。

叙利亚总统巴沙尔·阿萨德与俄罗斯总统普京通电话讨论叙北部局势。

土耳其总统埃尔多安前往俄罗斯，与俄罗斯总统普京商议土方在叙利亚的下一步行动。

10月23日 美国国防部长埃斯珀访问伊拉克，否认从叙利亚东北部撤出的约1000名美军士兵将部署在伊拉克。伊拉克国防部长纳贾·沙马里随后证实这一说法。

美国多名参议员要求国务院尽快向叙利亚库尔德武装组织"叙利亚民主军"总指挥马兹卢姆·科巴尼发放签证，以便他赴美磋商叙利亚局势。

美国总统特朗普表示，鉴于土耳其政府表示土方将停止在叙利亚境内的军事行动、实现"永久性"停火，美国将取消此前对土耳其实施的制裁。

俄罗斯国防部长绍伊古表示，俄军事警察和叙边防人员将保障叙土边界平民的安全。

10月25日 俄罗斯向叙利亚增派大约300名宪兵，协助落实俄罗斯和土耳其就叙利亚局势达成的共识。

北约秘书长斯托尔滕贝格对德国有关在叙利亚东北部设立"安全区"的提议表示欢迎。

10月26日 叙政府军继续扩大在叙北部进驻区域。

美国从伊拉克调派兵力前往叙利亚东部代尔祖尔省油田区域以防范"伊斯兰国"卷土重来。俄罗斯国防部发言人伊戈尔·科纳申科夫指认美国

的调兵行动有意控制石油资源。俄罗斯国防部亦通过社交媒体账号表示，美国通过走私叙利亚石油获利颇丰。

土耳其外交部长恰武什奥卢在安卡拉会晤德国外交部长海科·马斯。德方要求土方在叙利亚"持续停火"，而土方反对德所提在叙东北部设立多国共同参与的"国际安全区"的议题。

10月27日 美国总统特朗普宣布，极端组织"伊斯兰国"最高头目阿布·贝克尔·巴格达迪已在美军针对巴格达迪的夜间军事行动中自杀身亡。

叙利亚库尔德武装"叙利亚民主军"确认同意根据新的俄土协议，撤出距离土耳其边境30公里外。

10月28日 美国国防部表示，将阻止任何势力夺取对叙利亚油田的控制。

10月29日 美国国会要求特朗普政府以土耳其在叙利亚北部采取军事行动为由对土实施一系列制裁。

俄罗斯国防部长绍伊古表示，叙利亚境内库尔德武装已在俄土谅解备忘录规定期限之前撤出"安全区"。

美国总统特朗普表示，巴格达迪的头号"继承人"之一——"伊斯兰国"发言人阿布·哈桑·穆哈吉尔已遭美军袭击身亡。

10月30日 叙利亚政府军与土耳其军队在叙北部边境地区发生冲突。叙政府军号召"叙民主军"加入其编制，以共同应对土耳其的军事行动。

由叙利亚政府、反对派和民间人士代表组成的叙利亚宪法委员会在日内瓦正式启动，开始就宪法改革事宜展开工作。

10月31日 叙利亚总统巴沙尔·阿萨德直言，尽管叙利亚与土耳其如今在叙利亚北部呈对峙态势，但叙方不寻求与这一邻国为敌，只将埃尔多安个人视为敌人。同时，巴沙尔表示，俄罗斯和土耳其达成的有关叙北部局势的协议是暂时性的，叙利亚政府最终将恢复对土耳其控制区域的管控。

11月

11月1日 土耳其和俄罗斯士兵在叙利亚北部边境地区展开第一次联合巡逻。

叙利亚宪法委员会第一次全会在日内瓦闭幕。

11月2日 叙利亚北部边境城镇泰勒艾卜耶德发生汽车炸弹袭击，致死至少13人、致伤20多人。土耳其方面指认叙利亚库尔德武装发动袭击；"叙利亚民主军"否认，反指土方制造混乱。

11月5日 叙利亚政府军在叙东北部边境地区加强部署，进驻从边境城市卡米什利到马利基耶镇之间的地区。

11月6日 以色列副外长齐皮·霍托夫利表示，以方视叙利亚库尔德武装为抗衡伊朗影响力的一支力量，正向库尔德武装提供人道主义援助。

11月8日 土耳其总统埃尔多安表示，在其他国家退出之前，土耳其不会离开叙利亚；土耳其将继续对库尔德武装发动越境进攻，直到他们全部撤离该地区。

俄空天军所属直升机开始在叙利亚北部地区进行定期巡逻。

11月9日 叙利亚政府军与土耳其军队在叙北部边境城镇拉斯艾因附近发生激烈冲突，双方均使用重机枪和其他重型武器。

11月10日 叙利亚北部边境城镇泰勒艾卜耶德发生一起汽车爆炸袭击事件，造成5人死亡，17人受伤。

美国参谋长联席会议主席马克·米利表示，美国在叙利亚北部的驻军水平可能稳定在五六百人。

11月11日 叙利亚民防组织（又称"白头盔"组织）创始人詹姆斯·勒·梅西耶尔在土耳其伊斯坦布尔的家中死亡，其死因引发多方猜测。

叙东北部边境城市卡米什利发生一起汽车爆炸袭击事件，造成至少7人死亡、70人受伤。

11月12日 俄罗斯外交部部长拉夫罗夫表示，美国试图在叙利亚建立

"国中国"以控制叙利亚石油。

11 月 13 日 美军车队穿越叙利亚–伊拉克边境,并在叙利亚东北部的几处油田停留。

美国总统特朗普与到访的土耳其总统埃尔多安在白宫举行会晤,双方未能解决土耳其购买俄罗斯 S–400 防空导弹系统一事上的分歧。

11 月 14 日 叙利亚政府军在叙东北部哈塞克省与土耳其交界地区设立 6 个新驻点,完成在叙土边界线上总长 200 公里的部署。

俄罗斯军队在叙利亚东北部城市卡米什利设置一座基地并部署武装直升机,将为在叙利亚北部边境巡逻的俄军宪兵提供安全保障。

11 月 16 日 叙利亚北部阿勒颇省巴卜市发生一起汽车爆炸袭击事件,造成 18 人死亡、30 多人受伤。

11 月 19 日 中共中央对外联络部部长宋涛在北京会见由叙利亚复兴党副总书记希拉勒·希拉勒率领的代表团,就加强中叙关系、深化党际合作等交换看法。

以色列国防军导弹防御系统击落了从叙利亚发射的 4 枚火箭弹,尚无组织承认这一行动。

11 月 20 日 以色列战机大规模空袭叙利亚首都大马士革周边地区,造成 2 名平民死亡、多人受伤。

土耳其无人机对叙利亚北部拉卡省边境城镇泰勒艾卜耶德附近农村地区实施轰炸,造成包括儿童在内的 5 名平民死亡、多人受伤。

11 月 21 日 土耳其国防部长胡卢西·阿卡尔表示,土方在叙利亚北部的"安全区"已经设立完成。

叙反对派武装炮击叙北部阿勒颇省首府阿勒颇市居民区,造成 5 名平民死亡,另有 31 人受伤。

11 月 22 日 美军与库尔德武装在叙利亚代尔祖尔省,对"伊斯兰国"组织武装分子发动了大规模打击行动。该行动并未获得叙利亚政府的许可。

中国国家副主席王岐山在中南海会见叙利亚阿拉伯复兴社会党副总书记希拉勒·希拉勒一行。

11 月 23 日 叙利亚北部边境城镇泰勒艾卜耶德发生一起汽车爆炸袭击事件，造成多名平民死伤。

11 月 24 日 叙利亚代尔祖尔东部与哈马北部分别发生地雷爆炸事件，共导致 2 名平民死亡，17 名平民受伤，其中包括多名儿童。

11 月 26 日 叙利亚北部边境地区发生一起汽车爆炸袭击事件，造成包括儿童在内的多名平民死伤。

土耳其方面拒绝支持北约的一项防御计划，以换取北约就土军在叙利亚北部打击库尔德武装提供更多支持。

11 月 27 日 主题为"新形势下的中东安全：挑战与出路"的中东安全论坛在北京举行。

11 月 29 日 叙利亚宪法委员会小组第二次闭门会议在瑞士日内瓦无果而终。

12月

12 月 2 日 叙利亚反对派武装向叙北部阿勒颇省一城镇发动炮击，造成至少 9 名平民死亡、10 人受伤。

12 月 3 日 北约峰会在伦敦举行，对叙利亚问题进行讨论。

叙利亚镑对美元大幅贬值，叙镑对美元黑市汇率突破 900∶1，创多年以来的最低点。

12 月 4 日 叙利亚北部发生两起汽车爆炸事件，造成 5 名土耳其士兵死亡，另有 12 人受伤。

12 月 5 日 叙利亚东北部哈塞克省拉斯艾因市接连发生两起汽车爆炸事件，造成 2 名平民死亡，另有 6 人受伤。

12 月 8 日 俄罗斯方面与土耳其方面沿 M－4 哈塞克—阿勒颇战略要道完成联合视察。M－4 公路目前为土耳其军队和叙利亚军队控制区的边界。

12 月 9 日 土耳其总统埃尔多安表示，打算将土境内的 100 万名叙利亚难民安置到叙北部地区，并要求北约盟友为土在叙北部设立"安全区"、

安置叙难民提供资金支持。

12月10日 第14轮叙利亚问题阿斯塔纳会谈在哈萨克斯坦首都努尔苏丹举行。

12月11日 叙利亚北部哈塞克—阿勒颇国际公路重新开通，叙政府军分阶段完成在公路沿线地区的部署与控制。

12月13日 叙利亚南部德拉省一边境城镇发生一起地雷爆炸事件，造成3名儿童死亡，另有4名儿童受伤。

12月16日 叙利亚首都大马士革发生一起汽车爆炸事件，造成1人死亡。

12月17日 俄罗斯与叙利亚海军在地中海塔尔图斯海军基地所临海域进行联合演习。

12月18日 叙东北部哈塞克省发生一起汽车炸弹爆炸袭击，致使5名平民丧生，15人受伤。

12月19日 联合国安理会一致通过将部署在戈兰高地的联合国脱离接触观察员部队任期延长6个月，至2020年6月30日。

12月20日 叙利亚中部霍姆斯省一家炼油厂、一家天然气厂和一个天然气站深夜遭到袭击。

联合国安理会就叙利亚跨境人道救援机制的决议草案进行表决。中、俄对草案投出了反对票。

12月22日 叙利亚防空系统击落数枚以色列导弹。以色列方不予置评。

土耳其总统埃尔多安表示，土耳其不会独自承受接纳从叙利亚伊德利卜省出逃难民的负担。

12月23日 叙利亚政府军包围了一处位于伊德利卜省苏曼尔地区的土耳其军事观察站，并收复苏曼尔周边多个村镇。

叙利亚北部拉卡省发生一起汽车爆炸袭击事件，造成至少5名平民死亡，另有15人受伤。

12月24日 叙利亚政府军在伊德利卜省的军事行动持续推进，将"征服阵线"等极端组织赶出伊德利卜。大批居民向叙土边境逃亡。

土耳其与俄罗斯商讨在叙利亚西北部伊德利卜省实施新的停火协议。

12 月 26 日 驻叙利亚俄军入驻美军撤离后留下的一处据点，该据点位于叙利亚交通汇集的战略要地。

12 月 29 日 美军对"真主旅"位于伊拉克和叙利亚境内的多处设施实施空袭。

土耳其国防部长阿卡尔表示，土耳其将保留在叙利亚西北部的观察站，以监督叙政府军和反对派武装在伊德利卜省实施停火协议。

Abstract

Syria Development Report (2020) is compiled by Syria Research Center of Northwest University of China. The report is composed of Forward, General Report, Topical Reports, Special Reports, China-Syria Relations and Appendices, introduces and reviews the latest developments of Syrian internal affairs in 2019 and the recent developments of Syrian issue.

The year 2019 was a remarkable year for Syria, and suggested the beginning of Syria reconstruction process. First of all, warfare in Syria has largely disappeared and Syrian government forces successfully maintained the victory on the battlefield. Syria rebel groups were squeezed into northwestern Syria, especially in Idlib province, and were not able to shake the front of Syrian government forces.

Secondly, the reconstruction process of Syria gradually started. Syria government held several exhibitions to attract the confidence of foreign investors to restart Syrian economic process. Syria Constitution Committee was established in 2019 and the political reconstruction process slowly initiated.

Finally, the uncertainties remain. On the one hand, several major conflicts erupted between Syrian government forces and Syrian rebel groups in Idlib, even led to the tension between Russia and Turkey. On the other hand, the tension between Turkey-backed Syrian rebel groups and Syrian Kurdish militant groups still remained, while the possibilities of new conflicts in the future could not be ignored.

Under the new circumstances, China continued to firmly respect Syria's territorial integrity and sovereignty, and played a constructing role in the negotiation process between Syria government and Syria opposition groups. China would continue to provide assistance towards Syrian people and join the economic reconstruction process in the future. Meanwhile, China should also alert the possible risks in order to construct the Belt and Road initiative with Syria.

Keywords: The Situation in Syria; The Reconstruction of Syria; Belt and Road Initiative

Contents

I General Report

Abstract: In 2019, the situation in Syria tends to be stable. The evolution of the game among great powers has turned to "the US' retreat and Russia's advance", the political situation of "tripartite separatism" tends to be more favorable to the Syrian government; the Syrian Constitutional Committee was officially held, and the political reconciliation process started slowly. In terms of military affairs, the situation in the Syrian government controlled area has been stable, and the anti-government forces have been compressed to the northwest of Idlib Province, and the Kurds, under difficult circumstances, seek reconciliation with the Syrian government. Economically, the Syrian government has taken a number of measures to start economic reconstruction and stimulate economic growth, but the recovery is difficult, and opportunities and challenges of coexist on the whole. In terms of diplomacy, the Syrian government still has close relations with Russia and Iran, and gradually eases tension with Arab countries. While maintaining diplomatic independence, the Syrian government handles its relations with Arab countries carefully. However, the uncertainty of the situation still exists: whether the Syrian government can strengthen national identity and boost public confidence is the key to the re-integration and reconstruction of the nearly torn society in the civil war; the confrontation between the government forces and the anti-government forces may still lead to the resumption of war; the game between the United States and Russia and its relations with regional powers Turkey and Iran are directly related to the external environment of Syria; economic reconstruction faces severe challenges.

Keywords: Political Situation; Military Situation; Economic Reconstruction; Diplomatic Environment

Ⅱ Topical Reports

B. 2   Syria's Political Situation and Reconciliation Process in 2019

Ma Shuai, Yan Wei / 019

Abstract: In 2019, conflict and reconciliation coexist in Syria. On the one hand, with the evolution of the great power game of "US retreating and Russia advancing into Syria", the Syrian government forces led the battlefield trend with the support of Russia and Iran allies, and positive signals appeared in domestic and international political reconciliation. The Syrian government and people began to rebuild their homes. On the other hand, the withdrawal of U. S. troops and the invasion of Turkey have led to the re-division of forces from all sides. The situation of cooperation and contradiction between foreign and regional powers is still complicated. The conflict in northern Syria has escalated. Violence and resistance movements in southern Syria have occurred from time to time. With the warming of relations between Arab countries and Bashar regime and the convening of Syria's Constitutional Council, Syria's political reconciliation process has taken an important step forward amid twists and turns. However, it should also be noted that the national identity crisis, ethnic tensions, structural geopolitical conflicts and non-traditional security threats brought about by years of civil strife in Syria will restrict the reconciliation process. In addition, the remnants of opposition and extremist organizations entrenched in Idlib will hold up their resistance. Syria's political reconciliation is facing "internal and external troubles" and is still on the way.

Keywords: Syria; Political Situation; Reconciliation Process

B. 3 Syrian Economic Situation and Post-war

Reconstruction in 2019 *Hu Yaohui / 033*

Abstract: Syria's economic reconstruction in 2019 will be difficult, the Syrian government still faces challenges such as a divided economy, a serious lack of human resources, a shortage of funds for reconstruction and slow infrastructure construction. The Syrian government has taken some measures to stimulate economic development, such as fighting corruption, issuing national debt, actively promoting the development of the exhibition industry and attracting external investment. The economic growth rate of Syria in 2019 was slower than that in 2018, and the overall economic development was worrying. The Syrian pound has continued to depreciate, inflation, unemployment and poverty remain high, fiscal deficits remain high and foreign debt remains high. There is a serious lack of impetus for economic growth.

Keywords: Syria; Economic Situation; Economic Reconstruction

B. 4 Syria's Diplomatic Situation in 2019 and Foreign Polity Analysis

Chen Likuan, Ma Shuai / 054

Abstract: 2019 is a year of important changes in Syria's diplomatic situation. Russia and Iran's support for the Bashar regime in Syria remains firm, but their differences over the Syrian issue have also begun to emerge; the United States withdrew its troops from northern Syria, but still retained a certain military presence. Turkey has increased its influence in Syria by marching into northern Syria and defending the Idlib Syrian opposition. Israel's strike against Iranian military forces in Syria is still intact; relation between the Syrian government and the Arab League continue to improve. The diplomatic situation in Syria has improved. At the same time as favorable changes have taken place in the diplomatic situation, the Syrian government has also implemented a more independent and pragmatic foreign policy.

Keywords: Syria; Diplomatic Situation; The United States; Russia; Turkey

Ⅲ Special Reports

B. 5 Syria's Military Modernization Process and Military

Conflicts after 2011　　　　　　　*Zhang Jingchao , Guo Lei* / 067

Abstract: After more than half-century development, Syria was able to construct its modern military forces with various military branches and arms. However, after years of civil war, the capabilities of Syrian military forces have been seriously weakened and the process of Syrian military modernization also was suspended. How to construct modern forces, how to improve the capabilities of Syrian forces and how to facilitate a Syrian forces' modernization process becomes major challenges for Syrian national construction.

Keywords: Syria; Military Modernization; Military Equipment

B. 6　Urbanization Process and Challenges for Syrian Cities

Yang Qianying , Zhang Wentao / 080

Abstract: The urbanization process for Syrian cities could be traced back to mid-19th century, and witnessed Ottoman Empire era, national independence era and the fast expansion era in 21st century. Syrian urbanization rate expanded from 25% in the early 20th century to 54.7% in 2011. However, after civil conflicts erupted in Syria, the urbanization process faced setbacks and challenges caused by warfare and destruction. The future of Syrian urbanization process depends upon Syria's reconstruction process, and the road ahead for Syrian urbanization is still long and difficult.

Keywords: Syria; Urbanization; Colonialism

B. 7　The Protection of Women and Children's Rights and
Interests in the Syrian Crisis and Its Difficulties

Zhao Na , Zhao Lin / 094

Abstract： In the Syrian crisis, the rights and interests of women and children
have been greatly damaged, which has been widely concerned by the international
community, especially the human rights organizations. In 2019, the Syrian
government is committed to the comprehensive recovery and reconstruction of the
country, and to solving the practical problems faced by women and children from
the aspects of housing, medical care, education, etc. In the short term, there are
many difficulties in protecting the rights and interests of women and children. In
the long run, this issue is related to the fundamental question of Syria's
reconstruction. On the whole, however, the situation concerning the protection
of the rights and interests of women and children in Syria is not optimistic.

Keywords： Syrian Crisis; Women and Children; Post-war Reconstruction

B. 8　Reconstructing Syrian Higher Education　　　*Zheng Li* / 111

Abstract： Syrian education system was significantly damaged after 2011 civil
warfare. Influenced by Syria civil war, Syrian education quality decrease, the gap
between social demands and the education system widens, become the obstacles for
Syrian higher education. With the improvement of the Syrian situation, Syrian
higher education also witnesses an important opportunity. How to improve the
situation and restore development would become an important topic for Syrian
higher education.

Keywords： Syria; Higher Education; Post-war Reconstruction

B. 9 History and Reality: The Ties between Syria and

International Organizations   *Zhang Wentao* / 122

Abstract: Syria used to be the core region of the Middle East. In modern history, Syria has played a very important role in the Middle East affairs. In the exchange between Syria and the international community, Syria developed very close and complicated relations with various international organizations. International organizations involved in the Syrian issues from its striving for independence, its conflicts with Israel and even until the breakout of the Syrian crisis in 2011. Syria is the founding member state of both United Nations and League of Arab States. Syria advanced its national strategy by cooperation and exchange with international organizations. After the breakout of the Syrian crisis, the Security Council of the United Nations was deeply split on how to react to the Syrian government. Although the United Nations did much on the issue of mediation and humanitarian assistance, the outcome was not satisfying politically. The League of Arab States hoped to control the crisis among the Arab states at the beginning period, but it went to failure finally. The Interactive relations between Syria and international organizations have become an important content of Syrian diplomacy and policy.

Keywords: Syria; International Organizations; Syrian Issue

B. 10 Cooperation and Division between Russia and

Iran over Syria Issue   *Lv Jiaxing, Wang Jin* / 135

Abstract: Russia is a world power while Iran is a Middle East power. The bilateral ties between Iran and Russia are important in the Middle East political arena. Iran and Russia both support Syria government, and two states both launch strikes against extremists and terrorists in Syria. Russia and Iran work closely to facilitate the Astana mechanism and the Sochi mechanism. However, Russia and

Iran hold disagreements over foreign troop withdrawal, and over the ties with Israel and Saudi Arabia. The fundermental reason lies behind the rift between Russia and Iran over Syria issue is the gap of international status between Russia's "world power" and Iran's "Middle East power".

Keywords: Syria Issue; Iran; Russia

Ⅳ China-Syria Relations

B. 11 China's Stance towards Syria and China's Policies to Syrian Reconstruction　　　　　*Cao Yujun, Cao Ruonan* / 147

Abstract: Since the outbreak of the Syrian crisis, China's efforts to promote a political solution to the Syrian problem have never stopped. On the one hand, China has always adhered to the principle basis of a political solution to the Syrian problem; On the other hand, China's practice and proposition of resolving the Syrian crisis at different stages of the crisis have been different, and China's policy to deal with the Syrian crisis has been characterized by a phased approach. In the new situation, China's policy towards Syria has been adjusted accordingly. The Chinese government, while accelerating the political settlement of the Syrian crisis, advances counter-terrorism and economic reconstruction in parallel, while upholding the principle of "Syrian-led, Syrian-owned" while supporting a multilateral solution to the Syrian issue and steadily advancing exchanges and cooperation in various fields while deepening political mutual trust.

Keywords: China; Syria; Syria Reconstruction; Belt and Road Initiative

B. 12 Belt and Road Initiative and Syrian Economic Reconstruction　　　　　*Shao Ping* / 160

Abstract: Ever since the Syrian government forces reversed the situation in

2017, Syrian reconstruction has been put into the agenda. Although the situation in Syria has not been stable, the reconstruction process in Syrian military forces area has restarted. Belt and Road initiative is an important channel for China and Middle East cooperation, China and Syria ties witness important breakthrough under the Belt and Road Initiative. China would become one of the drives of Syrian economic reconstruction, but Syria faces both opportunities and obstacles. How to evaluate and decrease the risk should be an important topic for China's involvement in Syria economic reconstructions.

Keywords: Belt and Road Initiative; Economic Reconstruction; China-Syria Relations

V   Appendices

B. 13   Review of Syria Problem Studies in China and
        Abroad from 2018 to 2019   *Yang Yulong* / 179

Abstract: In the study of Syria in China and abroad from 2018 to 2019, the reconstruction of Syria, the Syrian crisis and the game between the great powers, and the Syrian refugee problem are the three main hot issues. The study of climate change and food security is a novel analytical perspective, which has some explanatory power for reflecting on and analyzing the outbreak of the Syrian crisis. At present, domestic academics are more concerned about the trend and prospects of the reconstruction process in Syria, as well as China's role and status in the post-war reconstruction process in Syria. The research on Syria in the domestic academic circles is more focused on policy and reality, and has a more pre-emptive research momentum and results on the reconstruction of Syria. In the field of regional country research, Chinese academic circles can try the international research path more actively publish the academic achievements of international periodicals, and improve the international discourse of Chinese academic circles in regional country studies, including Syria.

Keywords: Syria Issue; Research Trends in China and Abroad; Research Review

皮 书

智库报告的主要形式
同一主题智库报告的聚合

❖ 皮书定义 ❖

皮书是对中国与世界发展状况和热点问题进行年度监测，以专业的角度、专家的视野和实证研究方法，针对某一领域或区域现状与发展态势展开分析和预测，具备前沿性、原创性、实证性、连续性、时效性等特点的公开出版物，由一系列权威研究报告组成。

❖ 皮书作者 ❖

皮书系列报告作者以国内外一流研究机构、知名高校等重点智库的研究人员为主，多为相关领域一流专家学者，他们的观点代表了当下学界对中国与世界的现实和未来最高水平的解读与分析。截至2020年，皮书研创机构有近千家，报告作者累计超过7万人。

❖ 皮书荣誉 ❖

皮书系列已成为社会科学文献出版社的著名图书品牌和中国社会科学院的知名学术品牌。2016年皮书系列正式列入"十三五"国家重点出版规划项目；2013~2020年，重点皮书列入中国社会科学院承担的国家哲学社会科学创新工程项目。

权威报告·一手数据·特色资源

皮书数据库
ANNUAL REPORT(YEARBOOK) DATABASE

分析解读当下中国发展变迁的高端智库平台

所获荣誉

- 2019年，入围国家新闻出版署数字出版精品遴选推荐计划项目
- 2016年，入选"'十三五'国家重点电子出版物出版规划骨干工程"
- 2015年，荣获"搜索中国正能量 点赞2015""创新中国科技创新奖"
- 2013年，荣获"中国出版政府奖·网络出版物奖"提名奖
- 连续多年荣获中国数字出版博览会"数字出版·优秀品牌"奖

成为会员

　　通过网址www.pishu.com.cn访问皮书数据库网站或下载皮书数据库APP，进行手机号码验证或邮箱验证即可成为皮书数据库会员。

会员福利

- 已注册用户购书后可免费获赠100元皮书数据库充值卡。刮开充值卡涂层获取充值密码，登录并进入"会员中心"—"在线充值"—"充值卡充值"，充值成功即可购买和查看数据库内容。
- 会员福利最终解释权归社会科学文献出版社所有。

社会科学文献出版社 皮书系列
SOCIAL SCIENCES ACADEMIC PRESS (CHINA)

卡号：829623835978
密码：

数据库服务热线：400-008-6695
数据库服务QQ：2475522410
数据库服务邮箱：database@ssap.cn
图书销售热线：010-59367070/7028
图书服务QQ：1265056568
图书服务邮箱：duzhe@ssap.cn

基本子库
SUB DATABASE

中国社会发展数据库（下设 12 个子库）

整合国内外中国社会发展研究成果，汇聚独家统计数据、深度分析报告，涉及社会、人口、政治、教育、法律等 12 个领域，为了解中国社会发展动态、跟踪社会核心热点、分析社会发展趋势提供一站式资源搜索和数据服务。

中国经济发展数据库（下设 12 个子库）

围绕国内外中国经济发展主题研究报告、学术资讯、基础数据等资料构建，内容涵盖宏观经济、农业经济、工业经济、产业经济等 12 个重点经济领域，为实时掌控经济运行态势、把握经济发展规律、洞察经济形势、进行经济决策提供参考和依据。

中国行业发展数据库（下设 17 个子库）

以中国国民经济行业分类为依据，覆盖金融业、旅游、医疗卫生、交通运输、能源矿产等 100 多个行业，跟踪分析国民经济相关行业市场运行状况和政策导向，汇集行业发展前沿资讯，为投资、从业及各种经济决策提供理论基础和实践指导。

中国区域发展数据库（下设 6 个子库）

对中国特定区域内的经济、社会、文化等领域现状与发展情况进行深度分析和预测，研究层级至县及县以下行政区，涉及地区、区域经济体、城市、农村等不同维度，为地方经济社会宏观态势研究、发展经验研究、案例分析提供数据服务。

中国文化传媒数据库（下设 18 个子库）

汇聚文化传媒领域专家观点、热点资讯，梳理国内外中国文化发展相关学术研究成果、一手统计数据，涵盖文化产业、新闻传播、电影娱乐、文学艺术、群众文化等 18 个重点研究领域。为文化传媒研究提供相关数据、研究报告和综合分析服务。

世界经济与国际关系数据库（下设 6 个子库）

立足"皮书系列"世界经济、国际关系相关学术资源，整合世界经济、国际政治、世界文化与科技、全球性问题、国际组织与国际法、区域研究 6 大领域研究成果，为世界经济与国际关系研究提供全方位数据分析，为决策和形势研判提供参考。

法律声明